後晉 劉昫 等撰

舊唐書

第一二册

卷一三八至卷一五三(傳)

中華書局

舊唐書卷一百三十八

列傳第八十八

趙憬　韋倫　賈耽　姜公輔

趙憬字退翁，天水隴西人也。總章中吏部侍郎、同東西臺三品仁本之曾孫。祖誼，歷左司郎中。父道先，洪州錄事參軍。憬少好學，志行修潔，不求聞達。寶應中，玄宗、肅宗梓宮未祔，有司議山陵制度，時西蕃入寇，天下饑饉，憬以褐衣上疏，宜遵儉制，時人稱之。後連爲州從事，試江夏尉。累遷監察御史，隨牒藩府，歷殿中侍御史、太子舍人。居母憂，哀毁幾絶。服除，建中初，擢授水部員外郎，未拜，會湖南觀察使李承請爲副使、檢校工部郎中充職。歲餘，承卒，遂知留後事。尋授潭州刺史、兼御史中丞、湖南觀察使，仍賜金紫。居二歲，受代歸京師，闔門靜居，不與人交。久之，特召對於別殿。憬多學問，有辭辯，敷奏稱旨，上悅，拜給事中。

貞元四年，迴紇請結和親，詔以咸安公主降迴紇，命檢校右僕射關播充使，憬以本官兼御史中丞爲副。前後使迴紇者，多私齎繒絮，蕃中市馬迴以規利，憬一無所市，人歎美之。使還，遷尚書左丞，綱轄省務，淸勤奉職。竇參爲宰相，惡其能，請出爲同州刺史，上不從。

八年四月，竇參罷黜，憬與陸贄並拜中書侍郎、同中書門下平章事。憬深於理道，常言：「爲政之本，在於選賢能，務節儉，薄賦斂，寬刑罰。」對揚之際，必以此爲言，乃獻審官六議曰：

臣謬登宰府，四年于茲，恭承德音，未嘗不以求賢爲切。至於延薦，職在愚臣，雖當代天之工，且乏知人之鑒，漸積歲月，負於聖明，無補王猷，有妨賢路。況多疾恙，兼慮闕遺，頃奉表章，備陳肝膈。陛下以臣性拙直，身病可矜，不棄孱微，尙加委任。自此思省，報効尤難，莫副堯、舜之心，空懷尸素之懼。伏惟陛下法象應期，聖神廣運，雲行雨施，皆發自然，訓誥典謨，悉經睿覽。臣所以不敢援引古昔，上煩天聽，且以用人之要，願伸鄙見。復念稽顙丹陛，仰對宸嚴，謇訥易窮，遽數難辯〔一〕，理詳則塵瀆頗甚，言略則利害未宣。若默以求容，苟而竊位，縱天地之仁幸免，而中外之責何逃，非陛下用臣之意也。其所欲言者，皆陛下聖慮之內，臣以頂戴恩造，不知所爲，身被風毒，漸覺沉痼，是以勤勤懇懇，切於愚誠也。臣聞貞觀、開元之際，宰輔論事，或多上書，所冀獲盡情理。今臣酌前代之損益，體當時之通變，謹獻審官六議，伏惟閒宴時賜省覽。

其大指，議相，則曰：「宜博採衆賢，用爲輔弼。今中外知其賢者，伏願陛下用之，識其能者任之，求其全材，恐不可得。」

議進用庶官，則曰：「異同之論，是非難辨。由考課難於實効，好惡雜於衆聲，所以訪之彌多，得之彌少。選士古今爲難，拔十得五，賢愚猶半。陛下謂臣曰：『何必五也？十得二三斯可矣。』聖主思賢至是，而宰臣不能進之，臣之罪也。進賢在於廣任用，明殿最，舉大節，棄其小瑕，隨其所能，試之以事，用人之大綱也。」

議京諸司闕官，則曰：「當今要官多闕，閑官十無一二。文武任用，資序遞遷，要官本以材行，閑官多由恩澤。朝廷或將任，多擬要官則人少闕多，閑官則人多闕少；明當選拔者轉少，在優容者轉多，宜補闕員，務育材用。大廈永固，是棟梁榱桷之全也；聖朝致理，亦庶官羣吏之能也。」

議中外考課官，則曰：「漢以數易長吏，謂之弊政。其有能理者，輒增秩賜金，或八九年、十餘年，乃入爲九卿，或遷三輔，功績茂異，遂至丞相，其間不隔數官。今陛下內選庶僚，外委州府，課績高者，不次超升，致理之法，無踰於此。臣愚以爲黜陟且立年限，若所居要重，未當遷移，就加爵秩。其餘進退，令知褒貶之必應，遲速之有常。如課績在中，年考及限，與之平轉，中外迭處，歷試其能，使無苟且之心，又無滯淹之慮。」

議擧遺滯，則曰：「官司既廣，必委宰輔以擧之；宰輔不能遍知，又詢于庶官；庶官不能遍知，又訪於衆人。衆聲囂然，互有臧否，十人擧之未信，一人毀之可疑，迨至于今，玆弊未改。其所以然者，非盡爲愛憎也，苦於不審實而承聲言之。大凡常人之心，以稱人之善爲清，以攻人之過爲直，苟有除授，多生橫議。由是宰臣每將薦用，亦自重難，日往月來，未副聖意。宜須採聽時論，以所擧多者先用，必非大故，皆不棄之。」

議擢用諸使府僚屬，則曰：「諸使辟吏，各自精求，務於得人，將重府望。既經試効，能否可知，擢其賢能，置之朝列。或曰外使須才，固不可奪。臣知必不然也。屬者使府賓介，每有登朝，本使殊以爲榮，自喜知人，且明公選。大凡才能之士，名位未達，多在方鎮，日月在上，誰不知之，思登闕庭，如望霄漢，宜須博採，無宜久滯。」上優詔答之。

時吏部侍郎杜黃裳爲中貴讒譖及他過犯，御史中丞穆贊、京兆少尹韋武、萬年縣令李宜、長安令盧雲皆爲裴延齡搆陷，將加斥逐，憬保護救解之，故多從輕貶。初，憬廉察湖南，令狐峘、崔儆並爲巡屬刺史。峘嘗歷中書舍人、禮部侍郎，儆久在朝列，所爲或虧法令，憬每以正道制之。峘、儆密遣人數憬罪狀，毁之於朝。及憬爲相，拔儆自大理卿爲尚書右丞，峘先貶官爲別駕，又擢爲吉州刺史，時人多之。

憬與陸贄同知政事，贄恃久在禁庭，特承恩顧，以國政爲己任，纔周歲，轉憬爲門下侍郎，憬由是深銜之，數以目疾請告，不甚當政事，因是不相協。裴延齡姦詐恣睢，滿朝側目，憬初與贄約於上前論之；及延英奏對，贄極言延齡姦邪誑誕之狀，不可任用，德宗不悦，形於顏色，憬默然無言，由是罷贄平章事，而憬當國矣。

時宰相賈耽、盧邁與憬三人。十二年春正月，耽、邁皆有假，故憬獨對於延英。上問曰：「近日起居注記何事？」憬對曰：「古者左史記言，人君動止，有實言隨即記錄，起居注是也。國朝永徽中，起居唯得對仗承旨，仗下後謀議皆不得聞，其記注唯編制敕，更無他事。所以長壽中姚璹知政事，以爲親承德音謨訓，若不宣旨宰相，史官無以得書，璹請宰相一人記錄所論軍國政事，謂之時政記，每月送史館。既而時政記又廢。」上曰：「君舉必書，義存勸誡。既嘗有時政記，宰臣宜依故事爲之。」無何，憬卒，時政記亦不行。

憬特承恩顧，性清儉，雖爲宰輔，居第僕使，類貧士大夫之家，所得俸入，先置私廟，而竟不立第舍田產。其年八月，遇暴疾，信宿而卒，時年六十一。子元亮進憬遺表草曰：「臣叨荷聖慈，竊塵台鼎，年序頗久，績用無聞，負乘之敗已彰，覆餗之咎俄及。而天與之疾，福過生災，自今日卯時以來，稍加困重，針灸不及，藥餌奚施。奄然遊魂，終當就木，冥冥殘喘，豈忍辭天。號呼涕零，側息心斷，反風結草，誓報深恩，雖死猶生，豈孤素願。無任感恩嗚咽痛恨之至。」德宗尤悼惜之，廢朝三日，册贈太子太傅，賻帛五百端、米粟四百石，令鴻臚卿王權充册弔使。

元亮官至左司郎中、侍御史知雜事卒。次子全亮，官至侍御史、桂管防禦判官。元亮兄宣亮、弟承亮，皆以門蔭授官。

韋倫，開元、天寶中朔方節度使光乘之子。少以蔭累授藍田縣尉。以吏事勤恪，楊國忠署爲鑄錢內作使判官。國忠恃權寵，又邀名稱，多徵諸州縣農人令鑄錢，農夫既非本色工匠，被所由抑令就役，多遭箠罰，人不聊生。倫白國忠曰：「鑄錢須得本色人，今抑百姓農人爲之，尤費力無功，人且興謗。請厚懸市估價，募工曉者爲之。」由是役使減少，而益鑄錢之數。天寶末，宮內土木之功無虛日，內作人吏因緣爲姦，倫乃躬親閱視，省費減倍。改大理評事。

會安祿山反，車駕幸蜀，拜倫監察御史、劍南節度行軍司馬，兼充置頓使判官，尋改屯田員外、兼侍御史。時內官禁軍相次到蜀，所在侵暴，號爲難理；倫淸儉率身以化之，蜀川咸賴其理。竟遭中官毀譖，貶衡州司戶。屬東都、河南並陷賊，漕運路絕，度支使第五琦薦倫有理能，拜商州刺史，充荆襄等道租庸使。會襄州裨將康楚元、張嘉延聚衆爲叛，兇黨萬餘人，自稱東楚義王，襄州刺史王政棄城遁走。嘉延又南襲破江陵，漢、沔饋運阻絕，朝廷旰食。倫乃調發兵甲駐鄧州界，兇黨有來降者，必厚加接待。數日後，楚元衆頗怠，倫進軍擊之，生擒楚元以獻，餘衆悉走散，收租庸錢物僅二百萬貫，並不失墜。荆、襄二州平，詔除崔光遠爲襄州節度使，徵倫爲衞尉卿。旬日，又以本官兼寧州刺史、招討處置等使，尋又兼隴州刺史。

乾元三年，襄州大將張瑾殺節度使史翽作亂，乃以倫爲襄州刺史、兼御史大夫、山南東道襄鄧等十州節度使。時李輔國秉權用事，節將除拜，皆出其門。倫既爲朝廷公用，又不私謁輔國，倫受命未行，改秦州刺史、兼御史中丞、本州防禦使。時吐蕃、党項歲歲入寇，邊將奔命不暇。倫至秦州，屢與虜戰，兵寡無援，頻致敗衂，連貶巴州長史、思州務川縣尉。

代宗卽位，起爲忠州刺史，歷台、饒二州。以中官呂太一於嶺南矯詔募兵爲亂，乃以倫爲韶州刺史、兼御史中丞、韶連郴三州都團練使。竟遭太一用路反間，貶信州司馬、虔州司戶、隨州司戶、隨州司馬。遇赦，旅寓於洪州十數年。

德宗卽位，選堪使絕域者，徵倫拜太常少卿、兼御史中丞，持節充通和吐蕃使。倫至蕃中，初宣諭皇恩，次述國威德遠振，蕃人大悅，贊普入獻方物。使還，遷太常卿、兼御史大夫，加銀青光祿大夫。再入吐蕃，奉使稱旨，西蕃敬服。朝廷得失，數上疏言之。又爲宰相盧杞所惡，改太子少保，累加開府儀同三司。涇師之亂，駕幸奉天。及盧杞、白志貞、趙贊等貶官，關播罷相爲刑部尙書，倫於朝堂嗚咽而言曰：「宰相不能弼諧啓沃，使天下一至於此！仍爲尙書，天下何由致理？」聞者敬憚之。從駕梁州，還京，又欲擢用盧杞爲饒州刺史〔三〕，倫又上表切言不可，深爲忠正之士所稱歎。以年踰七十，表請休官，改太子少師致仕，封郢國公。時李楚琳以僕射兼衞尉卿，李忠誠以尙書兼少府監，倫上言曰：「楚琳兇逆，忠誠蕃戎醜類，不合廁列淸班。」又表請置義倉以防水旱，擇賢良任之左右。又言吐蕃必無信約，專須防備，不可輕易。上每善遇之。倫居家孝友，撫弟姪以慈愛稱。貞元十四年十二月卒，時年八十三，贈揚州都督。

賈耽字敦詩，滄州南皮人。以兩經登第，調授貝州臨淸縣尉。上疏論時政，授絳州正平尉。從事河東，檢校膳部員外郎、太原少尹、北都副留守。又檢校禮部郎中、節度副使。改汾州刺史，在郡七年，政績茂異。入爲鴻臚卿，時左右威遠營隸鴻臚，耽仍領其使。大曆十四年十一月，檢校左散騎常侍、兼梁州刺史、御史大夫、山南西道節度使。

建中三年十一月，檢校工部尚書、兼御史大夫、山南東道節度使。德宗移幸梁州，興元元年二月，耽使行軍司馬樊澤奏事於行在，澤既復命，方大宴諸將，有急牒至，言澤代耽爲節度使，而召耽爲工部尚書。耽得牒內懷中，宴飲不改容，及散，召樊澤，以詔授之曰：「詔以行軍爲節度使，耽今即上路。」因告將吏使謁澤。牙將張獻甫曰：「天子巡幸山南，尚書使行軍奉表起居，而行軍敢自圖節鉞，潛奪尚書土地，此可謂事人不忠。軍中皆不伏，請殺樊澤。」耽曰：「公是何言歟！天子有命，即爲節度使矣。耽今赴行在，便與公偕行。」即日離鎭，以獻甫自隨，軍中乃安。尋以本官爲東都留守、東畿汝南防禦使〔三〕。貞元二年，改檢校右僕射、兼滑州刺史、義成軍節度使。是時淄青節度使李納雖去僞王號，外奉朝旨，而心常蓄併吞之謀。納兵士數千人自行營歸，路由滑州，大將請城外館之，耽曰：「與人鄰道，奈何野處其兵？」命館之城內，淄青將士皆心服之。耽善射好獵，每出畋不過百騎，往往獵於李納之境。納聞之，大喜，心畏其度量，不敢異圖。九年，徵爲右僕射、同中書門下平章事。

耽好地理學，凡四夷之使及使四夷還者，必與之從容，訊其山川土地之終始。是以九州之夷險，百蠻之土俗，區分指畫，備究源流。自吐蕃陷隴右積年，國家守於內地，舊時鎮戍，不可復知。耽乃畫隴右、山南圖，兼黃河經界遠近，聚其說爲書十卷，表獻曰：

臣聞楚左史倚相能讀九丘，晉司空裴秀創爲六體；九丘乃成賦之古經，六體則爲圖之新意。臣雖愚昧，夙嘗師範，累蒙拔擢，遂忝台司。雖歷踐職任，誠多曠闕，而率土山川，不忘寤寐。其大圖外薄四海，內別九州，必藉精詳，乃可摹寫，見更纘集，續冀畢功。然而隴右一隅，久淪蕃寇，職方失其圖記，境土難以區分。輒扣課虛微，採掇輿議，畫關中隴右及山南九州等圖一軸。伏以洮、湟舊墟，連接監牧；甘、涼右地，控帶朔陲。岐路之偵候交通，軍鎮之備禦衝要，莫不匠意就實，依稀像眞。如聖恩遣將護邊，新書授律，則靈、慶之設險在目，原、會之封略可知。諸州諸軍，須論里數人額；諸山諸水，須言首尾源流。圖上不可備書，憑據必資記注，謹撰別錄六卷。又黃河爲四瀆之宗，西戎乃羣羌之帥，臣並研尋史牒，翦棄浮詞，罄所聞知，編爲四卷，通錄都成十卷。文義鄙朴，伏增慙悚。

德宗覽之稱善，賜廐馬一匹、銀綵百匹〔四〕、銀瓶盤各一。

至十七年，又譔成海內華夷圖及古今郡國縣道四夷述四十卷，表獻之，曰：

臣聞地以博厚載物，萬國棋布；海以委輸環外，百蠻繡錯。中夏則五服、九州，殊俗則七戎、六狄，普天之下，莫非王臣。昔毌丘出師，東銘不耐；甘英奉使，西抵條支；奄蔡乃大澤無涯，罽賓則懸度作險。或道理回遠，或名號改移，古來通儒，罕遍詳究。臣弱冠之歲，好聞方言，筮仕之辰，注意地理，究觀研考，垂三十年。絕域之比鄰，異蕃之習俗，梯山獻琛之路，乘舶來朝之人，咸究竟其源流，訪求其居處。闤闠之行賈，戎貊之遺老，莫不聽其言而掇其要；閭閻之瑣語，風謠之小說，亦收其是而芟其僞。

然殷、周以降，封略益明，承曆數者八家，渾區宇者五姓，聲教所及，惟唐爲大。秦皇罷侯置守，長城起於臨洮；孝武却地開邊，障塞限於鷄鹿；東漢則哀牢請吏；西晉則裨離結轍；隋室列四郡於卑和海西，創三州於扶南江北，遼陽失律，因而棄之。高祖神堯皇帝誕膺天命，奄有四方。太宗繼明重熙，柔遠能邇，踰大磧通道，北至仙娥，於骨利幹置玄闕州。高宗嗣守丕績，克廣前烈，遺單車齎詔，西越葱山，於波剌斯立疾陵府。中宗復配天之業，不失舊物。睿宗含先天之量，惟新永圖。玄宗以大孝淸內，以無爲理外，大宛驥騄，歲充內廄，與貳師之窮兵黷武，豈同年哉！肅宗掃平氛祲，潤澤生人。代宗剗除殘孽，彝倫攸敍。伏惟皇帝陛下，以上聖之姿，當太平之運，敦信明義，履信包元，惠養黎蒸，懷柔遐裔。故瀘南貢麗水之金，漠北獻余吾之馬，玄化洋溢，率土霑濡。

臣幼切磋於師友，長趨侍於軒墀，自揣孱愚，叨榮非據，鴻私莫答，夙夜兢惶。去興元元年，伏奉進止，令臣修撰國圖，旋即充使魏州、汴州，出鎮東洛、東郡〔五〕，間以衆務，不遂專門，績用尚虧，憂愧彌切。近乃力竭衰病，思殫所聞見，叢於丹青。謹令工人畫海內華夷圖一軸，廣三丈，從三丈三尺，率以一寸折成百里。別章甫左衽，奠高山大川；縮四極於纖縞，分百郡於作繪。宇宙雖廣，舒之不盈庭；舟車所通，覽之咸在目。幷撰古今郡國縣道四夷述四十卷，中國以禹貢爲首，外夷以班史發源，郡縣紀其增減，蕃落敍其衰盛。前地理書以黔州屬酉陽，今則改入巴郡；前西戎志以安國爲安息，今則改入康居。凡諸疏舛，悉從釐正。隴西、北地〔六〕，播棄於永初之中；遼東、樂浪，陷屈於建安之際。曹公棄陘北，晉氏遷江南，緣邊累經侵盜，故墟日致堙毀。舊史撰錄，十得二三，今書搜補，所獲太半。周禮職方，以淄、時爲幽州之浸，以華山爲荊河之鎮，既有乖於禹貢，又不出於淹中，多聞闕疑，詎敢編次。其古郡國題以墨，今州縣題以朱，今古殊文，執習簡易。臣學謝小成，才非博物。伏波之聚米，開示衆軍；酇侯之圖書，方知阨塞。企慕前哲，嘗所寄心，輒罄庸陋，多慙紕繆。

優詔答之，賜錦綵二百匹、袍段六、錦帳二、銀瓶盤各一、銀榼二、馬一匹，進封魏國公。

順宗卽位，檢校司空，守左僕射，知政事如故。時王叔文用事，政出羣小，耽惡其亂政，屢移病乞骸，不許。耽性長者，不喜臧否人物。自居相位，凡十三年，雖不能以安危大計啓沃於人主，而常以檢身厲行以律人。每自朝歸第，接對賓客，終日無倦，至於家人近習，未嘗見其喜慍之色，古之淳德君子，何以加焉！永貞元年十月卒，時年七十六，廢朝四日，册贈太傅，謚曰元靖。

姜公輔，不知何許人。登進士第，爲校書郎。應制策科高等，授左拾遺，召入翰林爲學士。歲滿當改官，公輔上書自陳，以母老家貧，以府掾俸給稍優，乃求兼京兆尹戶曹參軍，特承恩顧。才高有器識，每對見言事，德宗多從之。

建中四年十月，涇師犯闕，德宗蒼黃自苑北便門出幸，公輔馬前諫曰：「朱泚嘗爲涇原帥，得士心。昨以朱滔叛，坐奪兵權，泚常憂憤不得志。不如使人捕之，使陪鑾駕，忽羣兇立之，必貽國患。臣頃曾陳奏，陛下苟不能坦懷待之，則殺之，養獸自貽其患，悔且無益。」德宗曰：「已無及矣！」從幸至奉天，拜諫議大夫，俄以本官同中書門下平章事。

從幸山南，車駕至城固縣，唐安公主薨。上之長女，昭德皇后所生，性聰敏仁孝，上所鍾愛。初，詔尚韋宥，未克禮會而遇播遷；及薨，上悲悼尤甚，詔所司厚其葬禮。公輔諫曰：「非久克復京城，公主必須歸葬，今於行路，且宜儉薄，以濟軍士。」德宗怒，謂翰林學士陸贄曰：「唐安夭亡，不欲於此爲塋壠，宜令造一磚塔安置，功費甚微，不合關宰相論列。姜公輔忽進表章，都無道理，但欲指朕過失，擬自取名。朕比擢拔爲腹心，乃負朕如此！」贄對曰：「公輔官是諫議，職居宰衡，獻替固其職分。本立輔臣，置之左右，朝夕納誨，意在防微，微而弼之，乃其所也。陛下以造塔役費微小，非宰相所論之事。但問理之是非，豈論事之大小。若造塔爲是，役雖大而作之何傷；若造塔爲非，費雖小而言者何罪。」帝又曰：「卿未會朕意。朕以公輔才行，共宰相都不相當，在奉天時已欲罷免，後因公輔辭退，朕已面許。尋屬懷光背叛，遂且因循，容至山南。公輔知朕擬改官，所以固論造塔，賣直取名。據此用心，豈是良善！朕所惆悵者，只緣如此。」贄再三救護，帝怒不已，乃罷爲左庶子。尋丁母憂，服闋，授右庶子，久之不遷。

洎陸贄知政事，以有翰林之舊，數告贄求官。贄密謂公輔曰：「予嘗見郴州竇相，言爲公奏擬數矣，上旨不允，有怒公之言。」公輔恐懼，上疏乞罷官爲道士，久之未報。後又廷奏，德宗問其故，公輔不敢洩贄，便以參言爲對。帝怒，貶公輔爲泉州別駕，又遣中使齎詔責竇參。順宗卽位，起爲吉州刺史，尋卒。憲宗朝贈禮部尚書。

史臣曰：賈魏公以溫克長者，致位丞相，拒獻甫之請，畋李納之郊，則器略可知矣。韋鄖公慷慨節義，困於讒邪，命矣夫！趙丞相區分檢裁，求爲雅士，以爭權而陷陸贄，則前時以德報怨，其可信乎！公輔一言悟主，驟及台司，一言不合，禮遇疏薄，則加膝墜泉之間，君道可知矣！

贊曰：元靖訏謨，眞謂純儒。手調鼎飪，心運地圖。姜躁趙險，並躍天衢。哀哉韋公，終困讒夫。

校勘記

〔一〕遽數難辯　「遽」字各本原作「處」，據冊府卷三一三、全唐文卷四五五改。

〔二〕饒州刺史　「饒州」，各本原作「荊州」，據本書卷一三五盧杞傳及卷一五三袁高傳、通鑑卷二三一改。

〔三〕東畿汝南防禦使　廿二史考異卷六〇謂「南」字爲衍文。

〔四〕銀綵百匹　合鈔卷一八九賈耽傳「銀」字作「錦」。

〔五〕東郡　各本原作「東都」，據册府卷五六〇、全唐文卷三九四改。

〔六〕北地　各本原作「十地」，據册府卷五六〇、全唐文卷三九四改。

舊唐書卷一百三十九

列傳第八十九

陸贄

陸贄字敬輿，蘇州嘉興人。父侃，溧陽令，以贄貴，贈禮部尚書。贄少孤，特立不羣，頗勤儒學。年十八登進士第，以博學宏詞登科，授華州鄭縣尉。罷秩，東歸省母，路由壽州，刺史張鎰有時名，贄往謁之。鎰初不甚知，留三日，再見與語，遂大稱賞，請結忘年之契。及辭，遺贄錢百萬，曰：「願備太夫人一日之膳。」贄不納，唯受新茶一串而已，曰：「敢不承君厚意。」又以書判拔萃，選授渭南縣主簿，遷監察御史。德宗在東宮時，素知贄名，乃召爲翰林學士，轉祠部員外郎。贄性忠藎，既居近密，感人主重知，思有以効報，故政或有缺，巨細必陳，由是顧待益厚。

建中四年，朱泚謀逆，從駕幸奉天。時天下叛亂，機務填委，徵發指蹤，千端萬緒，一日之內，詔書數百。贄揮翰起草，思如泉注，初若不經思慮，旣成之後，莫不曲盡事情，中於機會，胥吏簡札不暇，同舍皆伏其能。轉考功郎中，依前充職。嘗啓德宗曰：「今盜遍天下，輿駕播遷，陛下宜痛自引過，以感動人心。昔成湯以罪己勃興，楚昭以善言復國。陛下誠能不吝改過，以言謝天下，使書詔無忌，臣雖愚陋，可以仰副聖情，庶令反側之徒，革心向化。」德宗然之。故奉天所下書詔，雖武夫悍卒，無不揮涕感激，多贄所爲也。

其年冬，議欲以新歲改元，而卜祝之流，皆以國家數鍾百六，凡事宜有變革，以應時數。上謂贄曰：「往年羣臣請上尊號『聖神文武』四字；今緣寇難，諸事並宜改更，衆欲朕舊號之中更加一兩字，其事何如？」贄奏曰：「尊號之興，本非古制。行於安泰之日，已累謙沖；襲乎喪亂之時，尤傷事體。今者鑾輿播越，未復宮闈，宗社震驚，尙愆禋祀，中區多梗，大憝猶存。此乃人情向背之秋，天意去就之際，陛下宜深自懲勵，收攬羣心，痛自貶損，以謝靈譴，不可近從末議，重益美名。」帝曰：「卿所奏陳，雖理體甚切，然時運必須小有改變，亦不可執滯，卿更思量。」贄曰：「古之人君稱號，或稱皇、稱帝，或稱王，但一字而已；至暴秦，乃兼皇帝二字，後代因之，及昏僻之君，乃有聖劉、天元之號。是知人主輕重〔二〕，不在自稱，崇其號無補於徽猷，損其名不傷其德美。然而損之有謙光稽古之善，崇之獲矜能納諂之譏，得失不侔，居然可辨。況今時遭迍否，事屬傾危，尤宜懼思，以自貶抑。必也俯稽術數，須有變更，與其增美稱而失人心，不若黜舊號以祗天戒。天時人事，理必相符，人既好謙，天亦助順。陛下誠能斷自宸鑒，煥發德音，引咎降名，深示刻責，惟謙與順，一舉而二美從之。」德宗從之，但改興元年號而已。

初，德宗倉皇出幸，府藏委棄，凝冽之際，士衆多寒，服御之外，無尺縑丈帛；及賊泚解圍，諸藩貢奉繼至，乃於奉天行在貯貢物於廊下，仍題曰瓊林、大盈二庫名。贄諫曰

瓊林、大盈，自古悉無其制，傳諸耆舊之說，皆云創自開元。貴臣貪權，飾巧求媚，乃言：「郡邑貢賦所用，盍各區分：賦稅當委於有司，以給經用；貢獻宜歸於天子，以奉私求。」玄宗悅之，新是二庫，蕩心侈欲，萌柢於茲，迨乎失邦，終以餌寇。記曰：「貨悖而入，必悖而出。」豈其效歟！

陛下嗣位之初，務遵理道，敦行儉約，斥遠貪饕。雖內庫舊藏，未歸太府，而諸方曲獻，不入禁闈，清風肅然，海內丕變。近以寇逆亂常，鑾輿外幸，既屬憂危之運，宜增儆勵之誠。臣昨奉使軍營，出經行殿，忽覩右廊之下，牓列二庫之名，矍然若驚，不識所以。何者？天衢尚梗，師旅方殷，痛心呻吟之聲，噢咻未息；忠勤戰守之効，賞賚未行。諸道貢珍，遽私別庫，萬目所視，孰能忍情？竊揣軍情，或生觖望，或忿形謗讟，或醜肆謳謠，頗含思亂之情，亦有悔忠之意。是知甿俗昏鄙，識昧高卑，不可以尊極臨，

而可以誠義感。

頃者六師初降，百物無儲，外扞兇徒，內防危堞，晝夜不息，殆將五旬，凍餒交侵，死傷相枕，畢命同力，竟夷大艱。良以陛下不厚其身，不私其欲，絕甘以同卒伍，輟食以啗功勞。無猛制人而不攜，懷所感也；無厚賞士而不怨，悉所無也。今者攻圍已解，衣食已豐，而謗讟方興，軍情稍沮，豈不以勇夫常性，嗜貨矜功，其患難既與之同憂，而好樂不與之同利，苟異恬默，能無怨咨！此理之常，故不足怪。記曰：「財散則民聚。」豈其效歟！陛下天資英聖，見善必遷，是將化蓄怨爲銜恩，反過差爲至當，促殄遺寇，永垂鴻名，大聖應機，固當不俟終日。

上嘉納之，令去其題署。

興元元年，李懷光異志已萌，欲激怒諸軍，上表論諸軍衣糧薄，神策衣糧厚，厚薄不均，難以驅戰，意在撓沮進軍。李晟密奏，恐其有變，上憂之，遣贄使懷光軍宣諭。使還，贄奏事曰：

賊泚稽誅，保聚宮苑，勢窮援絕，引日偷生。懷光總仗順之軍，乘制勝之氣，鼓行芟翦，易若摧枯，而乃寇奔不追，師老不用，諸帥每欲進取，懷光輒沮其謀。據茲事情，殊不可解。陛下意在全護，委曲聽從，觀其所爲，亦未知感。若不別爲規略，漸相制持，唯以姑息求安，終恐變故難測。此誠事機危迫之秋也，故不可以尋常容易處之。

今李晟奏請移軍，適遇臣銜命宣慰，懷光偶論此事，臣遂泛問所宜，懷光乃云：「李晟既欲别行，某亦都不要藉。」臣猶慮有翻覆，因美其軍强盛，懷光大自矜夸，轉有輕晟之意。臣又從容問云：「昨發離行在之日，未知有此商量；今日從此却迴，或恐聖旨顧問，事之可否，決定何如？」懷光已肆輕言，不可中變，遂云：「恩命許去，事亦無妨。」要約再三，非不詳審，雖欲追悔，固難爲詞。伏望即以李晟表出付中書，敕下依奏，别賜懷光手詔，示以移軍事由。其手詔大意云：「昨得李晟奏，請移軍城東以分賊勢。朕緣未知利害，本欲委卿商量，適會陸贄從彼宣慰迴，云見卿論敍軍情，語及於此，仍言許去，事亦無妨，遂敕本軍允其所請。卿宜授以謀略，分路夾攻，務使叶齊，克平寇孽。」如此詞婉而直，理當而明，雖蓄異端，何由起怨？

臣初奉使諭旨，本緣糧料不均，偶屬移軍，事相諧會。又幸懷光詭對，且無阻絶之言，機宜合并，若有幽贊，一失其便，後何可追，幸垂裁察！

德宗初望懷光迴意破賊，故晟屢奏移軍不許；及贄縷陳懷光反狀，乃可晟之奏，遂移軍東渭橋。而鄜坊節度李建徽、神策行營陽惠元猶在咸陽，贄慮懷光併建徽等軍，又奏曰：

懷光當管師徒，足以獨制兇寇，逗留未進，抑有他由。所患太強，不資傍助。比者又遣李晟、李建徽、陽惠元三節度之衆附麗其營，無益成功，祇憂生事。何則？四軍懸壘，羣帥異心，論勢力則懸絕高卑，據職名則不相統屬。懷光輕晟等兵微位下，而忿其制不從心，晟等疑懷光養寇蓄姦，而怨其事多陵己，端居則互防飛謗，欲戰則遞恐分功，齟齬不和，嫌釁遂構，俾之同處，必不兩全。強者惡積而後亡，弱者勢危而先覆，覆亡之禍，翹足可期。舊寇未平，新患方起，憂歎所切，實堪疚心。太上消慝於未萌，其次救失於始兆，況乎事情已露，禍難垂成，委而不謀，何以制亂？李晟見機慮變，先請移軍就東，建徽、惠元，勢轉孤弱，爲其吞噬，理在必然。他日雖有良圖，亦恐不能自拔，拯其危急，唯在此時。今因李晟願行，便遣合軍同往，託言晟兵素少，慮爲賊泚所邀，藉此兩軍迭爲犄角，仍先諭旨，密使促裝，詔書至營，即日進路，懷光意雖不欲，然亦計無所施。是謂先人有奪人之心，疾雷不及掩耳者也。

夫制軍馭將，所貴見情，離合疾徐，各有宜適。當離者合之則召亂；當合者離之則寡功，當疾而徐則失機，當徐而疾則漏策。得其要，契其時，然後舉無敗謀，措無危勢。而今者屯兵而不肯爲用，聚將而罔能叶心，自爲鯨鯢，變在朝夕。留之不足以相制，徒長厲階；析之各競於擅能，或成勳績。事有必應，斷無可疑。

德宗曰：「卿之所料極善。然李晟移軍，懷光心已惆悵，若更遣建徽、惠元就東，則使得爲詞。且俟旬時。」晟至東渭橋，不旬日，懷光果奪兩節度兵，建徽單騎遁而獲免，惠元中路被執，害之。報至行在，人情大恐。翌日，移幸山南。贄練達兵機，率如此類。

二月，從幸梁州，轉諫議大夫，依前充學士。先是，鳳翔衙將李楚琳乘涇師之亂，殺節度使張鎰，歸款朱泚；及奉天解圍，楚琳遣使貢奉，時方艱阻，不獲已，命爲鳳翔節度使。然德宗忿其弑逆，心不能容，纔至漢中，欲令渾瑊代爲節度。贄諫曰：「楚琳之罪，固不容誅，但以乘輿未復，大憝猶存，勤王之師，悉在畿內，急宣速告，晷刻是爭。商嶺則道迂且遙，駱谷復爲賊所扼，僅通王命，唯在襃斜，此路若又阻艱，南北便成隔絕。以諸鎮危疑之勢，居二逆誘脅之中，恟恟羣情，各懷向背。賊勝則往，我勝則來，其間事機，不容差跌。儻楚琳發憾，公肆猖狂，南塞要衝，東延巨猾，則我咽喉梗而心膂分矣，其勢豈不病哉！」上釋然開悟，乃善待楚琳使，優詔安慰其心。德宗至梁，欲以谷口已北從臣賜號曰「奉天定難功臣」，谷口已南隨扈者曰「元從功臣」，不選朝官內官〔三〕，一例俱賜。贄奏曰：「破賊扞難，武臣之効。至如宮闈近侍，班列員僚，但馳走從行而已，忽與介冑奮命之士，俱號功臣，伏恐武臣憤惋。」乃止。

李晟既收京城，遣中使宣付翰林院具錄先散失宮人名字，令草詔賜渾瑊，遣於奉天尋訪，以得爲限，仍量與資糧送赴行在。贄不時奉詔，進狀論之曰：

頃以理道乖錯，禍亂薦鍾，陛下思咎懼災，裕人罪己，屢降大號，誓將更新。天下之人，垂涕相賀，懲忿釋怨，煦仁戴明，畢力同心，共平多難。止土崩於絕岸，收版蕩於橫流，殄寇清都，不失舊物。實由陛下至誠動於天地，深悔感於神人，故得百靈降康，兆庶歸德。苟不如此，自古何嘗有捐棄宮闕，失守宗祧，繼逆於赴難之師，再遷於蒙塵之日，不踰半歲，而復興大業者乎！

今渠魁始平，法駕將返，近自郊甸，遠周寰瀛，百役疲瘵之甿，重戰傷殘之卒，皆忍死扶病，傾耳聳肩，想聞德聲，翹望聖澤。陛下固當感上天悔禍之眷，荷列祖垂裕之休，念將士鋒刃之殃，愍黎元塗炭之酷。以致寇爲戒，以居上爲危，以務理爲憂，以復宮爲急。損之又損，尙懼汰侈之易滋；艱之惟艱，猶患戒愼之難久。謀始盡善，克終已稀，始而不謀，終則何有！夫以內人爲號，蓋是中壼末流，天子之尊，富有宮掖，如此等輩，固繁有徒，但恐傷多，豈憂乏使。翦除元惡，曾未浹辰，奔賀往來，道途如織，何必自虧君德，首訪婦人，又令資裝速赴行在。萬目閱視，衆口流傳，恐非所以答慶賴之心，副惟新之望也。

夫事有先後，義有重輕，重者宜先，輕者宜後。武王克殷，有未及下車而爲之者，有下車而爲之者，蓋美其不失先後之宜也。自翠華播越，萬姓靡依，清廟震驚，三時乏祀，當今所務，莫大於斯。誠宜速遣大臣，馳傳先往，迎復神主，修整郊壇，展禋享之儀，申告謝之意。然後弔恤死義，慰犒有功，綏輯黎蒸，優問耆耋，安定反側，寬宥脅從，宣暢鬱堙，褒獎忠直，官失職之士，復廢業之人，是皆宜先，不可後也。至如崇飾服器，繕緝殿臺，備耳目之娛，選巾櫛之侍，是皆宜後，不可先也。

散失內人，已經累月，既當離亂之際，必爲將士所私。其人若稍有知，不求當自陳獻；其人若甚無識，求之適使憂虞。自因寇亂喪亡，頗有大於此者，一聞搜索，懷懼必多，餘孽尚繁，羣情未一，因而善撫，猶恐危疑，若又懼之，於何不有。昔人所以掩絕纓而飲盜馬者，豈必忘其情愛，蓋知爲君之體然也。以小妨大，明者不爲，天下固多婺人，何必獨在於此。所令撰賜渾瑊詔書，未敢順旨。

帝遂不降詔，但遣使而已。

德宗還京，轉中書舍人，學士如故。初，贄受張鎰知，得居內職；及鎰爲盧杞所排，贄常憂惴；及杞貶黜，始敢上書言事，德宗好文，益深顧遇。奉天解圍後，德宗言及違離宗廟，嗚咽流涕曰：「致寇之由，實朕之過。」贄亦流涕而對曰：「臣思致今日之患者，羣臣之罪也。」贄意蓋爲盧杞、趙贊等也。上欲掩杞之失，則曰：「雖朕德薄，致茲禍亂，亦運數前定，事不由人。」贄又極言杞等罪狀，上雖貌從，心頗不說。吳通微兄弟俱在翰林，亦承德宗寵遇，文章才器不迨贄，而能交結權倖，共短贄於上前。故劉從一、姜公輔自卑品蒼黃之中，皆登輔相；而贄爲朋黨所擠，同職害其能，加以言事激切，動失上之歡心，故久之不爲輔相。其於議論應對，明練理體，敷陳剖判，下筆如神，當時名流，無不推挹。貞元初，李抱眞入朝，從容奏曰：「陛下幸奉天、山南時，赦書至山東，宣諭之時，士卒無不感泣，臣卽時見人情如此，知賊不足平也。」

時贄母韋氏在江東，上遣中使迎至京師，搢紳榮之。俄丁母憂，東歸洛陽，寓居嵩山豐樂寺。藩鎭賻贈及別陳餉遺，一無所取；與韋皐布衣時相善，唯西川致遺，奏而受之。贄父初葬蘇州，至是欲合葬，上遣中使護其柩車至洛，其禮遇如此。免喪，權知兵部侍郎，依前充學士。中謝日，贄伏地而泣，德宗爲之改容敍慰。恩遇既隆，中外屬意爲輔弼，而宰相竇參素忌贄，贄亦短參之所爲，言參黷貨，由是與參不平。七年，罷學士，正拜兵部侍郎，知貢舉。時崔元翰、梁肅文藝冠時，贄輸心於肅，肅與元翰推薦藝實之士，升第之日，雖衆望不愜，然一歲選士，纔十四五，數年之內，居臺省淸近者十餘人。

八年四月，竇參得罪，以贄爲中書侍郎、門下同平章事。贄久爲邪黨所擠，因而得位，意在不負恩獎，悉心報國，以天下事爲己任。上卽位之初，用楊炎、盧杞秉政，樹立朋黨，排擯良善，卒致天下沸騰，鑾輿奔播。懲是之失，貞元已後，雖立輔臣，至於小官除擬，上必再三詳問，久之方下。及贄知政事，請許臺省長官自薦屬官，仍保任之，事有曠敗，兼坐舉主。上許之，俄又宣旨曰：「外議云：『諸司所舉，多引用親黨，兼通路遺，不得實才。』此法行之非便，今後卿等宜自選擇，勿用諸司延薦。」贄論奏曰：

臣實頑鄙，一無所堪，猥蒙任使，待罪宰相。雖懷竊位之懼，且乏知人之明，自揣庸虛，終難上報。唯知廣求才之路，使賢者各以彙征；啓至公之門，令職司皆得自達。既蒙允許，即宜宣行。南宮舉人，纔至十數，或非臺省舊吏，則是使府佐僚，累經薦延，多歷事任。論其資望，既不愧於班行；考其行能，又未聞于闕敗。遽以騰口，上煩聖聽，道之難行，亦可知矣。

陛下勤求理道，務徇物情，因謂舉薦非宜，復委宰臣揀擇。其爲崇任輔弼，博採輿詞，可謂聖德之盛者。然於委任責成之道，聽言考實之方，閑邪存誠，猶恐有闕。陛下既納臣言而用之，旋聞橫議而止之，於臣謀不責成，於橫議不考實，此乃謀失者得以辭其罪，議曲者得以肆其誣。率是而行，觸類而長，固無必定之計，亦無必實之言。計不定則理道難成，言不實則小人得志，國家之病，常必由之。昔齊桓公問管仲害霸之事，對曰：「得賢不能任，害霸也；用而不能終，害霸也；與賢人謀事而與小人議之，害霸也。」爲小人者，不必悉懷險詖，故覆邦家。蓋以其意性回邪，趣向狹促，以沮議爲出衆，以自異爲不羣，趨近利而昧遠圖，效小信而傷大道，況又言行難保，恣其非心者乎！

伏以宰輔，常制不過數人，人之所知，固有限極，不能遍諳諸士，備閱羣才。若令悉命羣官，理須展轉詢訪，是則變公舉爲私薦，易明敭爲暗投。儻如議者之言，所舉多有情故，舉于君上，且未絕私，薦於宰臣，安肯無詐，失人之弊，必又甚焉。所以承前命官，罕有不涉私謗，雖則秉鈞不一，或自行情，亦由私訪所親，轉爲所賣。其弊非遠，聖鑒明知。今又將徇浮言，專任宰臣除吏，宰臣不徧諳識，踵前須訪於人。若訪親朋，則是悔其覆車，不易故轍；若訪於朝列，則是求其私薦，不如公舉之愈也。二者利害，惟陛下更詳擇焉。恐不如委任長官，慎揀僚屬，所揀既少，所求亦精，得賢有鑑識之名，失實當暗謬之責。人之常性，莫不愛身，況於臺省長官，皆是當朝華選，孰肯徇私妄舉，以傷名取責者耶！所謂臺省長官，卽僕射、尚書、左右丞、侍郎及御史大夫、中丞是也。陛下比擇輔相，多亦出於其中。今之宰臣，則往日臺省長官也，今之臺省長官，乃將來之宰臣也，但是職名暫異，固非行業頓殊。豈有爲長官之時不能舉一二屬吏，居宰臣之位則可擇千百具僚，物議悠悠，其惑斯甚。

夫求才貴廣，考課貴精。求廣在於各舉所知，長吏之薦擇是也；貴精在於按名責實，宰臣之序進是也。往者則天太后踐祚臨朝，欲收人心，尤務拔擢，弘委任之意，開汲引之門，進用不疑，求訪無倦，非但人得薦士，亦許自舉其才。所薦必行，所舉輒試，其於選士之道，豈不傷於容易哉！而課責旣嚴，進退皆速，不肖者旋黜，才能者驟升，是以當代謂知人之明，累朝賴多士之用。此乃近於求才貴廣，考課貴精之効也。

陛下誕膺寶曆，思致理平，雖好賢之心，有踰於前哲，而得人之盛，未逌於往時。蓋由賞鑒獨任於聖聰，搜擇頗難於公舉，仍啓登延之路，罕施練覈之方。遂使先進者漸益凋訛，後來者不相接續，施一令則謗沮互起，用一人則瘡痏立成。此乃失於選才太精，制法不一之患也。則天舉用之法，傷易而得人；陛下慎揀之規，太精而失士。陛下選任宰相，必異於庶官；精擇長官，必愈於末品。及至宰相獻規，長吏薦士，陛下卽但納橫議，不稽始謀。是乃任以重者輕其言，待以輕者重其事，且又不辨所毁之虛實，不校所試之短長。人之多言，何所不至，是將使人無所措其手足，豈獨選任之道失其端而已乎！

上雖嘉其所陳，長官薦士之詔，竟追寢之。

國朝舊制，吏部選人，每年調集；自乾元已後，屬宿兵于野，歲或凶荒，遂三年一置選。

由是選人停擁，其數猥多，文書不接，眞僞難辨，吏緣爲姦，注授乖濫，而有十年不得調者。贄奏吏部分內外官員爲三分，計闕集人，每年置選，故選司之弊，十去七八，天下稱之。

贄與賈耽、盧邁、趙憬同知政事，百司有所申覆，皆更讓不言可否。舊例，宰臣當旬秉筆決事，每十日一易，贄請準故事，令秉筆者以應之。又以河隴陷蕃已來，西北邊常以重兵守備，謂之防秋，皆河南、江淮諸鎭之軍也，更番往來，疲於戍役。贄以中原之兵，不習邊事，及扞虜戰賊，多有敗衄，又苦邊將名目太多，諸軍統制不一，緩急無以應敵，乃上疏論其事曰：

臣歷觀前代書史，皆謂鎭撫四夷，宰相之任，不揆闇劣，屢敢上言。誠以備邊禦戎，國家之重事；理兵足食，備禦之大經。兵不治則無可用之師，食不足則無可固之地；理兵在制置得所，足食在斂導有方。陛下幸聽愚言，先務積穀，人無加賦，官不費財，坐致邊儲，數逾百萬。諸鎭收糴，今已向終，分貯軍城，用防艱急，縱有寇戎之患，必無乏絕之憂。守此成規，以爲永制，常收冗費，益贍邊農，則更經二年，可積十萬人三歲之糧矣。足食之原粗立，理兵之術未精，敢議籌量，庶備採擇。

伏以戎狄爲患，自古有之，其於制禦之方，得失之論，備存史籍，可得而言。大抵尊卽序者，則曰非德無以化要荒，曾莫知威不立，則德不能馴也。樂武威者，則曰非兵無以服凶獷，曾莫知德不修，則兵不可恃也。務和親者，則曰要結可以睦鄰好，曾莫知我結之而彼復解也。美長城者，則曰設險可以固邦國而扞寇讎，曾莫知力不足，兵不堪，則險之不能有也。尙薄伐者，則曰驅遏可以禁侵暴而省征徭，曾莫知兵不銳，壘不完，則遏之不能勝，驅之不能去也。議邊之要，略盡於斯，雖互相譏評，然各有偏駁。聽一家之說，則例理可徵；考歷代所行，則成敗異效。是由執常理以御其不常之勢，徇所見而昧於所遇之時。

夫中夏有盛衰，夷狄有強弱，事機有利害，措置有安危，故無必定之規，亦無長勝之法。夏后以序戎而聖化茂，古公以避狄而王業興；周城朔方而獫狁攘，秦築臨洮而宗社覆；漢武討匈奴而貽悔，太宗征突厥而致安；文、景約和親而不能弭患於當年，宣、元弘撫納而足以保寧於累葉。蓋以中夏之盛衰異勢，夷狄之強弱異時，事機之利害異情，措置之安危異便。知其事而不度其時則敗，附其時而不失其稱則成，形變不同，胡可專一。

夫以中國強盛，夷狄衰微，而能屈膝稱臣，歸心受制，拒之則阻其嚮化，威之則類於殺降，安得不存而撫之，卽而序之也？又如中國強盛，夷狄衰微，而尙棄信姦盟，蔑恩肆毒，諭之不變，責之不懲，安得不取亂推亡，息人固境也？其有遇中國喪亡之弊，當夷狄強盛之時，圖之則彼釁未萌，禦之則我力不足，安得不卑詞降禮，約好通和，啗之以親，紓其交禍？縱不必信，且無大侵，雖非禦戎之善經，蓋時事亦有不得已也。儻或夷夏之勢，強弱適同，撫之不寧，威之不靖，力足以自保，不足以出攻，得不設險以固軍，訓師以待寇，來則薄伐以遏其深入，去則攘斥而戒於遠追？雖非安邊之令圖〔三〕，蓋勢力亦有不得不然也。故夏之卽序，周之于攘，太宗之翦亂，皆乘其時而善用其勢也；古公之避狄，文、景之和親，神堯之降禮，皆順其時而不失其稱也；秦皇之長城，漢武之窮討，皆知其事而不度其時者也。向若遇孔熾之勢，行卽序之方，則見侮而不從矣；乘可取之資，懷畏避之志，則失機而養寇矣；有攘却之力，用和親之謀，則示弱而勞費矣；當降屈之時，務翦伐之略，則召禍而危殆矣。故曰：知其事而不度其時則敗，附其時而不失其稱則成。是無必定之規，亦無長勝之法，得失著効，不其然歟！至於察安危之大情，計成敗之大數，百代之不變易者，蓋有之矣。其要在於失人肆欲則必蹶，任人從衆則必全，此乃古今所同，而物理之所壹也。

國家自祿山搆亂，河隴用兵以來，肅宗中興，撤邊備以靖中邦，借外威以寧內難，於是吐蕃乘釁，吞噬無厭，迴紇矜功，憑陵亦甚。中國不遑振旅，四十餘年。使傷耗遺甿，竭力蠶織，西輸賄幣，北償馬資，尚不足塞其煩言，滿其驕志；復乃遠徵士馬，列戍疆陲，猶不能遏其奔衝，止其侵侮。小入則驅略黎庶，深入則震驚邦畿。時有議安邊策者，多務於所難而忽於所易，勉於所短而略於所長。遂使所易所長者，行之而其要不精；所難所短者，圖之而其功靡就。憂患未弭，職斯之由。

夫制敵行師，必量事勢，勢有難易，事有先後。力大而敵脆，則先其所難，是謂奪人之心，暫勞而永逸者也；力寡而敵堅，則先其所易，是謂固國之本，觀釁而後動者也。頃屬多故，人勞未瘳，而欲廣發師徒，深踐寇境，復其侵地，攻其堅城，前有勝負未必之虞，後有餽運不繼之患。儻或撓敗，適所以啓戎心而挫國威，以此爲安邊之謀，可謂不量事勢而務於所難矣！

天之授者，有分事，無全功；地之產者，有物宜，無兼利。是以五方之俗，長短各殊。長者不可踰，短者不可企，勉所短而敵其所長必殆，用所長而乘其所短必安。強者乃以水草爲邑居，以射獵供飲茹，多馬而尤便馳突，輕生而不恥敗亡，此戎狄之所長也。戎狄之所長，乃中國之所短；而欲益兵蒐乘，角力爭驅，交鋒原野之間，決命尋常之內，以此爲禦寇之術，可謂勉所短而校其所長矣！務所難，勉所短，勞費百倍，終於無成。雖果成之，不挫則廢，豈不以越天授而違地產，虧時勢以反物宜者哉！

將欲去危就安，息費從省，在慎守所易，精用所長而已。若乃擇將吏以撫寧衆庶，修紀律以訓齊師徒，耀德以佐威，能邇以柔遠，禁侵抄之暴以彰吾信，抑攻取之議以安戎心，彼求和則善待而勿與結盟，彼爲寇則嚴備而不務報復，此當今之所易也。賤力而貴智，惡殺而好生，輕利而重人，忍小以全大，安其居而後動，俟其時而後行。是以修封疆，守要害，塹蹊隧，壘軍營，謹禁防，明斥候，務農以足食，練卒以蓄威，非萬全不謀，非百克不鬭。寇小至則張聲勢以遏其入，寇大至則謀其人以邀其歸，據險以乘之，多方以誤之。使其勇無所加，衆無所用，掠則靡獲，攻則不能，進有腹背受敵之虞，退有首尾難救之患。所謂乘其弊，不戰而屈人之兵，此中國之所長也。我之所長，乃戎狄之所短；我之所易，乃戎狄之所難。以長制短，則用力寡而見功多；以易敵難，則財不匱而事速就。捨此不務，而反爲所乘，斯謂倒持戈矛，以鐏授寇者也！今則皆務之矣，猶且守封未固，寇戎未懲者，其病在於謀無定用，衆無適從。所任不必才，才者不必任；所聞不必實，實者不必聞；所信不必誠，誠者不必信；所行不必當，當者未必行。故令措置乖方，課責虧度，財匱於兵衆，力分於將多，怨生於不均，機失於遙制。臣請爲陛下粗陳六者之失，惟明主慎聽而熟察之：

臣聞工欲善其事，必先利其器；武欲勝其敵，必先練其兵。練兵之中，所用復異。用之於救急，則權以紓難；用之於暫敵，則緩以應機。故事有便宜，而不拘常制；謀有奇詭，而不徇衆情。進退死生，唯將所命，此所謂攻討之兵也。用之於屯戍，則事資可久，勢異從權，非物理所愜不寧，非人情所欲不固。夫人情者，利焉則勸，習焉則安，保親戚則樂生，顧家業則忘死，故可以理術馭，不可以法制驅，此所謂鎭守之兵也。夫欲備封疆，禦戎狄，非一朝一夕之事，固當選鎭守之兵以置焉。古之善選置者，必量其性習，辨其土宜，察其伎能，知其欲惡。用其力而不違其性，齊其俗而不易其宜，引其善而不責其所不能，禁其非而不處其所不欲。而又類其部伍〔四〕，安其室家，然後能使之樂其居，定其志，奮其氣勢，結其恩情。撫之以惠，則感而不驕；臨之以威，則肅而不怨。靡督課而人自爲用，弛禁防而衆自不攜。故出則足兵，居則足食，守則固，戰則強，其術無他，便於人情而已矣。今者散徵士卒，分成邊陲，更代往來，以爲守備。是則不量性習，不辨土宜，邀其所不能，強其所不欲。求廣其數而不考其用，將致其力而不察其情，斯可以爲羽衞之儀，而無益於備禦之實也。何者？窮邊之地，千里蕭條，寒風裂膚，驚沙慘目。與豺狼爲鄰伍，以戰鬪爲嬉遊，晝則荷戈而耕，夜則倚烽而覘。日有剽害之慮，永無休暇之娛，地惡人勤，於斯爲甚。自非生於其域，習於其風，幼而覩焉，長而安焉，不見樂土而遷焉，則罕能寧其居而狎其敵也。關東之地，百物阜殷，從軍之徒，尤被優養。慣於温飽，狎於歡康，比諸邊隅，若異天地。聞絕塞荒陬之苦，則辛酸動容；聆強蕃勁虜之名，則懾駭奪氣。而乃使之去親族，捨園廬，甘其所辛酸，抗其所懾駭，將冀爲用，不亦疏乎！矧又有休代之期，無統帥之馭，資奉若驕子，姑息如倩人，進不邀之以成功，退不處之以嚴憲。其來也咸負得色，其止也莫有固心，屈指計歸，張頤待飼。徼倖者猶患還期之賒緩，常念戎醜之充斥，王師挫傷，則將乘其亂離，布路東潰，情志且爾，得之奚爲？平居則殫耗資儲以奉浮冗之衆，臨難則拔棄城鎮以搖遠近之心，其弊豈惟無益哉！固亦將有所撓也。復有抵犯刑禁，謫徙軍城，意欲增戶實邊，兼令展効自贖。既是無良之類，且加懷土之情，思亂幸災，又甚戍卒。適足煩於防衞，諒無望於功庸，雖前代時或行之，固非良算之可遵者也。復有擁旄之帥，身不臨邊，但分偏師，俾守疆埸。大抵軍中壯銳，元戎例選自隨，委其疲羸，乃配諸鎮。節將既居內地，精兵祗備紀綱，遂令守要禦衝，常在寡弱之輩。寇戎每至，乃勢不支，入壘者纔足閉關，在野者悉遭劫執，恣其芟蹂，盡其搜驅。比及都府聞知，虜已克獲旋返。且安邊之本，所切在兵，理兵若斯，可謂措置乖方矣。

夫賞以存勸，罰以示懲，勸以懋有庸，懲以威不恪。故賞罰之於馭衆也，猶繩墨之於曲直，權衡之揣重輕，輗軏之所以行車，銜勒之所以服馬也。馭衆而不用賞罰，則善惡相混而能否莫殊；用之而不當功過，則姦妄寵榮而忠實擯抑。夫如是，若聰明可銜，律度無章，則用與不用，其弊一也。自頃權移於下，柄失於朝，將之號令既鮮克行之於軍，國之典章又不能施之於將，務相遵養，苟度歲時。欲賞一有功，翻慮無功者反側；欲罰一有罪，復慮同惡者憂虞。罪以隱忍而不彰，功以嫌疑而不賞，姑息之道，乃至於斯。故使忘身効節者獲誚於等夷，率衆先登者取怨於士卒，僨軍蹙國者不懷於愧畏，緩救失期者自以爲智能。褒貶既闕而不行，稱毀復紛然相亂，人雖欲善，誰爲言之？況又公忠者直己而不求於人，反罹困厄；敗撓者行私而苟媚於衆，例獲優崇。此義士所以痛心，勇夫所以解體也。又有遇敵而所守不固，陳謀而其効靡成，將帥則以資糧不足爲詞，有司復以供給無闕爲解。既相執證，理合辨明，朝廷每爲含糊，未嘗窮究曲直。措理者吞聲而靡訴，誣善者罔上而不懲，馭衆若斯，可謂課責虧度矣。

課責虧度，措置乖方，將不得竭其材，卒不得盡其力，屯集雖衆，戰陣莫前。虜每越境橫行，若涉無人之地，遞相推倚，無敢誰何，虛張賊勢上聞，則曰兵少不敵。朝廷莫之省察，惟務徵發益師，無裨備禦之功，重增供億之弊。閭井日耗，徵求日繁，以編戶傾家破産之資，兼有司榷鹽稅酒之利，總其所入，半以事邊，制用若斯，可謂財匱於兵衆矣。

今四夷之最強盛爲中國甚患者，莫大於吐蕃，舉國勝兵之徒，纔當中國十數大郡而已。其於內虞外備，亦與中國不殊，所能寇邊，數則蓋寡。且又器非犀利，甲不堅完，識迷韜鈐，藝乏趫敏。動則中國畏其衆而不敢抗，靜則中國憚其強而不敢侵，厥理何哉？良以中國之節制多門，蕃醜之統帥專一故也。夫統帥專則人心不分，人心不分則號令不貳，號令不貳則進退可齊，進退可齊則疾徐如意，疾徐如意則機會靡愆，機會靡愆則氣勢自壯。斯乃以少爲衆，以弱爲強，變化翕闢，在於反掌之內。是猶臂之使指，心之制形，若所任得人，則何敵之有！夫節制多門則人心不一，人心不一則號令不行，號令不行則進退難必，進退難必則疾徐失宜，疾徐失宜則機會不及，機會不及則氣勢自衰。斯乃勇廢爲尫，衆散爲弱，逗撓離析，兆乎戰陣之前。是猶一國三公，十羊九牧，欲令齊肅，其可得乎？開元、天寶之間，控禦西北兩蕃，唯朔方、河西、隴右三節度而已，猶慮權分勢散，或使兼而領之。中興已來，未遑外討，僑隸四鎮於安定，權附隴右於扶風，所當西北兩蕃，亦朔方、涇原、隴右、河東節度而已，關東戍卒，至則屬焉。雖委任未盡得人，而措置尚存典制。自頃逆泚誘涇、隴之衆叛，懷光汙朔方之軍，割裂誅鋤，所餘無幾；而又分朔方之地，建牙擁節者，凡三使焉。其餘鎮軍，數且四十，皆承特詔委寄，各降中貴監臨，人得抗衡，莫相稟屬。每俟邊書告急，方令計會用兵，既無軍法下臨，唯以客禮相待。是乃從容拯溺，揖讓救焚，冀無阽危，固亦難矣！夫兵，以氣勢爲用者也，氣聚則盛，散則消；勢合則威，析則弱。今之邊備，勢弱氣消，建軍若斯，可謂力分於將多矣。

理戎之要，最在均齊，故軍法無貴賤之差，軍實無多少之異，是將所以同其志而盡其力也。如或誘其志意，勉其藝能，則當閱其材，程其勇，校其勞逸，度其安危，明申練覈優劣之科，以爲衣食等級之制。使能者企及，否者息心，雖有薄厚之殊，而無觖望之釁。蓋所謂日省月試，餼稟均事，如權量之無情於物，萬人莫不安其分而服其平也。今者窮邊之地，長鎭之兵，皆百戰傷夷之餘，終年勤苦之劇，角其所能則練習，度其所處則孤危，考其服役則勞，察其臨敵則勇；然衣糧所給，唯止當身，例爲妻子所分，常有凍餒之色。而關東戍卒，歲月踐更，不安危城，不習戎備，怯於應敵，懈於服勞；然衣糧所頒，厚踰數等，繼以茶藥之饋，益以蔬醬之資。豐約相形，懸絕斯甚。又有素非禁旅，本是邊軍，將校詭爲媚詞，因請遙隸神策，不離舊所，唯改虛名，其於稟賜之饒，遂有三倍之益。此儔類所以忿恨，忠良所以憂嗟，疲人所以流亡，經費所以褊匱。夫事業未異，而給養有殊，人情之所不能甘也。況乎矯佞行而稟賜厚，績藝劣而衣食優，苟未忘懷，能無慍怒。不爲戎首，則已可嘉，而欲使其叶力同心，以攘寇難，雖有韓、白、孫、吳之將，臣知其必不能焉。養士若斯，可謂怨生於不均矣。

凡欲選任將帥，必先考察行能，然後指以所授之方，語以所委之事，令其自揣可否，自陳規模。須某色甲兵，藉某人參佐，要若干士馬，用若干資糧，某處置軍，某時成績，始終要領，悉俾經綸，於是觀其計謀，校其聲實。若謂材無足取，言不可行，則當退之於初，不宜貽慮於其後也；若謂志氣足任，方略可施，則當要之於終，不宜掣肘於其間也。夫如是，則疑者不使，使者不疑，勞神於選才，端拱於委任。既委其事，既足其求，然後可以覈其否臧，行其賞罰。受賞者不以爲濫，當罰者無得而辭，付授之柄既專，苟且之心自息。是以古之遣將帥者，君親推轂而命之曰：「自閫以外，將軍裁之。」又賜鈇鉞，示令專斷。故軍容不入國，國容不入軍，將在軍，君命有所不受。誠謂機宜不可以遠決，號令不可以兩從，未有委任不專，而望其克敵成功者也。自頃邊軍去就，裁斷多出宸衷，選置戎臣，先求易制，多其部以分其力，輕其任以弱其心，雖有所懲，亦有所失。遂令分閫責成之義廢，死綏任咎之志衰，一則聽命，二亦聽命，爽於軍情亦聽命，乖於事宜亦聽命。若所置將帥，必取於承順無違，則如斯可矣；若有意平凶靖難，則不可。夫兩境相接，兩軍相持，事機之來，間不容息，蓄謀而俟，猶恐失之，臨時始謀，固已疏矣。況乎千里之遠，九重之深，陳述之難明，聽覽之不一，欲其事無遺策，雖聖者亦有所不能焉。設使謀慮能周，其如權變無及！戎虜馳突，迅如風飈，驛書上聞，旬月方報。守土者以兵寡不敢抗敵，分鎭者以無詔不肯出師，逗留之間，寇已奔逼，託於救援未至，各且閉壘自全。牧馬屯牛，鞠爲椎剽；穡夫樵婦，罄作俘囚。雖詔諸鎭發兵，唯以虛聲應援，互相瞻顧，莫敢遮邀，賊既縱掠退歸，此乃陳功告捷。其敗喪則減百而爲一，其捃獲則張百而成千。將帥既幸於總制在朝，不憂於罪累；陛下又以爲大權由己，不究事情。用師若斯，可謂機失於遙制矣。

理兵而措置乖方，馭將而賞罰虧度，制用而財匱，建兵而力分，養士而怨生，用師而機失，此六者，疆場之蟊賊，軍旅之膏肓也。蟊賊不除，而但滋之以糞溉，膏肓不療，而唯啗之以滑甘，適足以養其害，速其災，欲求稼穡豐登，膚革充美，固不可得也。

臣愚謂宜罷諸道將士番替防秋之制，率因舊數而三分之：其一分委本道節度使募少壯願住邊城者以徙焉；其一分則本道但供衣糧，委關內、河東諸軍州募蕃、漢子弟願傳邊軍者以給焉；又一分亦令本道但出衣糧，加給應募之人，以資新徙之業。又令度支散於諸道和市耕牛，兼雇召工人，就諸軍城繕造器具。募人至者，每家給耕牛一頭，又給田農水火之器，皆令充備。初到之歲，與家口二人糧，幷賜種子，勸之播植，待經一稔，俾自給家。若有餘糧，官爲收糴，各酬倍價，務獎營田。既息踐更徵發之煩，且無幸災苟免之弊。寇至則人自爲戰，時至則家自力農。是乃兵不得不強，食不得不足，與夫條來忽往，豈可同等而論哉！

臣又謂宜擇文武能臣一人爲隴右元帥，應涇、隴、鳳翔、長武城、山南西道等節度管內兵馬，悉以屬焉；又擇一人爲朔方元帥，應鄜坊、邠寧、靈夏等節度管內兵馬，悉以屬焉；又擇一人爲河東元帥，河東、振武等節度管內兵馬，悉以屬焉。三帥各選臨邊要會之州以爲理所，見置節度有非要者，隨所便近而併之。唯元帥得置統軍，餘並停罷。其三帥部內太原、鳳翔等府及諸郡戶口稍多者，愼揀良吏以爲尹守，外奉師律，內課農桑，俾爲軍糧，以壯戎府。理兵之宜既得，選帥之授既明，然後減姦濫虛浮之費以豐財，定衣糧等級之制以和衆，弘委任之道以宣其用，懸賞罰之典以考其成。而又愼守中國之所長，謹行當今之所易，則八利可致，六失可除，如是而戎狄不威懷，疆埸不寧謐者，未之有也；諸侯軌道，庶類服從，如是而教令不行，天下不理者，亦未之有也。以陛下之英鑒，民心之思安，四方之小休，兩寇之方靜，加以頻年豐稔，所在積糧，此皆天贊國家，可以立制垂統之時也。時不久居，事不常兼，已過而追，雖悔無及。明主者，不以言爲罪，不以人廢言，罄陳狂愚，惟所省擇。

德宗極深嘉納，優詔褒獎之。

贄在中書，政不便於時者，多所條奏，德宗雖不能皆可，而心頗重之。初，竇參既貶郴州，節度使劉士寧餉參絹數千匹，湖南觀察使李巽與參有隙，具事奏聞，德宗不悅。會右庶子姜公輔於上前聞奏，稱「竇參嘗語臣云陛下怒臣未已」，德宗怒，再貶參，竟殺之。時議云公輔奏竇參語得之於贄，云參之死，贄有力焉。又素惡于公異、于邵，既輔政而逐之，談者亦以爲阨。

戶部侍郎、判度支裴延齡，姦宄用事，天下嫉之如讎，以得幸於天子，無敢言者，贄獨以身當之，屢於延英面陳其不可，累上疏極言其弊。延齡日加譖毀。十年十二月，除太子賓客，罷知政事。贄性畏愼，及策免私居，朝謁之外，不通賓客，無所過從。十一年春，旱，邊軍芻粟不給，具事論訴；延齡言贄與張滂、李充等搖動軍情，語在延齡傳。德宗怒，將誅贄等四人，會諫議大夫陽城等極言論奏，乃貶贄爲忠州別駕。

贄初入翰林，特承德宗異顧，歌詩戲狎，朝夕陪遊。及出居艱阻之中，雖有宰臣，而謀猷參決，多出於贄，故當時目爲「內相」。從幸山南，道途艱險，扈從不及，與帝相失，一夕不至，上喻軍士曰：「得贄者賞千金。」翌日贄謁見，上喜形顏色，其寵待如此。既與二吳不協，漸加浸潤，恩禮稍薄；及通玄敗，上知誣枉，遂復見用。贄以受人主殊遇，不敢愛身，事有不可，極言無隱。朋友規之，以爲太峻，贄曰：「吾上不負天子，下不負吾所學，不恤其他。」精於吏事，斟酌決斷，不失錙銖。嘗以「詞詔所出，中書舍人之職，軍興之際，促迫應務，權令學士代之；朝野乂寧，合歸職分，其命將相制詔，却付中書行遣」。又言「學士私臣，玄宗初令待詔，止於唱和文章而已」。物議是之。德宗以贄指斥通徵、通玄，故不可其奏。

贄在忠州十年，常閉關静處，人不識其面，復避謗不著書。家居瘴鄉，人多癘疫，乃抄撮方書，爲陸氏集驗方五十卷行於代。初，贄秉政，貶駕部員外郎李吉甫爲明州長史，量移忠州刺史。贄在忠州，與吉甫相遇，昆弟、門人咸爲贄憂，而吉甫忻然厚禮，都不銜前事，以宰相禮事之，猶恐其未信不安，日與贄相狎，若平生交契者。贄初猶慚懼，後乃深交。時論以吉甫爲長者。後有薛延者，代吉甫爲刺史，延朝辭日，德宗令宣旨慰安。而韋臯累上表請以贄代己。順宗即位，與陽城、鄭餘慶同詔徵還。詔未至而贄卒，時年五十二，贈兵部尚書，謚曰宣。

子簡禮，登進士第，累辟使府。

史臣曰：近代論陸宣公，比漢之賈誼，而高邁之行，剛正之節，經國成務之要，激切仗義之心，初蒙天子重知，末塗淪躓，皆相類也；而誼止中大夫，贄及台鉉，不爲不遇矣。昔公孫鞅挾三策說秦王，淳于髡以隱語見齊君，從古以還，正言不易，昔周昭戒急論議，正爲此也。贄居珥筆之列，調飪之地，欲以片心除衆弊，獨手遏羣邪，君上不亮其誠，羣小共攻其短，欲無放逐，其可得乎！詩稱「其維哲人，告之話言」，又有「誨爾」、「聽我」之恨，此皆賢人君子歎言不見用也。故堯咨禹拜，千載一時，攜手提耳，豈容易哉！

贊曰：良臣悟主，我有嘉猷。多僻之君，爲善不周。忠言救失，啓沃日讎。勿貽天問，蒼昊悠悠。

校勘記

〔一〕人主輕重　「主」字各本原無，據冊府卷五五二、陸宣公翰苑集（四部叢刊影印宋刊本，以下簡稱陸集）卷一三補。

〔二〕不選朝官內官　「內官」二字各本原無，據冊府卷五五二補。

〔三〕雖非安邊之令圖　「非」字各本原作「爲」，據陸集卷一九、全唐文卷四七四改。

〔四〕類其部伍　「部」字各本原作「紀」，據冊府卷九九三、陸集卷一九、全唐文卷四七四改。

舊唐書卷一百四十

列傳第九十

韋皐 劉闢附 張建封 盧羣

韋皐字城武，京兆人。大曆初，以建陵挽郎調補華州參軍，累授使府監察御史。宰相張鎰出爲鳳翔隴右節度使，奏皐爲營田判官，得殿中侍御史，權知隴州行營留後事。建中四年，涇師犯闕，德宗幸奉天，鳳翔兵馬使李楚琳殺張鎰，以府城叛歸於朱泚，隴州刺史郝通奔于楚琳。先是，朱泚自范陽入朝，以甲士自隨；後泚爲鳳翔節度使，既罷，留范陽五百人戍隴州，而泚舊將牛雲光督之。時泚既以逆徒圍奉天，雲光因稱疾，請皐爲帥，將謀亂，擒皐以赴泚。皐將翟曄伺知之，白皐爲備，雲光知事洩，遂率其兵以奔泚。行及汧陽，遇泚家僮蘇玉將使于皐所，蘇玉謂雲光曰：「太尉已登寶位，使我持詔以韋皐爲御史中丞，君可以兵歸隴州。皐若承命，卽爲吾人；如不受詔，彼書生，可以圖之，事無不濟矣。」

乃反旆疾趨隴州。皐迎勞之，先納蘇玉，受其僞命，乃問雲光曰：「始不告而去，今又來，何也？」雲光曰：「前未知公心，故潛去；知公有新命，今乃復還。願與公戮力定功，同其生死。」皐曰：「善。」又謂雲光曰：「大使苟不懷詐，請納器甲，使城中無所危疑，乃可入。」雲光以書生待皐，且以爲信然，乃盡付弓矢戈甲，皐既受之，乃內其兵。明日，皐犒宴蘇玉、雲光之卒於郡舍，伏甲於兩廊，酒既行，伏發，盡誅之，斬雲光、蘇玉首以徇。泚又使家僮劉海廣以皐爲鳳翔節度使，皐斬海廣及從者三人，生一人使報泚。於是詔以皐爲御史大夫、隴州刺史，置奉義軍節度以旌之。皐遣從兄平及弇繼入奉天城，城中聞皐有備，士氣增倍。

皐乃築壇于廷，血牲，與將士等盟曰：「上天不弔，國家多難，逆臣乘間，盜據宮闈。而李楚琳亦扇凶徒，傾陷城邑，酷虐所加，爰及本使，既不事上，安能卹下。皐是用激心憤氣，不遑底寧，誓與羣公，竭誠王室。凡我同盟，一心協力，仗順除凶，先祖之靈，必當幽贊。言誠則志合，義感則心齊，粉骨糜軀，決無所顧。有渝此志，明神殛之，迨於子孫，亦罔遺類。皇天后土，當兆斯言。」又遣使入吐蕃求援。十一月，加檢校禮部尚書。興元元年，德宗還京，徵爲左金吾衞將軍，尋遷大將軍。

貞元元年，拜檢校戶部尚書，兼成都尹、御史大夫、劍南西川節度使，代張延賞。皐以雲南蠻衆數十萬與吐蕃和好，蕃人入寇，必以蠻爲前鋒。四年，皐遣判官崔佐時入南詔蠻，說令向化，以離吐蕃之助。佐時至蠻國羊咀咩城，其王異牟尋忻然接遇，請絕吐蕃，遣使朝貢。其年，遣東蠻鬼主驃傍、苴夢衝、苴烏等相率入朝。南蠻自巂州陷沒，臣屬吐蕃，絕朝貢者二十餘年，至是復通。

五年，皐遣大將王有道簡習精卒以入蕃界，與東蠻於故巂州臺登北谷大破吐蕃青海、臘城二節度，斬首二千級，生擒籠官四十五人，其投崖谷而死者不可勝計。蕃將乞臧遮遮者，蕃之驍將也，久爲邊患，自擒遮遮，城栅無不降，數年之內，終復巂州，以功加吏部尚書。九年，朝廷築鹽州城，慮爲吐蕃掩襲，詔皐出兵牽維之。乃命大將董勔、張芬出西山及南道，破峨和城、通鶴軍。吐蕃南道元帥論莽熱率衆來援，又破之，殺傷數千人，焚定廉城。凡平堡栅五十餘所，以功進位檢校右僕射。皐又招撫西山羌女、訶陵、白狗、逋租、弱水、南水等八國酋長〔一〕，入貢闕廷。十一年九月，加統押近界諸蠻、西山八國兼雲南安撫等使。十二年二月，就加同中書門下平章事。十三年，收復巂州城。十六年，皐命將出軍，累破吐蕃於黎、巂二州。吐蕃怒，遂大搜閱，築壘造舟，欲謀入寇，皐悉挫之。於是吐蕃酋帥兼監統曩貢、臘城等九節度嬰、籠官馬定德與其大將八十七人舉部落來降。定德有計略，習知兵法及山川地形，吐蕃每用兵，定德常乘驛計事，蕃中諸將稟其成算；至是，自以扞邊失律，懼得罪而歸心焉。

十七年，吐蕃昆明城管磨些蠻千餘戶又降〔三〕。贊普以其衆外潰，遂北寇靈、朔，陷麟州。德宗遣使至成都府，令皐出兵深入蕃界。皐乃令鎮靜軍使陳洎等統兵萬人出三奇路，威戎軍使崔堯臣兵千人出龍溪石門路南，維保二州兵馬使仇冕、保霸二州刺史董振等兵二千趨吐蕃維州城中，北路兵馬使邢玼等四千趨吐蕃棲鷄、老翁城，都將高倜、王英俊兵二千趨故松州，隴東兵馬使元膺兵八千人出南道雅、邛、黎、巂路。又令鎮南軍使韋良金兵一千三百續進，雅州經略使路惟明等兵三千趨吐蕃租、松等城，黎州經略使王有道兵二千人過大渡河，深入蕃界，巂州經略使陳孝陽、兵馬使何大海、韋義等及磨些蠻、東蠻二部落主苴那時等兵四千進攻昆明城、諾濟城。自八月出軍齊入，至十月破蕃兵十六萬，拔城七、軍鎮五、戶三千，擒生六千，斬首萬餘級，遂進攻維州。救軍再至，轉戰千里，蕃軍連敗。於是寇靈、朔之衆引而南下，贊普遣論莽熱以內大相兼東境五道節度兵馬都羣牧大使，率雜虜十萬而來解維州之圍。蜀師萬人據險設伏以待之，先出千人挑戰。莽熱見我師之少，悉衆追之。發伏掩擊，鼓譟雷駭，蕃兵自潰，生擒論莽熱，虜衆十萬，殲夷者半。是歲十月，遣使獻論莽熱于朝，德宗數而釋之，賜第於崇仁里。皐以功加檢校司徒，兼中書令，封南康郡王。

順宗即位，加檢校太尉。順宗久疾，不能臨朝聽政，宦者李忠言、侍棋待詔王叔文、侍書待詔王伾等三人頗干國政，高下在心。皋乃遣支度副使劉闢使於京師，闢私謁王叔文曰：「太尉使致誠於足下，若能致某都領劍南三川，必有以相酬；如不留意，亦有以奉報。」叔文大怒，將斬闢以徇，韋執誼固止之，闢乃私去。皋知王叔文人情不附，又知與韋執誼有隙，自以大臣可議社稷大計，乃上表請皇太子監國，曰：「臣聞上承宗廟，下鎮黎元，永固無疆，莫先儲兩。伏聞聖明以山陵未祔，哀毀逾制，心勞萬幾，伏計旬月之間，未甚痊復。皇太子睿質已長，淑問日彰，四海之心，實所倚賴。伏望權令皇太子監撫庶政，以俟聖躬痊平，一日萬幾，免令壅滯。」又上皇太子牋曰：

殿下體重離之德，當儲貳之重，所以克昌九廟，式固萬方，天下安危，繫於殿下。皋位居將相，志切匡扶，先朝獎知，早承恩顧。人臣之分，知無不爲，願上答眷私，罄輸肝鬲。伏以聖上嗣膺鴻業，睿哲英明，攀感先朝，志存孝理。諒闇之際，方委大臣，但付託偶失於善人，而參決多虧於公政。今羣小得志，隳紊紀綱，官以勢遷，政由情改，朋黨交構，熒惑宸聰。樹置腹心，遍於貴位；潛結左右，難在蕭牆。國賦散於權門，王稅不入天府，褻慢無忌，高下在心。貨賄流聞，遷轉失敘，先聖屏黜贓犯之類，咸擢居省寺之間。至令忠臣隕涕，正人結舌，遐邇痛心，人知不可。伏恐姦雄乘便，因此謀動干戈，危殿下之家邦，傾太宗之王業。伏惟太宗櫛沐風雨，經營廟朝，將垂二百年，欲及千萬祀，而一朝使叔文姦佞之徒，侮弄朝政，恣其胸臆，坐致傾危。臣每思之，痛心疾首。伏望殿下斥逐羣小，委任賢良，慺慺血誠，輸寫於此。太子優令答之。而裴均、嚴綬牋表繼至，由是政歸太子，盡逐伾、文之黨。是歲，暴疾卒，時年六十一，贈太師，廢朝五日。

皐在蜀二十一年，重賦斂以事月進，卒致蜀土虛竭，時論非之。其從事累官稍崇者，則奏為屬郡刺史，或又署在府幕，多不令還朝，蓋不欲洩所為於闕下故也。故劉闢因皐故態，圖不軌以求三川，厲階之作，蓋有由然。皐兄聿時為國子司業，劉闢與盧文若據西川叛，皐姪行式，先娶文若妹，而聿不奏。既收行式，以其妻沒官，詔御史臺按聿，聿下獄。有司以行式妻在遠，不與兄同情，不當連坐，詔歸行式妻而釋聿。

劉闢者，貞元中進士擢第，宏詞登科，韋皐辟為從事，累遷至御史中丞、支度副使。永貞元年八月，韋皐卒，闢自為西川節度留後，率成都將校上表請降節鉞，朝廷不許，除給事中，便令赴闕，闢不奉詔。時憲宗初即位，以無事息人為務，遂授闢檢校工部尚書，充劍南西川節度使。闢益凶悖，出不臣之言，而求都統三川，與同幕盧文若相善，欲以文若為東川節度使，遂舉兵圍梓州。憲宗難於用兵，宰相杜黃裳奏：「劉闢一狂蹶書生耳，王師鼓行而俘之，兵不血刃。臣知神策軍使高崇文驍果可任，舉必成功。」帝數日方從之，於是令高崇文、李元奕將神策京西行營兵相續進發，令與嚴礪、李康掎角相應以討之，仍許其自新。

元和元年正月，崇文出師。三月，收復東川。乃下詔曰：「朕聞皇祖玄元之誡曰：『兵者凶器也，不得已而用之。』恭惟聖謨，常所祗服。故惟文誥有所不至，誠信有所未孚，始務安人，必能忍恥，朕之此志，亦可明徵。近者德宗皇帝舉柔服之規，授宰衡之傑，弘我廟勝，遂康巴、庸，故得南詔入貢，西戎寢患。成績始究，元臣喪亡，劉闢乘此變故，坐邀符節。朕以成狂命者雖乖於理體，從權便者所冀於輯寧，竟乖卿士之謀，遂允倖求之志，朕之於闢，恩亦弘矣。曾不知恩，負牛羊之力，飽則逾凶；畜梟獍之心，馴之益悖。誑惑士伍，圍逼梓州；誘陷戎臣，塞絕劍路。師徒所至，燒劫無遺，千紀之辜，擢髮難數。朕爲人司牧，字彼黎元，如闢之罪，非朕敢捨，可削奪在身官爵。」

六月，崇文破鹿頭關，進收漢州。九月，崇文收成都府。劉闢以數十騎遁走，投水不死，騎將酈定進入水擒闢於成都府西洋灌田。盧文若先自刃其妻子，然後縋石投江，失其屍。闢檻送京師，在路飲食自若，以爲不當死。及至京西臨皋驛，左右神策兵士迎之，以帛繫首及手足，曳而入，乃驚曰：「何至於是！」或紿之曰：「國法當爾，無憂也。」是日，詔曰：

「劉闢生於士族，敢蓄梟心，驅劫蜀人，拒扞王命。肆其狂逆，詿誤一州，俾我黎元，肝腦塗地。賊將崔綱等同惡相扇，至死不迴，咸宜伏辜，以正刑典。劉闢男超郎等九人，並處斬。」闢入京城，上御興安樓受俘馘，令中使於樓下詰闢反狀，闢曰：「臣不敢反，五院子弟爲惡，臣不能制。」又遣詰之曰：「朕遣中使送旌節官告，何故不受？」闢乃伏罪。令獻太廟、郊社，徇于市，卽日戮於子城西南隅。

初，闢嘗病，見諸問疾者來，皆以手據地，倒行入闢口，闢因磔裂食之；惟盧文若至，則如平常。故尤與文若厚，竟以同惡俱赤族，不其怪歟！

張建封字本立，兗州人。祖仁範，洪州南昌縣令，貞元初贈鄭州刺史。父玠，少豪俠，輕財重士。安祿山反，令僞將李庭偉率蕃兵脅下城邑，至魯郡，太守韓擇木具禮郊迎，置於郵館，玠率鄉豪張貴、孫邑、段絳等集兵將殺之。擇木怯懦，大懼；唯員外司兵張孚然其計，遂殺庭偉幷其黨數十人，擇木方遣使奏聞。擇木、張孚俱受官賞，玠因遊蕩江南，不言其功。以建封貴，贈秘書監。

建封少頗屬文，好談論，慷慨負氣，以功名爲己任。寶應中，李光弼鎭河南，時蘇、常等州草賊寇掠郡邑，代宗遣中使馬日新與光弼將兵馬同征討之。建封乃見日新，自請說喻賊徒，日新從之，遂入虎窟、蒸里等賊營，以利害禍福喻之。一夕，賊黨數千人並詣日新請降，遂悉放歸田里。大曆初，道州刺史裴虬薦建封於觀察使韋之晉，辟爲參謀，奏授左淸道兵曹，不樂吏役而去。滑亳節度使令狐彰聞其名，辟之；彰既未曾朝覲，建封心不悅之，遂投刺於轉運使劉晏，自述其志，不願仕於彰也。晏奏試大理評事，勾當軍務；歲餘，復罷歸。

建封素與馬燧友善，大曆十年，燧爲河陽三城鎭遏使，辟爲判官，奏授監察御史，賜緋魚袋。李靈曜反於梁、宋間，與田悅掎角，同爲叛逆，燧與李忠臣同討平之，軍務多咨於建封。及燧爲河東節度使，復奏建封爲判官，特拜侍御史。建中初，燧薦之於朝，楊炎將用爲度支郎中，盧杞惡之，出爲岳州刺史。

時淮西節度使李希烈乘破滅梁崇義之勢，漸縱恣跋扈，壽州刺史崔昭數書疏往來，淮南節度使陳少遊奏之，上遽召宰相令選壽州刺史。盧杞本惡建封，是日蒼黃，遂薦建封以代崔昭牧壽陽。李希烈稱兵，寇陷汝州，擒李元平，擊走劉德信〔三〕、唐漢臣等，又摧破哥舒曜於襄城，連陷鄭、汴等州，李勉棄城而遁。涇師內逆，駕幸奉天，賊鋒益盛，淮南陳少遊潛通希烈。尋稱僞號，改元，遣將楊豐齎僞赦書二道，令送少遊及建封。至壽州，建封縛楊豐徇於軍中，適會中使自行在及使江南迴者同至，建封集衆對中使斬豐於通衢，封僞赦書送行在，遠近震駭。陳少遊聞之，既怒且懼。建封乃具奏少遊與希烈往來事狀。希烈又僞署其黨杜少誠爲淮南節度使，令先平壽州，趣江都，建封令其將賀蘭元均、邵怡等守霍丘秋柵。少誠竟不能侵軼，乃南掠蘄、黃等州，又爲伊慎所挫衄。尋加建封兼御史中丞、本州團練使。車駕還京，陳少遊憂憤而卒。興元元年十二月，乃加兼御史大夫，充濠壽廬三州都團練觀察使，於是大修緝城池，悉心綏撫，遠近悅附，自是威望益重。李希烈選兇黨精悍者卒勁卒以攻建封，曠日持久，無所克獲而去。及希烈平，進階封，賜一子正員官。

初，建中年李洧以徐州歸附，洧尋卒，其後高承宗父子、獨孤華相繼爲刺史，爲賊侵削，貧困不能自存；又咽喉要地，據江淮運路，朝廷思擇重臣以鎮者久之。貞元四年，以建封爲徐州刺史，兼御史大夫、徐泗濠節度、支度營田觀察使。既創置軍伍，建封觸事躬親，性寬厚，容納人過誤，而按據綱紀，不妄曲法貸人，每言事，忠義感激，人皆畏悅。七年，進位檢校禮部尚書。十二年，加檢校右僕射。十三年冬，入覲京師，德宗禮遇加等，特以雙日開延英召對，又令朝參入大夫班，以示殊寵。建封賦朝天行一章上獻，賜名馬珍玩頗厚。

時宦者主宮中市買，謂之宮市，抑買人物，稍不如本估。末年不復行文書，置白望數十百人於兩市及要鬧坊曲，閱人所賣物，但稱宮市，則斂手付與，眞僞不復可辨，無敢問所從來及論價之高下者，率用直百錢物買人直數千物，仍索進奉門戶及脚價銀。人將物詣市，至有空手而歸者，名爲宮市，其實奪之。嘗有農夫以驢馱柴，宦者市之，與絹數尺，又就索門戶，仍邀驢送柴至內。農夫啼泣，以所得絹與之，不肯受，曰：「須得爾驢。」農夫曰：「我有父母妻子，待此而後食；今與汝柴，而不取直而歸，汝尚不肯，我有死而已。」遂毆宦者。街使擒之以聞，乃黜宦者，賜農夫絹十匹。然宮市不爲之改，諫官御史表疏論列，皆不聽。吳湊以戚里爲京兆尹，深言其弊。建封入覲，具奏之，德宗頗深嘉納；而戶部侍郎、判度支蘇弁希宦者之旨，因入奏事，上問之，弁對曰：「京師游手墮業者數千萬家，無土著生業，仰宮市取給。」上信之，凡言宮市者皆不聽用。詔書矜免百姓諸色逋賦，上問建封，對曰：「凡逋賦殘欠，皆是累積年月，無可徵收，雖蒙陛下憂恤，百姓亦無所裨益。」時河東節度使李說、華州刺史盧徵皆中風疾〔四〕，口不能言，足不能行，但信任左右胥吏決遣之。建封皆悉聞奏，上深嘉納。又金吾大將軍李翰好伺察城中細事，加諸聞奏，冀求恩寵，人畏而惡之。建封亦奏之，乃下詔曰：「比來朝官或諸處過從，金吾皆有上聞。其間如素是親故，或曾同僚友，伏臘歲序，時有還往，亦是常禮，人情所通。自今以後，金吾不須聞。」

十四年春上巳，賜宰臣百僚宴於曲江亭，特令建封與宰相同座而食。貞元已後，藩帥入朝及還鎮，如馬燧、渾瑊、劉玄佐、李抱眞、曲環之崇秩鴻勳，未有獲御製詩以送者。建封將還鎮，特賜詩曰：「牧守寄所重，才賢生爲時。宣風自淮甸，授鉞膺藩維。入覲展遐戀，臨軒慰來思。忠誠在方寸，感激陳淸詞。報國爾所尙，恤人予是資。歡宴不盡懷，車馬當還期。轂雨將應候，行春猶未遲。勿以千里遙，而云無己知。」又令高品中使齎常所執鞭以賜之，曰：「以卿忠貞節義，歲寒不移，此鞭朕久執用，故以賜卿，表卿忠節也。」建封又獻詩一篇，以自警勵。

建封在彭城十年，軍州稱理。復又禮賢下士，無賢不肖，遊其門者，皆禮遇之，天下名士嚮風延頸，其往如歸。貞元時，文人如許孟容、韓愈諸公，皆爲之從事。十六年，遇疾，連上表請速除代，方用韋夏卿爲徐泗行軍司馬，未至而建封卒，時年六十六，册贈司徒。子愔。

愔以蔭授虢州參軍。初，建封卒，判官鄭通誠權知留後事，通誠懼軍士謀亂，適遇浙西兵遷鎮，通誠欲引入州城爲援。事洩，三軍怒，五六千人斫甲仗庫取戈甲，執帶環繞衙城，請愔爲留後，乃殺通誠、楊德宗、大將段伯熊、吉遂、曲澄、張秀等。軍衆請於朝廷，乞授愔旄節，初不之許，乃割濠、泗二州隸淮南，加杜佑同平章事以討徐州。既而泗州刺史張伾以兵攻埇橋，與徐軍接戰，伾大敗而還。朝廷不獲已，乃授愔起復右驍衞將軍同正，兼徐州刺史、御史中丞，充本州團練使，知徐州留後；仍以泗州刺史張伾爲泗州留後，濠州刺史杜兼爲濠州留後。正授武寧軍節度、檢校工部尙書。元和元年，被疾，上表請代，徵爲兵部尙書，以東都留守王紹爲武寧軍節度代愔，復隸濠、泗二州於徐。徐軍喜復得二州，不敢爲亂，而愔遂赴京師，未出界卒。愔在徐州七年，百姓稱理，詔贈右僕射。

盧羣字載初，范陽人。少好讀書。初學於太安山，淮南節度使陳少遊聞其名，辟爲從事。建中末，薦於朝廷，會李希烈反叛，詔諸將討之，以羣爲監察御史、江西行營糧料使。興元元年，江西節度、嗣曹王皐奏爲判官。曹王移鎭江陵、襄陽，羣皆從之，幕府之事，委以咨決，以正直聞。

貞元六年，入拜侍御史。有人誣告故尙父子儀嬖人張氏宅中有寶玉者，張氏兄弟又與尙父家子孫相告訴，詔促按其獄。羣奏曰：「張氏以子儀在時分財，子弟不合爭奪。然張氏宅與子儀親仁宅，皆子儀家事。子儀有大勳，伏望陛下特赦而勿問，俾私自引退。」德宗從其言，時人嘉其識大體。累轉左司、職方、兵部三員外郎中。

淮西節度使吳少誠擅開決司、洧等水漕輓溉田，遣中使止之，少誠不奉詔。令臯使蔡州詰之，少誠曰：「開大渠，大利於人。」臯曰：「爲臣之道，不合自專，雖便於人，須俟君命。且人臣須以恭恪爲事，若事君不盡恭恪，卽責下吏恭恪，固亦難矣。」凡數百千言，諭以君臣之分，忠順之義，少誠乃從命，卽停工役。臯博涉，有口辨，好談論，與少誠言古今成敗之事，無不聳聽。又與唱和賦詩，自言以反側，常蒙隔在恩外，臯於筵中醉而歌曰：「祥瑞不在鳳凰、麒麟，太平須得邊將、忠臣。衞、霍眞誠奉主，貔虎十萬一身。江、河潛注息浪，蠻貊款塞無塵。但得百僚師長肝膽，不用三軍羅綺金銀。」少誠大感悅。臯以奉使稱旨，俄遷檢校秘書監，兼御史中丞、義成軍節度行軍司馬。

貞元十六年四月，節度姚南仲歸朝，拜臯義成軍節度〔三〕、鄭滑觀察等使。先寓居鄭州，典質良田數頃；及爲節度使至鎭，各與本地契書，分付所管令長，令召還本主，時論稱美。尋遇疾，其年十月卒，時年五十九，廢朝一日，贈工部尚書，賵賻布帛、米粟有差。

史臣曰：韋南康、張徐州，慷慨下位之中，橫身喪亂之際，力扶衰運，氣激壯圖，義風凜凜，聳動羣醜，舂盜之喉，折賊之角，可謂忠矣！而韋公季年，惑賊闢之姦說，欲兼巴、益，則志未可量。徐州請覲，頗有規諫之言，所謂以道匡君，能以功名始終者。盧載初喻少誠，還地劵，君子哉！三子之賢，不可多得。

贊曰：南康英壯，力匡交喪。張侯義烈，志平亂象。見危能振，蹈利無謗。韋德不周，張心可亮。

校勘記

〔一〕南水　「水」字各本原作「王」，據本書卷一三德宗紀、通鑑卷二三四改。

〔二〕磨些蠻　「磨」字各本原無，據本書卷一九六下吐蕃傳及本卷下文補。

〔三〕劉德信　各本原作「胡德信」，據本書卷一二德宗紀、卷一四五李希烈傳、冊府卷六八六、通鑑卷二二八改。

〔四〕盧徵　各本原作「盧徵」，據新書卷一五八張建封傳、冊府卷四〇六改。

〔五〕義成軍　「義」字各本原作「天」，據御覽卷八二一、通鑑卷二三五改。

舊唐書卷一百四十一

列傳第九十一

田承嗣 姪悅 子緒 緒子季安 田弘正 子布 牟 布子在宥
張孝忠 子茂昭 茂昭子克勤 弟茂宗 茂和 陳楚附

田承嗣，平州人，世事盧龍軍爲裨校。祖璟，父守義，以豪俠聞於遼、碣。承嗣，開元末爲軍使安祿山前鋒兵馬使，累俘斬奚、契丹功，補左淸道府率，遷武衞將軍。祿山構逆，承嗣與張忠志等爲前鋒，陷河洛。祿山敗，史朝義再陷洛陽，承嗣爲前導，僞授魏州刺史。代宗遣朔方節度使僕固懷恩引迴紇軍討平河朔。帝以二兇繼亂，郡邑傷殘，務在禁暴戢兵，屢行赦宥，凡爲安、史詿誤者，一切不問。時懷恩陰圖不軌，慮賊平寵衰，欲留賊將爲援，乃奏承嗣及李懷仙、張忠志、薛嵩等四人分帥河北諸郡，乃以承嗣檢校戶部尙書、鄭州刺史〔一〕。俄遷魏州刺史、貝博滄瀛等州防禦使。居無何，授魏博節度使。

承嗣不習教義，沉猜好勇，雖外受朝旨，而陰圖自固，重加稅率，修繕兵甲，計戶口之衆寡，而老弱事耕稼，丁壯從征役，故數年之間，其衆十萬。仍選其魁偉強力者萬人以自衞，謂之衙兵。郡邑官吏，皆自署置，戶版不籍於天府，稅賦不入於朝廷，雖曰藩臣，實無臣節。代宗以黎元久罹寇虐，姑務優容，累加檢校尚書僕射、太尉、同中書門下平章事，封鴈門郡王，賜實封千戶。及升魏州爲大都督府，以承嗣爲長史，仍以其子華尚永樂公主，冀以結固其心，庶其悛革；而生於朔野，志性兇逆，每王人慰安，言詞不遜。

大曆八年，相衞節度使薛嵩卒，其弟崿欲邀旄節；及用李承昭代嵩，衙將裴志清謀亂逐崿，崿率衆歸於承嗣。十年，薛崿歸朝，承嗣使親黨扇惑相州將吏謀亂，遂將兵襲擊，謬稱救應。代宗遣中使孫知古使魏州宣慰〔三〕，令各守封疆。承嗣不奉詔，遣大將盧子期攻洺州，楊光朝攻衞州，殺刺史薛雄，仍逼知古令巡磁、相二州，諷其大將割耳剺面，請承嗣爲帥，知古不能詰。四月，詔曰：

田承嗣出自行間，策名邊戍，早參戎秩，效用無聞，嘗輔兇渠，驅馳有素。洎再平河朔，歸命轅門。朝廷俯念遺黎，久罹兵革。自祿山召禍，瀛、博流離；思明繼釁，趙、魏堙厄；以至農桑井邑，靡獲安居，骨肉室家，不能相保。念其凋瘵，思用撫寧，以其先布欵誠，寄之爲理。所以委授旄鉞之任，假以方面之榮，期爾知恩，庶能自効。崇資茂賞，首冠朝倫，列異姓之苴茅，登上公之禮命。子弟童稚，皆聯臺閣之華；妻妾僕媵，並受國邑之號。人臣之寵，舉集其門；將相之權，兼領其職。

夫宰相者，所以盡忠，而乃據國家之封壤，仗國家之兵戈，安國家之黎人，調國家之征賦。掩有資實，憑竊寵靈，內包兇邪，外示歸順。且相、衞之略，所管素殊，而逼脅軍人，使之翻潰。因其驚擾，便進軍師，事跡暴彰，姦邪可見。不然，豈志淸之亂，曾未崇朝，子期、光朝，會于明日。足知先有成約，指期而來，是爲蔑棄典刑，擅興戈甲。旣云相州騷擾，鄰境救災，旋又更取磁州，重行威虐。此實自矛盾，不究始終。三州旣空，遠邇驚陷，更移兵馬，又赴洺州，實爲暴惡不仁，窮極殘忍。薛雄乃衞州刺史，固非本藩，忿其不附，橫加凌虐，一門盡屠，非復噍類，酷烈無狀，人神所冤。又四州之地，皆列屯營，長史屬官，任情補署。精甲利刃，良馬勁兵，全實之資裝，農藏之積實，盡收魏府，罔有孑遺。其爲蓋在無赦，欲行討問，正厥刑書。猶示含容，冀其遷善，抑於典憲，務在慰安。乃遣知古遠奉詔書，諭以深旨，乃命承昭副玆麾下，撫彼舊封。而承昭又遣親將劉渾先傳詔命。承嗣遂巡磁、相〔三〕，仍劫知古偕行，先令姪悅權扇軍吏，至使引刀自割，抑令騰口相稽，當衆諠譁，請歸承嗣。論其姦狀，足以爲憑，此而可容，何者爲罪？

承嗣宜貶永州刺史，仍許一幼男女從行，便路赴任。委河東節度使薛兼訓、成德軍節度使李寶臣、幽州節度留後朱滔、昭義節度李承昭、淄青節度李正己、淮西節度李忠臣、永平軍節度使李勉、汴宋節度田神玉等，掎角進軍。如承嗣不時就職，所在加討，按軍法處分。

詔下，承嗣懼，而麾下大將，復多攜貳，倉黃失圖，乃遣牙將郝光朝奉表請罪，乞束身歸朝。代宗重勞師旅，特恩詔允，并姪悅等悉復舊官，仍詔不須入覲。

十一年，汴將李靈曜據城叛，詔近鎮加兵。靈曜求援於魏，承嗣令田悅率衆五千赴之，爲馬燧、李忠臣逆擊敗之，悅僅而獲免，兵士死者十七八，復詔誅之。十二年，承嗣復上章請罪，又赦之，復其官爵。承嗣有貝、博、魏、衞、相、磁、洺等七州，復爲七州節度使，於是承嗣弟廷琳及從子悅、承嗣子綰、緒等皆復本官，仍令給事中杜亞宣諭，賜鐵券。十三年九月，卒，時年七十五。有子十一人：維、朝、華、繹、綸、綰、緒、繪、純、紳、縉等。維爲魏州刺史；朝，神武將軍；華，太常少卿、駙馬都尉，尙永樂公主，再尙新都公主；餘子皆幼。而悅勇冠軍中，承嗣愛其才，及將卒，命悅知軍事，而諸子佐之。

悅初爲魏博中軍兵馬使、檢校右散騎常侍、魏府左司馬。大曆十三年，承嗣卒，朝廷用悅爲節度留後。驍勇有膂力，性殘忍好亂，而能外飾行義，傾財散施，人多附之，故得兵柄。尋拜檢校工部尙書、御史大夫，充魏博七州節度使。大曆末，悅尙恭順。建中初，黜陟使洪經綸至河北，方聞悅軍七萬。經綸素昧時機，先以符停其兵四萬，令歸農畝。悅僞亦順命，卽依符罷之，旣而大集所罷將士，激怒之曰：「爾等久在軍戎，各有父母妻子，旣爲黜陟使所罷，如何得衣食自資？」衆遂大哭。悅乃盡出其家財帛衣服以給之，各令還其部伍，自此魏博感悅而怨朝廷。

居無何，或謬稱車駕將東封，而李勉增廣汴州城。李正己聞而猜懼，以兵萬人屯曹州，遣使說悅，同爲拒命。悅乃與正己、梁崇義等謀各阻兵，以判官王侑、扈萼、許士則爲腹心，邢曹俊、孟希祐、李長春、符璘、康愔爲爪牙。建中二年，鎭州李寶臣卒，子惟岳求襲節鉞，俄而淄靑李正己卒，子納亦求節鉞，朝廷皆不允，遂與惟岳、李納同謀叛逆。時朝廷遣張孝忠等討恆州，悅將孟希祐率兵五千援之。又遣將康愔率兵八千圍邢州，楊朝光五千人營於邯鄲西北盧家砦，絕昭義糧餉之路，悅自將兵甲數萬繼進。邢州刺史李洪、臨洺將張伾爲賊所攻，禦備將竭，詔河東節度使馬燧、河陽李芃與昭義軍討悅。七月三日，師自壺關東下，收賊盧家砦，大破賊於雙岡，邢州解圍，悅衆遁走，保洹水。馬燧等三帥距悅軍三十里爲壘，李納遣兵八千人助悅。

魏將邢曹俊者，承嗣之舊將，老而多智，頗知兵法，悅昵於扈尊，以曹俊爲貝州刺史。及悅拒官軍於臨洺，大爲王師所破，悅乃召曹俊而問計焉，曹俊曰：「兵法十倍則攻，尙書以逆犯順，勢且不侔。宜於崞口置兵萬人以遏西師，則河北二十四州悉爲尙書有矣。今於臨洺、武安設攻城之計，糧竭卒盡，危凶立至，未見其可也。」祜等以其異己，咸譖毁，悅復令守貝州。

悅與淄青兵三萬餘人陣於洹水，馬燧等三帥與神策將李晟等來攻，悅之衆復敗，死傷二萬計。悅收合殘卒奔魏州，至南郭外，大將李長春拒關不內，以俟官軍。三帥雖進，頓兵於魏州南平邑浮圖，咸遲留不進，長春乃開門內之。悅持佩刀立於軍門，謂軍士百姓曰：「悅藉伯父餘業，久與卿等同事，今旣敗喪相繼，不敢圖全。然悅所以堅拒天誅者，特以淄青、恆冀二大人在日，爲悅保薦於先朝，方獲承襲。今二帥云亡，子弟求襲，悅旣不能報効，以至興師。今軍旅敗亡，士民塗炭，此皆悅之罪也。以母親之故，不能自剄，公等當斬悅首以取功勳，無爲俱死也！」乃自馬投地，衆皆憐之。或前撫持悅曰：「久蒙公恩，不忍聞此！今士民之衆，猶可一戰，生死以之。」悅收涕言曰：「諸公不以悅喪敗，猶願同心，悅縱身死，寧忘厚意於地下乎！」悅乃自割一髻，以爲要誓，於是將士自斷其髻，結爲兄弟，誓同生死。其將符璘、李再春、李瑤、悅從兄昂，相次以郡邑歸國。璘等家在魏州者，無少長悉爲悅所害。悅觀城內兵仗罄乏，士衆衰減，甚爲惶駭，乃復召邢曹俊與之謀。旣至，完整徒旅，繕修營壁，人心復堅。經旬餘日，馬燧等進至城下。向使燧等乘勝長驅，襲其未備，則魏城屠之久矣，識者痛惜之。

會王武俊殺李惟岳，朱滔攻深州下之，朝廷以武俊爲恆州刺史，又以寶臣故將康日知爲深趙二州觀察使。是以武俊怨賞功在日知下，朱滔怨不得深州，二將有憾於朝廷。悅知其可間，遣判官王侑、許士則使於北軍，說朱滔曰：「昨者司徒奉詔征伐，徑趨賊境，旬朔之內，拔束鹿，下深州，惟岳勢蹙，故王大夫獲殄兇渠，皆因司徒勝勢。又聞司徒離幽州日，有詔得惟岳郡縣，使隸本鎭，今割深州與日知，是國家無信於天下也。且今上英武獨斷，有秦皇、漢武之才，誅夷豪傑，欲掃除河朔，不令子孫嗣襲。又朝臣立功立事如劉晏輩，皆被屠滅；昨破梁崇義，殺三百餘口，投之漢江，此司徒之所明知也。如馬燧、抱眞等破魏博後，朝廷必以儒德大臣以鎭之，則燕、趙之危可翹足而待也。若魏博全，則燕、趙無患，田尙書必以死報恩義。合從連衡，救災卹患，春秋之義也。春秋時諸侯有危者，桓公不能救則恥之。今司徒聲振宇宙，雄略命世，救鄰之急，非徒立義，且有利也。尙書以貝州奉司徒，命某送孔目，惟司徒熟計之。」滔旣有貳於國，欣然從之，乃命判官王郅與許士則同往恆州說王武俊，仍許還武俊深州。武俊大喜，卽令判官王巨源報滔，仍知深州事。武俊又說張孝忠同援悅，孝忠不從，恐爲後患，乃遣小校鄭悝築壘於北境，以拒孝忠；仍令其子士眞爲恆、冀、深三州留後，以兵圍趙州。

三年五月，悅以救軍將至，率其衆出戰於御河之上，大敗而還。四月，朱滔、武俊蒐軍於寧晉縣，共步騎四萬。五月十四日，起軍南下，次宗城，滔判官鄭雲逵及弟方逵背滔歸馬燧。六月二十八日，滔、武俊之師至魏州，會神策將李懷光軍亦至。懷光銳氣不可遏，堅欲與賊戰，遂徑薄朱滔陣，殺千餘人。王武俊與騎將趙琳、趙萬敵等二千騎橫擊懷光陣，滔軍繼踵而進，禁軍大敗，人相蹈藉，投屍於河三十里，河水爲之不流。馬燧等收軍保壘。是夜，王武俊決河水入王莽故河，欲隔官軍，水已深三尺，糧餉路絕。王師計無從出，乃遣人告朱滔曰：「鄙夫輒不自量，與諸人合戰。王大夫善戰，天下無敵，司徒五郎與王君圖之，放老夫歸鎮，必得聞奏，以河北之事委五郎。」時武俊戰勝，滔心忌之，卽曰：「大夫二兄敗官軍，馬司徒卑屈若此，不宜迫人於險也。」武俊曰：「燧等連兵十萬，皆是國之名臣，一戰而北，貽國之恥，不知此等何面見天子耶！然吾不惜放還，但不行五十里，必反相拒。」燧等至魏縣，軍於河西，武俊等三將壁於河東，兩軍相持，自七月至十月，勝負未決。

悅感朱滔救助，欲推爲盟主。滔判官李子牟、武俊判官鄭儒等議曰：「古有戰國連衡誓約以抗秦，請依周末七雄故事，並建國號爲諸侯，用國家正朔，今年號不可改也。」於是朱滔稱冀王，悅稱魏王，武俊稱趙王，又請李納稱齊王。十一月一日，築壇於魏縣中，告天受之。滔爲盟主，稱孤；武俊、悅、納稱寡人。滔以幽州爲范陽府，恆州爲眞定府，魏州爲大名府，鄆州爲東平府，皆以長子爲元帥。僞册之日，其軍上有雲物稍異，馬燧等望而笑曰：「此雲無知，乃爲賊瑞。」又其營地前三年土長高三尺餘，魏州戶曹韋稔爲土長頌曰：「益土之兆也。」

四年十月，涇師犯闕，諸帥各還本鎭。悅、滔、武俊互相疑惑，各去王號，遣使歸國，悅亦致書於抱眞，遣使聞奏。興元元年正月，加悅檢校尚書右僕射，封濟陽王，使並如故，仍令給事中、兼御史大夫孔巢父往魏州宣慰。時悅阻兵四年，身雖驍猛，而性愎無謀，以故頻致破敗，士衆死者十七八。魏人苦於兵革，願息肩焉，聞巢父至，莫不舞忭。悅方宴巢父，爲其從弟緒所殺。

緒，承嗣第六子。大曆末，授京兆府參軍。承嗣卒時，緒年幼稚。承嗣慮諸子不任軍政，以從子悅便弓馬，性狡黠，故任遇之，俾代爲帥守。及緒年長，悅以承嗣委遇之厚，待緒等無間，令主衙軍。緒兇險多過，悅不忍，嘗笞而拘之，緒頗怨望，常俟釁隙。會興元元年，朝廷宥悅，仍令孔巢父往宣慰。悅既順命，門階徹警。悅宴巢父夜歸，緒率左右數十人先殺悅腹心蔡濟、扆釋、許士則等，挺劍而入。其兩弟止之，緒斬止者，遂徑升堂。悅方沉醉，緒手刃悅幷悅妻高氏，又入別院殺悅母馬氏。自河北諸盜殘害骨肉，無酷於緒者。緒懼衆不附，奔出北門，邢曹俊、孟希祐等領徒數百追及之，遙呼之曰：「節度使須郎君爲之，他人固不可也。」乃以緒歸衙，推爲留後。明日，歸罪於扆釋，以其首徇，然後稟於孔巢父，遣使以聞。時緒兄綸居長，爲亂兵所殺，遂以緒爲留後。朝廷授緒銀青光祿大夫、魏州大都督府長史、兼御史大夫、魏博節度使。時朱滔率兵兼引迴紇之衆南侵，緒遣兵助王武俊、李抱眞，大破朱滔于經城〔四〕，以功授檢校工部尚書。貞元元年，以嘉誠公主出降緒，加駙馬都尉。尋遷檢校左僕射，封常山郡王，食邑三千戶。改封雁門郡王，食實封五百戶。尋加同平章事。

初，田悅性儉嗇，衣服飲食，皆有節度，而緒等兄弟，心常不足。緒既得志，頗縱豪侈，酒色無度。貞元十二年四月，暴卒，時年三十三，贈司空，賻賚加等。子三人：季和、季直、季安。季和爲澶州刺史；季直爲衙將；季安最幼，爲嫡嗣。

季安字夔。母微賤，嘉誠公主蓄爲己子，故寵異諸兄。年數歲，授左衞胄曹參軍，改著作佐郎、兼侍御史，充魏博節度副大使；累加至試光祿少卿、兼御史大夫。緒卒時，季安年纔十五，軍人推爲留後，朝廷因授起復左金吾衞將軍，兼魏州大都督府長史、魏博節度營田觀察處置等使。服闋，拜銀青光祿大夫、檢校尚書右僕射，進位檢校司空，襲封雁門郡王。未幾，加金紫光祿大夫，以本官同中書門下平章事。

季安幼守父業，懼嘉誠之嚴，雖無他才能，亦粗修禮法；及公主薨，遂頗自恣，擊鞠、從禽色之娛。其軍中政務，大抵任徇情意，賓僚將校，言皆不從。免公主喪，加檢校司徒。元和中，王承宗擅襲戎帥，憲宗命吐突承璀爲招撫使，會諸軍進討。季安亦遣大將率兵赴會，仍自供糧餉。師還，加太子太保。

季安性忍酷，無所畏懼。有進士丘絳者，嘗爲田緒從事，及季安爲帥，絳與同職侯臧不協，相持爭權。季安怒，斥絳爲下縣尉，使人召還，先掘坎於路左，既至坎所，活排而瘞之，其兇暴如此。元和七年卒，時年三十二，贈太尉。子懷諫、懷禮、懷詢、懷讓。

懷諫母，元誼女。及季安卒，元氏召諸將欲立懷諫，衆皆唯唯。懷諫幼，未能御事，軍政無巨細皆取決於私白身蔣士則，數以愛憎移易將校。衙軍怒，取前臨清鎮將田興爲留後，遣懷諫歸第，殺蔣士則等十餘人。田興葬季安畢，送懷諫於京師，乃起復授右監門衞將軍，賜第一區，芻米甚厚。田氏自承嗣據魏州至懷諫，四世相傳襲四十九年，而田興代焉。

田弘正，本名興。祖延惲，魏博節度使承嗣之季父也，位終安東都護府司馬。延惲生延玠，幼敦儒雅，不樂軍職，起家爲平舒丞，遷樂壽、清池、束城、河間四縣令，所至以良吏稱。大曆中，累官至太府卿、滄州別駕，遷滄州刺史、兼御史中丞，充橫海軍使。承嗣與淄青李正己、恆州李寶臣不協，承嗣旣令延玠守滄州，而寶臣、朱滔聯兵攻擊，欲兼其土宇。延玠嬰城固守，連年受敵，兵盡食竭，人易子而食，卒無叛者，卒能保全城守。朝廷嘉之，遷洺州刺史，又改相州。屬薛崿之亂，承嗣竊食薛嵩所部；延玠守正字民，不以宗門回避而改節。建中初，族姪悅代承嗣領軍政，志圖兇逆，慮延玠不從，召爲節度副使。悅姦謀頗露，延玠謂悅曰：「爾藉伯父遺業，可稟守朝廷法度，坐享富貴，何苦與恆、鄆同爲叛臣？自兵亂已來，謀叛國家者，可以歷數，鮮有保完宗族者。爾若狂志不悛，可先殺我，無令我見田氏之赤族也。」乃謝病不出。悅過其第而謝之，延玠杜門不納，將吏請納。建中三年，鬱憤而卒。

弘正，延玠之第二子。少習儒書，頗通兵法，善騎射，勇而有禮，伯父承嗣愛重之。當季安之世，爲衙內兵馬使。季安惟務侈靡，不卹軍務，屢行殺罰，弘正每從容規諷，軍中甚賴之。季安以人情歸附，乃出爲臨清鎮將，欲捃摭其過害之。弘正假以風痺請告，灸灼滿身，季安謂其無能爲。及季安病篤，其子懷諫幼騃，乃召弘正署其舊職。

季安卒，懷諫委家僮蔣士則改易軍政，人情不悅，咸曰：「都知兵馬使田興可爲吾帥也。」衙兵數千詣興私第陳請，興拒關不出，衆呼譟不已。興出，衆環而拜，請入府署。興頓仆於地，久之，度終不免，乃令於軍中曰：「三軍不以興不肖，令主軍務，欲與諸軍前約，當聽命否？」咸曰：「惟命是從。」興曰：「吾欲守天子法，以六州版籍請吏，勿犯副大使，可乎？」皆曰：「諾。」是日，入府視事，殺蔣士則十數人而已。晚自府歸第，其兄融責興曰：「爾卒不能自晦，取禍之道也。」翌日，具事上聞，憲宗嘉之，加興銀青光祿大夫、檢校工部尙書、魏州大都督府長史、兼御史大夫、上柱國、沂國公，充魏、博等州節度觀察處置支度營田等使，仍賜名弘正。仍令中書舍人裴度使魏州宣慰，賜魏博三軍賞錢一百五十萬貫。

弘正既受節鉞，上表曰：「臣聞君臣父子，是謂大倫，爰立紀綱，以正上下。其或子不爲子，臣不爲臣，覆載莫可得容，幽明所宜共殛。臣家本邊塞，累代唐人，從乃祖乃父以來，沐文子文孫之化。臣幸因宗族，早列偏裨，驅馳戎馬之鄉，不覩朝廷之禮。惟忠與孝，天與臣心，常思奮不顧生，以身殉國，無由上達，私自感傷。豈意命偶昌時，事緣難故，白刃之下，謬見推崇。天慈遽臨，免書罪累，朝章荐及，仍委旂旄。錫封壤於全藩，列班榮於八座，君父之恩已極，絲毫之效未伸，但以覼冒知羞，低徊自愧。是知功榮所著，必俟危亂之時；

徼幸之來，却在清平之日。循涯揣分，以寵爲憂。伏自天寶已還，幽陵肇亂，山東奧壤，悉化戎墟。外撫車馬，內懷梟獍，官封代襲，刑賞自專，國家含垢匿瑕，垂六十載。臣每思此事，當食忘餐。若稍假天年，得奉宸算，兼弱攻昧，批亢擣虛，竭鷹犬之資，展獲禽之用，導揚和氣，洗滌僞風，然後退歸田園，以避賢路。臣懷此志，陛下察之。」優詔褒美。

弘正樂聞前代忠孝立功之事，於府舍起書樓，聚書萬餘卷，視事之隙，與賓佐講論古今言行可否。今河朔有沂公史例十卷，弘正客爲弘正所著也。魏州自承嗣已來，館宇服玩有踰常制者，悉命徹毀之，以正廳大侈不居，乃視事于採訪使廳。賓僚參佐，請之於朝。頗好儒書，尤通史氏，左傳、國史，知其大略。

自弘正歸國，幽、恆、鄆、蔡有齒寒之懼，屢遣客間說，多方誘阻，而弘正終始不移其操。裴度明理體，詞說雄辯，弘正聽其言，終夕不倦，遂深相結納，由是奉上之意逾謹。元和十年，朝廷用兵討吳元濟，弘正遣子布率兵三千進討，屢戰有功。李師道以弘正効忠，又襲其後，不敢顯助元濟，故絕其掎角之援，王師得致討焉。俄而王承宗叛，詔弘正以全師壓境，承宗懼，遣使求救於弘正，遂表其事，承宗遂納二子，獻德、棣二州以自解。

十三年，王師加兵於鄆，詔弘正與宣武、義成、武寧、橫海等五鎮之師會軍齊進。十一月，弘正自帥全師自楊劉渡河築壘，距鄆四十里。師道遣大將劉悟率重兵以抗弘正，結壘相望。前後合戰，魏軍大捷，而李愬、李光顏三面進攻，賊皆挫敗，其勢將危。十四年三月，劉悟以河上之衆倒戈入鄆，斬師道首，詣弘正請降。淄青十二州平，論功加檢校司徒、同中書門下平章事。是年八月，弘正入覲，憲宗待之隆異，對於麟德殿，參佐將校二百餘人皆有頒錫，進加檢校司徒、兼侍中，實封三百戶。仍以其兄檢校刑部尙書、相州刺史融爲太子賓客、東都留司。弘正三上章，願留闕下，憲宗勞之曰：「昨韓弘至朝，稱疾懇辭戎務，朕不得不從。今卿復請留，意誠可尙，然魏土樂卿之政，鄰境服卿之威，爲我長城，不可辭也。可亟歸藩。」弘正每懼有一旦之憂，嗣襲之風不革，兄弟子姪，悉仕於朝，憲宗皆擢居班列，朱紫盈庭，當時榮之。

十五年十月，鎭州王承宗卒，穆宗以弘正檢校司徒、兼中書令、鎭州大都督府長史，充成德軍節度、鎭冀深趙觀察等使。弘正以新與鎭人戰伐，有父兄之怨，乃以魏兵二千爲衞從。十一月二十六日，至鎭州，時賜鎭州三軍賞錢一百萬貫，不時至，軍衆誼騰以爲言。弘正親自撫喩，人情稍安，仍表請留魏兵爲紀綱之僕，以持衆心，其糧賜請給於有司。時度支使崔倰不知大體，固阻其請，凡四上表不報。明年七月，歸卒於魏州，是月二十八日夜軍亂，弘正幷家屬、參佐、將吏等三百餘口並遇害，穆宗聞之震悼，册贈太尉，賵賻加等。弘正孝友慈惠，骨肉之恩甚厚。兄弟子姪在兩都者數十人，競爲崇飾，日費約二十萬，魏、鎭州之財，皆輦屬於道。河北將卒心不平之，故不能盡變其俗，竟以此致亂。弘正子布、羣、牟。

布，弘正第三子。始，弘正爲田季安裨將，鎮臨清，布年尚幼，知季安身世必危，密白其父帥其所鎮之衆歸朝，弘正甚奇之。及弘正節制魏博，布掌親兵，國家討淮、蔡，布率偏師隸嚴綬，軍於唐州，授檢校秘書監、兼殿中侍御史。前後十八戰，破凌雲栅，下郾城，布皆有功，擢授御史中丞。時裴度爲宣撫使，嘗觀兵於沱口，賊將董重質領驍騎遽至，布以二百騎突出溝中擊之，俄而諸軍大集，賊乃退去。淮西平，拜左金吾衞將軍、兼御史大夫。十三年，丁母憂，起復舊官。十五年冬，弘正移鎮成德軍，仍以布爲河陽三城懷節度使，父子俱擁節旄，同日拜命。時韓弘亦與子公武俱爲節度使，然人以忠勤多田氏。

長慶元年春，移鎮涇原。其秋，鎮州軍亂，害弘正，都知兵馬使王廷湊爲留後。時魏博節度使李愬病不能軍，無以捍廷湊之亂，且以魏軍田氏舊旅，乃急詔布至，起復爲魏博節度使，仍遷檢校工部尚書，令布乘傳之鎮。布喪服居堊室，去旌節導從之飾；及入魏州，居喪御事，動皆得禮。其祿俸月入百萬，一無所取，又籍魏中舊產，無巨細計錢十餘萬貫，皆出之以頒軍士。牙將史憲誠出己麾下，謂必能輸誠報効，用爲先鋒兵馬使，精銳悉委之。時屢有急詔促令進軍。十月，布以魏軍三萬七千討之，結壘於南宮縣之南。十二月，進軍，下賊二栅。時朱克融囚張弘靖，據幽州，與廷湊掎角拒命。河朔三鎭，素相連衡，憲誠陰有異志。而魏軍驕侈，怯於格戰，又屬雪寒，糧餉不給，以此愈無鬭志，憲誠從而間之。俄有詔分布軍與李光顏合勢，東救深州，其衆自潰，多爲憲誠所有，布得其衆八千。是月十日，還魏州。十一日，會諸將復議興師，而將卒益倨，咸曰：「尚書能行河朔舊事，則死生以之；若使復戰，皆不能也。」布以憲誠離間，度衆終不爲用，嘆曰：「功無成矣！」卽日，密表陳軍情，且稱遺表，略曰：「臣觀衆意，終負國恩，臣旣無功，不敢忘死。伏願陛下速救光顏、元翼，不然，則義士忠臣，皆爲河朔屠害。」奉表號哭，拜授其從事李石，乃入啓父靈，抽刀自刺，曰：「上以謝君父，下以示三軍。」言訖而絕。時議以布才雖不足，能以死謝家國，心志決烈，得燕、趙之古風焉。

穆宗聞之駭嘆，廢朝三日，詔曰：

故魏博節度使、起復寧遠將軍、檢校工部尚書、兼魏州大都督府長史、御史大夫、賜紫金魚袋田布，朕以寡昧，臨御萬邦，威刑不能禁干紀之徒，道化不能馴多僻之俗，致使上公罹禍，田氏銜冤。爰整旅以徂征，每終食而浩嘆，自茲弔伐，驟歷寒暄。雖良將銳師，率皆協力；而俟時觀釁，未卽齊驅。嗟我誠臣，結其哀憤，引遷延之咎以自刻責，奮決烈之志以謝君親。白刃置於肝心，鴻毛論其生死，忠臣孝子，一舉兩全。晉稱卞氏之門，漢表尸鄉之節，比方於布，今古爲鄰。況其臨命須臾，處之不撓，載形章表，益深衷悃。問使發緘，悼心疾首。從先臣於厚載，爾則無愧；覩遺像於麟閣，予何所堪。端拱崇名，職垂彝典，據斯以報，聊攄永懷。可贈尚書右僕射。

布子在宥，大中年爲安南都護，頗立邊功。羣，大和八年爲少府少監，充入吐蕃使，歷棣州刺史、安南都護。牟，會昌初爲豐州刺史、天德軍使，歷武寧軍節度使，大中朝爲兗海節度使，移鎮天平軍。諸子皆以邊上立功，累更藩鎮，以忠義爲談者所稱。

張孝忠，本奚之種類。曾祖靖、祖遜，代乙失活部落酋帥。父謐，開元中以衆歸國，授鴻臚卿同正，以孝忠貴，贈戶部尚書。孝忠以勇聞於燕、趙。時號張阿勞、王沒諾干，二人齊名。阿勞，孝忠本字；沒諾干，王武俊本字。孝忠形體魁偉，長六尺餘，性寬裕，事親恭孝。天寶末，以善射授內供奉。安祿山奏爲偏將，破九姓突厥，先登陷陣，以功授果毅折衝。祿山、史思明繼陷河洛，孝忠皆爲其前鋒。史朝義敗，入李寶臣帳下。上元中，奏授左領軍郎將，累加左金吾衞將軍同正、試殿中監，仍賜名孝忠，歷飛狐、高陽二軍使。李寶臣以孝忠謹重驍勇，甚委信之，以妻妹昧谷氏妻焉，仍悉以易州諸鎮兵馬令其統制。前後居城鎮十餘年，甚著威惠。

田承嗣之寇冀州也，寶臣俾孝忠以精騎數千禦之。承嗣見其整肅，歎曰：「張阿勞在焉，冀州未易圖也。」乃焚營宵遁。及寶臣與朱滔戰於瓦橋，常慮滔來攻，故以孝忠爲易州刺史，選精騎七千配焉，使扞幽州。奏授太子賓客、兼御史中丞，封范陽郡王。既而寶臣疑忌大將，殺李獻誠等四五人，使召孝忠，孝忠懼不往。寶臣使孝忠弟孝節召焉，孝忠命孝節復命曰：「諸將無狀，連頸受戮，孝忠懼死不敢往，亦不敢叛，猶公之不覲於朝，慮禍而已，無他志也。」孝節泣曰：「兄不行，吾歸死矣。」孝忠曰：「偕往則幷命，吾留無患也。」乃歸，果無患。

無幾，寶臣死，其子惟岳阻兵不受命，朝廷詔幽州節度使討之。滔以孝忠宿將善戰，有精兵八千在易州，慮軍興則撓其後，乃使判官蔡雄說孝忠曰：「惟岳小子驕貴，不達人事，輒拒朝命。滔奉命伐罪，使君何用助逆，不自求多福耶！今昭義、河東攻破田悅，淮西李僕射收下襄陽，梁崇義投井而卒，臨漢江而誅者五千人，卽河南軍計日北首，趙、魏滅亡可見也。使君誠能去逆効順，必受重任，有先歸國之功矣。」孝忠然之，乃遣衙官隨雄報滔，又遣易州錄事參軍董稹入朝。德宗嘉之，授孝忠檢校工部尙書、恆州刺史、兼御史大夫，充成德軍節度使，便令與滔合兵攻惟岳，仍賜實封二百戶。其弟孝義及孝忠三女已適人在恆州者，悉爲惟岳所害。孝忠甚德滔之保薦，以其子茂和聘滔之女，契約甚密，遂合兵破惟岳之師於束鹿，惟岳遁歸恆州。滔請乘勝襲之，孝忠仍引軍西北，還營義豐，滔大駭。孝忠將佐曰：「尙書布赤心於朱司徒，相信至矣。今逆寇已潰，不終其功，竊所未喻。」孝忠曰：「本求破賊，賊已破矣。然恆州宿將尙多，迫之則困獸猶鬬，緩之必翻然改圖。又朱滔言大識淺，可以慮始，難與守成。吾壁義豐，坐待惟岳之殄滅耳。」既而朱滔屯束鹿，不敢進軍。月餘，王武俊果斬惟岳首以獻，如孝忠所料。後定州刺史楊政義以州降，孝忠遂有易、定之地。時旣誅惟岳，分四州各置觀察使，武俊得恆州，康日知得深、趙二州，孝忠得易州。以成德軍額在恆州，孝忠旣降政義，朝廷乃於定州置義武軍，以孝忠檢校兵部尙書，爲義武軍節度、易定滄等州觀察等使。

及朱滔、王武俊謀叛，將救田悅於魏州，慮孝忠踵後，滔軍將發，復遣蔡雄往說之。孝忠曰：「李惟岳背國作逆，孝忠歸國，今爲忠臣。孝忠性直，業已効忠，不復助逆矣。往與武俊同行，且孝忠與武俊俱出蕃部，少長相狎，深知其心僻，能翻覆，語司徒，當記鄙言，忽有蹉跌，始相憶也！」滔又啗以金帛，終拒而不從。易定居二兇之間，四面受敵，孝忠修峻溝壘，感勵將士，竟不受二兇之熒惑，議者多之。又加檢校左僕射，實封至三百戶。後孝忠爲朱滔侵逼，詔神策兵馬使李晟、中官竇文場率師援之。孝忠以女妻晟子憑，與晟戮力同心，整訓士衆，竟全易定，賊不敢深入。及上幸奉天，令大將楊榮國提銳卒六百從晟入關赴難，收京城，榮國有功。

興元元年正月，詔以本官同平章事。滄州本隸成德軍，既移隸義武，其刺史李固烈者，惟岳妻兄也，請還恆州。是歲，孝忠遣牙將程華往滄州交檢府藏。固烈輜車數十乘上路，滄州軍士呼曰：「士皆菜色，刺史不垂賑卹，乃梱載而歸，官物不可得也！」殺固烈而剽之。程華聞亂，由竇而遁，將士追之，謂曰：「固烈貪暴，已誅之矣，押牙且知州務。」孝忠即令攝刺史事。及朱滔、王武俊稱僞國，華與孝忠阻絕，不能相援。華嬰城拒賊，一州獲全，朝廷嘉之，乃拜華滄州刺史、御史中丞，充橫海軍使，仍改名日華，令每歲以滄州稅錢十二萬貫供義武軍。

貞元二年，河北蝗旱，米斗一千五百文，復大兵之後，民無蓄積，餓殍相枕。孝忠所食，豆䜴而已，其下皆甘粗糲，人皆服其勤儉，孝忠爲一時之賢將也。三年，加檢校司空，仍以其子茂宗尚義章公主。孝忠遣其妻鄧國夫人昧谷氏入朝，執親迎之禮，上嘉之，賞賚隆厚。五年七月，爲將佐所惑，以兵入蔚州；尋詔歸鎮，仍以擅興削檢校司空。七年三月卒，時年六十二，廢朝三日，追封上谷郡王，贈太傅，再贈魏州大都督，册贈太師，謚曰貞武。子茂昭、茂宗、茂和。

茂昭，本名昇雲。幼有志氣，好儒書，以父蔭累官至檢校工部尚書。貞元七年，孝忠卒，德宗以邕王源爲義武軍節度大使〔五〕、易定觀察使；以昇雲爲定州刺史，起復左金吾衞大將軍，充節度觀察留後，仍賜名茂昭。九年正月〔六〕，授節度使，累遷檢校僕射、司空。二十年十月，入朝，累陳奏河北及西北邊事，詞情忠切，德宗聳聽，嘆曰：「恨見卿之晚！」錫宴於麟德殿，賜良馬、甲第、器用、珍幣甚厚，仍以其第三男克禮尙晉康郡主。德宗方欲委之以邊任，明年晏駕，茂昭入臨於太極殿，每朝晡預列，聲哀氣咽，人皆奬其忠懇。順宗聽政，加中書門下平章事，且令還鎭，賜女樂二人，三表辭讓，及中使押犢車至第，茂昭立謂中使曰：「女樂出自禁中，非臣下所宜目覩。昔汾陽、咸寧、西平、北平嘗受此賜，不讓爲宜。茂昭無四賢之功，述職入覲，人臣常禮，奈何當此寵賜！後有立功之臣，陛下何以加賞？」順宗聞之，深加禮異，允其所讓。又錫安仁里第，亦固讓不受。元和二年，又請入覲，五上章懇切，憲宗許之。冬十月，至京師，留數月，詔令歸鎭。茂昭願奉朝請於闕下，不許，加太子太保，復令還鎭。

四年，王承宗叛，詔河東、河中、振武三鎭之師，合義武軍，爲恆州北道招討。茂昭創廩廄，開道路，以待西軍。屬正月望夜，軍吏請曰：「舊例，上元前後三夜，不止行人，不閉里門；今外道軍戎方集，請如軍令。」茂昭曰：「三鎭兵馬，官軍也，安得言外道！放燈一如常歲。」使長男克讓與諸軍分道並進。克讓渡木刀溝，與賊接戰屢勝。茂昭親擐甲冑，爲諸軍前鋒，累獻戎捷，幾覆承宗。會朝廷洗雪承宗，乃詔班師，加檢校太尉，兼太子太傅。

自安、史之亂，兩河藩帥多阻命自固，父死子代；唯茂昭表請舉族還朝，鄰藩累遣遊客間說，茂昭志意堅決，拜表求代者數四。上乃命左庶子任迪簡爲其行軍司馬〔七〕，乘驛赴之。以兩郡之簿書、管鑰、符印付迪簡，遣其妻季氏、男克讓克恭等先就路，將行，誡之曰：「吾使爾曹侍親出易者，庶後之子孫不爲風俗所染，則吾無恨矣。」時五年冬也。行及晉州，拜檢校太尉、兼中書令，充河中晉絳慈隰等州節度觀察等使。十二月十二日，至京師。故事雙日不坐，是日特開延英殿對茂昭，五刻乃罷。又上表請遷祖考之骨墓于京兆。在朝兩月，未之鎭。六年二月，疽發於首，卒，時年五十。廢朝五日，册贈太師，賻絹三千匹、布一千端、米粟三千石，喪事所須官給，詔京兆尹監護，諡曰獻武。

憲宗念其忠藎，諸昆仲子姪皆居職秩，仍詔每年給絹二千匹，春秋分給。克讓、克恭官至諸衞大將軍。小男克勤，長慶中左武衞大將軍。時有赦文許一子五品官，克勤以子幼，請準近例迴授外甥。狀至中書，下吏部員外郎判廢置，裴夷直斷曰：「一子官，恩在念功，貴於延賞；若無己子，許及宗男。今張克勤自有息男，妄以外甥奏請，移於他族，知是何人，倘涉賣官，實爲亂法。雖援近日敕例，難破著定格文，國章既在必行，宅相恐難虛授。具狀上中書門下，克勤所請，望宜不允。」遂爲定例。

茂宗以父蔭累官至光祿少卿同正。貞元三年，許尙公主，拜銀青光祿大夫、本官駙馬都尉，以公主幼待年。十三，屬茂宗母亡，遺表請終嘉禮。德宗念茂昭之勳，卽日授雲麾將軍，起復授左衞將軍同正、駙馬都尉。諫官蔣乂等論曰：「自古以來，未聞有駙馬起復而尙公主者。」上曰：「卿所言，古禮也；如今人家往往有借吉爲婚嫁者，卿何苦固執？」又奏曰：「臣聞近日人家有不甚知禮教者，或女居父母服，家既貧乏，且無強近至親，卽有借吉以就親者。至於男子借吉婚娶，從古未聞，今忽令駙馬起復成禮，實恐驚駭物聽。況公主年幼，更俟一年出降，時既未失，且合禮經。」太常博士韋彤、裴堪曰：「伏見駙馬都尉張茂宗猶在母喪，聖恩念其亡母遺表所請，許公主出降，仍令茂宗卽吉就婚者。伏以夫婦之義，人倫大端，所以關雎冠於詩首者，王化所先也。天屬之親，孝行爲本，所以齊斬五服之重者，人道之厚也。聖人知此二端爲訓人之本，不可變也，故制婚禮，上以承宗廟，下以繼後嗣。至若墨衰奪情，事緣金革。若使茂宗釋衰服而衣冕裳，去堊室而爲親迎，雖云輟哀借吉，是亦以凶瀆嘉。伏願抑茂宗亡母之請，顧典章不易之義，待其終制，然後賜婚。」德宗不納，竟以義章公主降茂宗。自是以戚里之親，頗承恩顧。

元和中，爲閑廐使。國家自貞觀中至於麟德，國馬四十萬匹在河、隴間。開元中尙有二十七萬，雜以牛羊雜畜，不啻百萬，置八使四十八監，占隴右、金城、平涼、天水四郡，幅員千里，自長安至隴右，置七馬坊，爲會計都領。岐、隴間善水草及腴田，皆屬七馬坊。至德以後〔八〕，西戎陷隴右，國馬盡散，監牧使與七馬坊名額盡廢，其地利因歸於閑廐使。寶應中，鳳翔節度使請以監牧賦給貧民爲業，土著相承，十數年矣。又有別敕賜諸寺觀凡千餘頃。及茂宗掌閑廐，與中尉吐突承璀善，遂恃恩舉舊事，並以監牧地租歸閑廐司。茂宗又奏麟遊縣有岐陽馬坊，按舊圖地方三百四十頃，制下閑廐司檢計。百姓紛紜論訴，節度使李惟簡具事上聞，詔監察御史孫革往按問之。革還奏曰：「天興縣東五里有隋故岐陽馬坊，地在其側，蓋因監爲名，與今岐陽所指百姓侵占處不相接，皆有明驗。」茂宗怒，恃有中助，誣革所奏不實。又令侍御史范傳式覆按，乃附茂宗，盡翻前奏，遂奪居人田業，皆屬閑廐，乃罷革官。長慶初，岐人論訴不已，詔御史按驗明白，乃復以其地還百姓，貶傳式官。

茂宗俄授左金吾衞大將軍。長慶二年，檢校工部尙書，兼兗州刺史、御史大夫，充兗海沂節度等使，加檢校兵部尚書。大和五年，入爲左金吾衞大將軍，充左衞使〔九〕，轉左龍武統軍卒。

茂和，元和中爲左武衞將軍。裴度爲淮西行營處置，用兵討吳元濟，建牙赴行營，奏用茂和爲都押衙。茂和嘗以膽氣才略自贊於相府，故度奏用之。茂和慮度無功，淮、蔡不可平，乃辭之以疾。度怒甚，奏請斬茂和以勵行者，憲宗曰：「予以其家門忠順，爲卿遠貶。」後復用爲諸衞將軍，卒。

陳楚者，定州人，茂昭之甥。少有武幹，爲義勇牙將，事茂昭，每出征伐，必令典精卒。隨茂昭入朝，授諸衞大將軍。元和十二年，義武軍節度使渾鎬喪師，定州兵亂，乃除楚易定節度，令馳傳赴任。亂猶未彌，楚夜馳入州城。楚家世久在定州，軍中部校皆楚之舊卒，人情大悅，軍卒帖然。轉河陽三城懷節度使。前後亟立戰功，入爲龍武統軍。長慶三年卒。

史臣曰：朝廷治亂，在法制當否，形勢得失而已。秦人叛上，法制失也；漢道勃興，形勢得也。臣觀開元之政舉，坐制百蠻；天寶之法衰，遂淪四海。玄宗一失其勢，橫流莫救，地分於羣盜，身播於九夷。河朔二十餘州，竟爲盜穴，諸田兇險，不近物情。而弘正、孝忠，頗達人臣之節，沂國力善無報，殆天意之好亂惡治歟！茂昭忠梗有禮，明禍福大端，近代之賢侯也。

贊曰：田宗不令，禍淫無應。謂天輔仁，胡覆弘正。茂昭知止，終以善勝。孰生厲階，上失威柄。

校勘記

〔一〕鄭州刺史　新書卷二一〇田承嗣傳「鄭州」作「莫州」，莫州原爲鄭州，「鄭」字疑爲「鄚」字之誤。

〔二〕孫知古　「古」字各本原作「在」，據冊府卷四三九、唐大詔令集卷一一九、全唐文卷四七改。下同。

〔三〕逡巡磁相　「逡」字各本原作「迫」，據唐大詔令集卷一一九、全唐文卷四七改。

〔四〕經城　各本原作「涇城」，據本書卷一三二李抱眞傳、冊府卷三八五改。

〔五〕邕王謜　「謜」字各本原作「諒」，據本書卷一五〇德宗諸子傳、合鈔卷一九二張孝忠傳改。

〔六〕九年　各本原作「元年」，據本書卷一三德宗紀、通鑑卷二三四改。

〔七〕任迪簡　各本原作「任簡迪」，據本書卷一四憲宗紀及卷一八五下任迪簡傳改。

〔八〕至德以後　各本原作「至麟德以後」，按麟德以後，隴右猶未陷，今據新書卷一四八張孝忠傳删「麟」字。

〔九〕充左衞使　合鈔卷一九二張孝忠傳作「充左街使」。

舊唐書卷一百四十二

列傳第九十二

李寶臣 子惟岳 惟誠 惟簡 惟簡子元本 王武俊 子士眞 士平 士則 士眞子承宗 承元 王廷湊 子元逵 元逵子紹鼎 紹懿 紹鼎子景崇 景崇子鎔

李寶臣，范陽城旁奚族也。故范陽將張鎖高之假子，故姓張，名忠志。幼善騎射，節度使安祿山選爲射生官。天寶中，隨祿山入朝，玄宗留爲射生子弟，出入禁中。及祿山叛，忠志遁歸范陽，祿山喜，錄爲假子，姓安，常給事帳中。祿山兵將指闕，使忠志領驍騎八千人入太原，劫太原尹楊光翽。忠志挾光翽出太原，萬兵追之不敢近。祿山使董精甲，扼井陘路，軍於土門。安慶緒僞署爲恆州刺史。九節度之師圍慶緒於相州，忠志懼，獻章歸國，肅宗因授恆州刺史。及史思明復渡河，僞授忠志工部尚書、恆州刺史、恆趙節度使，統衆三萬守常山。及思明敗，不受朝義之命，乃開土門路以內王師。河朔平定，忠志與李懷仙、薛嵩、田承嗣各舉其地歸國，皆賜鐵券，誓以不死。因授忠志開府儀同三司、檢校禮部尚書、恆州刺史，實封二百戶，仍舊爲節度使。乃以恆州爲成德軍，賜姓名曰李寶臣。

時寶臣有恆、定、易、趙、深、冀六州之地，後又得滄州步卒五萬、馬五千匹，當時勇冠河朔諸帥。寶臣以七州自給，軍用殷積，招集亡命之徒，繕閱兵仗，與薛嵩、田承嗣、李正己、梁崇義等連結姻婭，互爲表裏，意在以土地傳付子孫，不稟朝旨，自補官吏，不輸王賦。初，天寶中，天下州郡皆鑄銅爲玄宗眞容，擬佛之制。及安、史之亂，賊之所部，悉鎔毀之，而恆州獨存，由是實封百戶。

初，寶臣、正己皆爲承嗣所易。寶臣弟寶正娶承嗣女，在魏州與承嗣子維擊鞠，寶正馬馳駭，觸殺維，承嗣怒，繫寶正以告。寶臣謝爲教不謹，緘杖令承嗣以示責，承嗣遂鞭殺之，由是交惡。

大曆十年，寶臣、正己更言承嗣之罪，請討之，代宗欲因其相圖，乃從其請。時幽州節度留後朱滔方恭順朝廷，詔滔與寶臣及太原之師攻其北，正己與滑亳、河陽、江淮之師攻其南。寶臣、正己會軍于棗強，椎牛釃酒，犒勞將士，仍頒優賞。寶臣軍賞厚，正己軍賞薄。既罷會，正己軍中咄咄有辭，正己聞之，懼有變，即時引退。由是寶臣、朱滔共攻承嗣之滄州，連年未下。時承嗣使腹心將盧子期攻邢州〔二〕，城將陷，寶臣發精卒赴救，擊敗之，擒子期來獻。河南諸將又大破田悅于陳留，正己收承嗣之德州，以重兵臨其境，指期進討。承嗣大懾，遂求解於寶臣，寶臣不許。

初，正己將發兵，使人至魏，承嗣囚之；及是，乃厚禮遣歸，發使與俱，具列境內戶口兵糧之數，悉以奉正己，且告曰：「承嗣老矣，今年八十有六，形體支離，無日月焉。己子不令，悅亦孱弱，不足保其後業。今之所有，爲公守耳，曷足辱公師旅焉！」立使者于廷，南向，拜而授書；又圖正己形，焚香事之如神，謂人曰：「眞聖人也！」正己聞之，且得其歡，乃止，諸軍莫敢進者。

承嗣止正己，無南軍之虞。又知范陽寶臣故里，生長其間，心常欲得之，乃勒石爲讖，密瘞寶臣境內，使望氣者云：「此中有王氣。」寶臣掘地得之，有文曰：「二帝同功勢萬全，將田作伴入幽、燕。」二帝，指寶臣、正己也。承嗣又使客諷之曰：「公與朱滔共舉，取吾滄州，設得之，當歸國，非公所有。誠能捨承嗣之罪，請以滄州奉獻，可不勞師而致，願取范陽以自効。公將騎爲前驅，承嗣率步卒從，此萬全之勢。」寶臣喜，以爲事合符命，遂與承嗣通謀，割州與之。寶臣乃密圖范陽，承嗣亦陳兵境上。寶臣謂朱滔使曰：「吾聞朱公貌如神，安得而識之，願因繪事而觀，可乎？」滔乃圖其形以示之。寶臣懸於射堂，命諸將熟視之，曰：「朱公信神人也！」他日，滔出軍，寶臣密選精卒劫之，戒其將曰：「取彼貌如射堂所懸者。」是時，二軍不相虞有變，滔與戰於瓦橋，滔適衣他服，以不識免。承嗣聞與滔交鋒，其釁已成，乃旋軍，使告寶臣曰：「河內有警急，不暇從公。石上讖文，吾戲爲之耳！」寶臣慚怒而退。

遷左僕射，封隴西郡王、檢校司空、同中書門下平章事。德宗卽位，拜司空，兼太子太傅。寶臣名位既高，自擅一方，專貯異志。妖人僞爲讖語，言寶臣終有天位。寶臣乃爲符瑞及靈芝朱草，作朱書符。又於深室齋戒築壇，上置金匜、玉斝，云「甘露神酒自出」。又僞刻玉爲印，金塡文字，告境內云：「天降靈瑞，非予所求，不祈而至。」將吏無敢言者。妖輩慮其詐發，乃曰：「相公須飲甘露湯，卽天神降。」寶臣然之。妖人置堇湯中，飲之，三日而卒。

寶臣暮年，益多猜忌，以惟岳暗懦，諸將不服，卽殺大將辛忠義、盧俶、定州刺史張南容、趙州刺史張彭老、許崇俊等二十餘人，家口沒入，自是諸將離心。建中二年春卒，時年六十四，廢朝三日，冊贈太保。子惟岳、惟誠、惟簡。

寶臣卒時，惟岳爲行軍司馬，三軍推爲留後，仍遣使上表求襲父任，朝旨不允。魏博節度使田悅上章保薦，請賜旄節，不許。惟岳乃與田悅、李正己同謀拒命，判官邵眞泣諫，以爲不可。惟岳暗懦，初雖聽從，終爲左右所惑而止。而所與圖議，皆姦吏胡震、家人王他奴等唯勸拒逆爲事。

惟岳舅谷從政者，有智略，爲寶臣所忌，移病不出；至是知惟岳之謀，慮其覆宗，乃出諫惟岳曰：「今天下無事，遠方朝貢，主上神武，必致太平。如至不允，必至加兵。雖大夫恩及三軍，萬一不捷，孰爲大夫用命者？又先朝相公與幽帥不協，今國家致討，必命朱滔爲帥。彼嘗切齒，今遂復讎，可不懼乎！又頃者相公誅滅軍中將校，其子弟存者，口雖不言，心寧無憤？兵猶火也，不戢自焚。往者田承嗣佐安祿山、史思明謀亂天下，千征百戰；及頃年侵擾洛、相等州，爲官軍所敗，及貶永州，仰天垂泣。賴先相公佐佑保援，方獲赦宥，若雷霆不收，承嗣豈有生理！今田悅凶狂，何如承嗣名望？苟欲坐邀富貴，不料破家覆族。而況今之將校，罕有義心，因利乘便，必相傾陷。爲大夫畫久長之計，莫若令惟誠知留後，大夫自速入朝。國家念先相公之功，見大夫順命，何求而不得？今與羣逆爲自危之計，非保家之道也。」惟岳亦素忌從政，皆不聽，竟與魏、齊謀叛。

既而惟岳大將張孝忠以郡歸國，朝廷以孝忠爲成德軍節度使，仍詔朱滔與孝忠合勢討之。惟岳以精甲屯束鹿以抗之，田悅遣大將孟佑率兵五千助惟岳。建中三年正月，朱滔、孝忠大破恆州軍於束鹿，惟岳燒營而遁。惟岳大將趙州刺史康日知以郡歸國，惟岳乃令衙將衞常寧率士卒五千，兵馬使王武俊率騎軍八百同討日知。武俊旣出恆州，謂常寧曰：「武俊盡心於本使，大夫信讒，頗相猜忌，所謂朝不謀夕，豈圖生路！且趙州用兵，捷與不捷，武俊不復入恆州矣！妻子任從屠滅，且以殘生往定州事張尚書去也，孰能持頸就戮！」常寧曰：「中丞以大夫不可事，且有詔書云，斬大夫首者，以其官爵授。自大夫拒命已來，張尚書以易州歸國得節度使。今聞日知已得官爵。觀大夫事勢，終爲朱滔所滅。此際轉禍爲福，莫若倒戈入使府，誅大夫以取富貴也。況大夫暗昧，左右誑惑，其實易圖。事苟不捷，歸張尚書非晚。」武俊然之。三年閏正月，武俊與常寧自趙州迴戈，達明至恆，武俊子士眞應於內。武俊兵突入府署，遣虞候任越劫擒惟岳〔三〕，縊死於戟門外；又誅惟岳妻父鄭華及長慶、王他奴等二十餘人，傳首京師。

惟誠，惟岳異母兄，以父蔭爲殿中丞，累遷至檢校戶部員外郎。好儒書理道，寶臣愛之，委以軍事；性謙厚，以惟岳嫡嗣，讓而不受。同母妹嫁李正己子納，寶臣以其宗姓，請惟誠歸本姓，又令入仕於鄆州，爲李納營田副使。歷兗、淄、濟、淮四州刺史，竟客死東平。

惟簡，寶臣第三子。初，王武俊既誅惟岳，又械惟簡送京師，德宗拘於客省，防伺甚峻。

朱泚之亂，惟簡斬關而出，赴奉天，德宗嘉之，用爲禁軍將。從渾瑊率師討賊，頻戰屢捷，加御史中丞。從幸山南，得「元從功臣」之號，封武安郡王。後授左神威大將軍，轉天威統軍。元和初，檢校戶部尚書、左金吾衞大將軍，充街使，俄拜鳳翔隴右節度使。元和十三年正月卒，贈尚書右僕射。

子元本，生於貴族，輕薄無行。初，張茂昭子克禮尚襄陽公主。長慶中，主縱恣不法，常遊行市里。有士族子薛樞、薛渾者，俱得幸於主。尤愛渾，每詣渾家，謁渾母行事姑之禮。有吏誰何者，即以厚賂啗之。渾與元本皆少年，遂相誘掖，元本亦得幸於主，出入主第。張克禮不勝其忿，上表陳聞，乃召主幽于禁中。以元本功臣之後，得減死，杖六十，流象州。樞、渾以元本之故，亦從輕杖八十，長流崖州。

王武俊，契丹怒皆部落也。祖可訥干，父路俱。開元中，饒樂府都督李詩率其部落五千帳，與路俱南河襲冠帶，有詔褒美，從居薊。武俊初號沒諾干，年十五，能騎射。上元中，爲史思明恆州刺史李寶臣裨將。寶應元年，王師入井陘，將平河朔，武俊謂寶臣曰：「以寡敵衆，以曲遇直，戰則離，守則潰，銳師遠鬭，庸可禦乎？」寶臣遂徹警備，以恆、定、深、趙、易五州歸國，與王師協力，東襲遺寇。寶臣除恆、定等州節度使，以武俊構謀，奏兼御史中丞，充本軍先鋒兵馬使。

大曆十年，田承嗣因薛嵩死，兼有相、衞、磁、邢、洺五州。承嗣遣將盧子期寇磁州〔三〕，詔令寶臣與李正己、李勉、李承昭、田神玉、朱滔、李抱眞各出兵討之。諸軍與子期戰于清水，大破之，寶臣將有節生擒子期以獻，代宗嘉其功，使中貴人馬承倩齎詔宣勞。承倩將歸，止傳舍，寶臣親遺百縑。承倩詬詈，擲出道中，寶臣顧左右有愧色。還休府中，諸將散歸，寶臣潛伺屏間，獨武俊佩刀立于門下。召入，解刀與語，曰：「見向者頑豎乎？」武俊曰：「今閤下有功尙爾，寇平後，天子以幅紙之詔召置京下，一匹夫耳，可乎？」寶臣曰：「爲之若何？」武俊曰：「不如玩養承嗣，以爲己資。」寶臣曰：「今與承嗣有釁矣，可推腹心哉？」武俊曰：「勢同患均，轉寇讎爲父子，欬唾間。若傳虛言，無益也。今中貴人劉淸譚在驛，斬首送承嗣，立質妻孥矣。」寶臣曰：「恐不能如此。」武俊曰：「朱滔爲國屯兵滄州，請擒送承嗣以取信。」許之。立選銳士二千，皆乘駿馬，通夜馳三百里，晨至滔營，掩其不備。滔軍出戰，大敗，擒類滔者，滔故得脫。自此寶臣與田承嗣、李正己更相爲援，皆武俊萌之。

寶臣死，其子惟岳謀襲父位。寶臣舊將易州刺史張孝忠以州順命，遂以孝忠代寶臣，俾惟岳護喪歸京，惟岳不受命。建中三年正月，詔朱滔、張孝忠合軍討之。惟岳與武俊復統萬餘衆戰於束鹿，武俊率三千騎先進，爲滔所敗，惟岳遁走。趙州刺史康日知遂以州順命，惟岳令武俊統兵擊之。日知遣人謂武俊曰：「惟岳孱微而無謀，何足同反！我城堅衆一，未可以歲月下。且惟岳恃田悅爲援，前歲悅之丁男甲卒塗地於邢州城下，猶不能陷，況此城乎！」復給僞手詔招武俊，信之，遂倒兵入恆州，率數百騎入衙門，使謂惟岳曰：「大夫舉兵與魏、齊同惡，今田尚書已喪敗，李尚書爲趙州所間，軍士自束鹿之役，傷痛軫心。朱僕射強兵宿境內，張尚書已授定州，三軍俱懼殞首喪家。聞有詔徵大夫，宜亟赴命，不爾，禍在漏刻。」惟岳怖，遽睢盱。武俊子士眞斬惟岳，持首而出。武俊殺不同己者十數人，遂定。傳首上聞，授武俊檢校秘書少監、兼御史大夫、恆州刺史、恆冀都團練觀察使，實封五百戶，以康日知爲深趙團練觀察使。

時惟岳僞定州刺史楊政義以州順命，深州刺史楊榮國降，朱滔分兵鎭之。朝廷既以定州屬張孝忠，深州屬康日知，武俊怒失趙、定二州，且名位不滿其志，朱滔怒失深州，因誘武俊謀反，斥言朝廷，遂連率勁兵救田悅。時馬燧、李抱眞、李芃、李晟方討田悅，敗悅於洹水，後連歲暴兵，然悅勢已蹙；至是武俊、朱滔復振起之，悅勢益張。

十一月，武俊使大將張鍾葵寇趙州，康日知擊敗之，斬首上獻。是日，武俊僭建國，稱趙王，以恆州爲眞定府，僞命官秩。朱滔、田悅、李納一同僭號，分據所部，各遣使勸誘蔡州李希烈同僭位號。四年三月，希烈旣爲周曾謀潰其腹心，或傳希烈已死，馬燧等四節度軍中聞之，歡聲震外。

六月，李抱眞使辯客賈林詐降武俊。林至武俊壁曰：「是來傳詔，非降也。」武俊色動，徵其說，林曰：「天子知大夫宿誠，及登壇建國之日，撫膺顧左右曰：『我本忠義，天子不省。』是後諸軍曾同表論列大夫。天子覽表動容，語使者曰：『朕前事誤，追無及已。朋友間失意尙可謝，朕四海主，毫芒安可復念哉！』」武俊曰：「僕虜將，尙知存撫百姓，天子固不專務殺人以安天下。今山東大兵者五，比戰勝，骨盡暴野，雖勝與誰守？今不憚歸國，以與諸侯盟約，虜性直，不欲曲在己。朝廷能降恩滌盪之，僕首倡歸國，不從者，於以奉辭，則上不負天子，下不負朋友。此謀旣行，河朔不五旬可定。」

十月，涇原兵犯闕，上幸奉天。京師問至，諸將退軍。李抱眞將還潞澤，田悅說武俊與朱滔襲擊之。賈林復說武俊曰：「今退軍前輜重，後銳師，人心固一，不可圖也。且勝而得地，則利歸魏博；喪師，卽成德大傷。大夫本部易、定、滄、趙四州，何不先復故地？」武俊遂北馬首，背田悅約。賈林復說武俊曰：「大夫冀邦豪族，不合謀據中華。且滔心幽險，王室強卽藉大夫援之，卑卽思有併吞。且河朔無冀國，唯趙、魏、燕耳。今朱滔稱冀，則窺大夫冀州，其兆已形矣。若滔力制山東，大夫須整臣禮，不從，卽爲所攻奪，此時臣滔乎？」武俊投袂作色曰：「二百年宗社，我尚不能臣，誰能臣田舍漢！」由此計定，遂南修好抱眞，西連盟馬燧。會興元元年德宗罪己，大赦反側。二月，武俊集三軍，削僞國號。詔國子祭酒兼御史大夫董晉、中使王進傑，自行在至恆州宣命，授武俊檢校兵部尚書、成德軍節度使。三月，加司空、同中書門下平章事，兼幽州、盧龍兩道節度使、琅邪郡王。

時朱泚僞册滔爲皇太弟，滔率幽、檀勁卒，誘迴紇二千騎，已圍貝州數十日，將絕白馬津，南盜洛都，與泚合勢。時李懷光反據河中，李希烈已陷大梁，南逼江、漢，李納尚反於齊，田緒未爲用，李晟孤軍壁渭上，天子羽書所制者，天下纔十二三，海內蕩析，人心失歸。賈林又說武俊與抱眞合軍，同救魏博，爲武俊陳利害曰：「朱滔此行，欲先平魏博，更逢田悅被害，人心不安，旬日不救，魏、貝必下，滔益數萬。張孝忠見魏、貝已拔，必臣朱滔。三道連衡，兼統迴紇，長驅至此，家族可得免乎？常山不守，則昭義退保山西，河朔地盡入滔。今乘魏、貝未下，孝忠未附，公與昭義合軍破之，如掇遺耳！此計就，則聲振關中，京邑可坐復，鑾輿反正自公，則勳業無二也。」武俊歡然許之。兩軍議定，卜日同征。五月，武俊、抱眞會軍於鉅鹿東。兩軍既交，滔震恐。抱眞爲方陣，武俊用奇兵，朱滔傾壘出戰，武俊不擐甲而馳之，滔望風奔潰，自相蹂踐，死者十四五，收其輜重、器甲、馬牛不可勝計，滔夜奔還幽州。武俊班師，表讓幽州盧龍節度使，許之。乃升恆州爲大都督府，以武俊爲長史，加檢校司徒，實封七百戶，餘如故。

車駕還京，寵之逾厚，子尙貴主，子弟在孩稚者，皆賜官名。尋丁母憂，起復加左金吾上將軍同正，免喪，加開府儀同三司。十二年，上念舊勳，加檢校太尉，兼中書令。十七年六月卒，時年六十七，廢朝五日，羣臣詣延英門奉慰，如渾瑊故事。詔左庶子上公持節册贈太師，賻絹三千匹、布千端、米粟三千石。太常諡曰威烈，德宗曰：「武俊竭忠奉國，宜賜諡忠烈。」子士眞、士淸、士平、士則，士眞嗣。

士眞，武俊長子。少驍悍，冠於軍中，沉謀有斷。事李寶臣爲帳中親將，仍以女妻之。寶臣末年，慮身後諸子暗弱，爲諸將所奪，屢行誅戮，諸將離心。武俊官位雖卑，而勇略邁世，寶臣惜其才，不忍誅之，而士眞密結寶臣左右，保護其父，以是獲免。

惟岳之世，尤加委任，武俊亦盡心匡佐。旣兵敗束鹿，張孝忠、康日知以地歸國，受官賞，惟岳稍貯防疑，武俊謀自貶損，出入不過三兩人。左右謂惟岳曰：「先相公委任武俊，以遺大夫，兼有治命。今披肝膽爲大夫者，武俊耳，又士眞卽大夫妹婿，保無異志。今勢危急，若不坦懷待之，若更如康日知，卽大事去矣。」惟岳曰：「我待武俊自厚，不獨先公遺旨。」由是無疑，卽令將兵攻趙州。士眞更宿於府衙，與同職謀事。及武俊倒戈，士眞等數人擒惟岳出衙，縊死之。武俊領節鉞，以士眞爲副大使。

建中年，武俊僭稱趙王於魏縣，以士眞爲司空、眞定府留守，充元帥。及武俊破朱滔順命，以武俊兼幽州盧龍軍節度使，仍以士眞爲副使、檢校工部尚書。德宗還京，進位檢校兵部尚書，充德州刺史、德棣觀察使，封清河郡王。十七年，武俊卒，起復授左金吾衞大將軍同正、恆州大都督府長史，充成德軍節度、恆冀深趙德棣等州觀察等使，尋檢校尚書左僕射。順宗卽位，進位檢校司空。

士眞佐父立功，備歷艱苦，得位之後，恬然守善，雖自補屬吏，賦不上供，然歲貢貨財，名爲進奉者，亦數十萬，比幽、魏二鎭，最爲承順。元和元年，就加同中書門下平章事。四年三月卒。子承宗、承元、承通、承迪、承榮。

士清，以父勳累加官至殿中少監同正。元和初，爲冀州刺史、御史大夫，封北海郡王，早卒。

士平，以父勳補原王府諮議。貞元二年，選尙義陽公主，加秘書少監同正、駙馬都尉。元和中，累遷至安州刺史。時公主縱恣不法，士平與之爭忿，憲宗怒，幽公主於禁中，士平幽於私第，不令出入。後釋之，出爲安州刺史。坐與中貴交結，貶賀州司戶。時輕薄文士蔡南、獨孤申叔爲義陽主歌詞，曰團雪、散雪等曲，言其游處離異之狀，往往歌於酒席。憲宗聞而惡之，欲廢進士科，令所司綱捉搦，得南、申叔貶之，由是稍止。及盜殺宰相武元衡，旬日捕賊未獲，士平與兄士則庭奏盜主於承宗，旣獲張晏等誅之，乃以士平爲左金吾衞大將軍。及奪承宗官爵，仍以士平襲父實封。

士則，士平異母兄。承宗旣立爲節度使，不容諸父，乃奔于京師，用爲神策大將軍。及承宗叛逆，盜殺宰相，士則請移貫京兆府。諸鎭兵討承宗，裴度言士則武俊子，其軍中必有懷之者，乃用士則爲邢州刺史，兼本州團練使，從昭義節度使郗士美討賊，冀擕離承宗之黨，且許以節制。士則恃此，頗不受士美節制，行止以兵自衞，雖謁士美，而衞兵如故。吏呵止之，士則不能平，見于辭氣。士美惡之，密以狀聞，乃以張遵代還。

承宗，士眞長子。河朔三鎭自置副大使，以嫡長爲之。承宗累奏至鎭州大都督府右司馬、知州事、御史大夫，充都知兵馬使、副大使。

元和四年三月，士眞卒，三軍推爲留後，朝廷伺其變，累月不問。承宗懼，累上表陳謝。

至八月，上令京兆少尹裴武往宣諭，承宗奉詔甚恭，且曰：「三軍見迫，不俟朝旨，今請割德、棣二州上獻，以表丹懇。」由是起復雲麾將軍、左金吾衞大將軍同正、檢校工部尚書、鎭州大都督府長史、御史大夫、成德軍節度、鎭冀深趙等州觀察等使。又以德州刺史薛昌朝檢校右散騎常侍、德州刺史、御史大夫，充保信軍節度、德棣觀察等使。昌朝，故昭義節度使嵩之子，婚姻於王氏，入仕於成德軍，故爲刺史。承宗既獻二州，朝廷不欲別命將帥，且授其親將。保信旌節未至德州，承宗遣數百騎馳往德州，虜昌朝歸眞定囚之。朝廷又加棣州刺史田渙充本州團練守捉使，冀漸離之。令中使景忠信往諭旨，令遣昌朝還鎭，承宗不奉詔。憲宗怒，下詔曰：「王承宗頃在苫廬，潛窺戎鎭，而內外以事君之禮，逆而必誅，分土之儀，專則有辟。朕念其先祖嘗有茂勳，貸以私恩，抑於公議。使臣旁午以告諭，孽童俯伏以陳誠，願獻兩州，期無二事。朕欲收其後効，用以曲全，授節制於舊疆，齒勳賢於列位。況德、棣本非成德所管，昌朝又是承宗懿親，俾撫近鄰，斯誠厚渥，外雖兩鎭，中實一家。而承宗象恭懷姦，肖貌稔禍，欺裴武於得位之後，縶昌朝於受命之中。豺狼之心，飽之而愈發；梟獍之性，養之而益凶。加以表疏之中，悖慢斯甚。式遏亂略，期于無刑；恭行天誅，示於有制〔四〕。可削承宗在身官爵。」詔左神策護軍中尉吐突承璀爲左右神策、河中河陽浙西宣歙等道赴鎭州行營兵馬招討處置等使，會諸道軍進討。神策兵馬使趙萬敵者，王武俊之騎將也，驍悍聞於燕、趙，具言進討必捷。承璀因得兵柄，與萬敵偕行。承璀至行營，威令不振，禁軍屢挫衄。都將酈定進前擒劉闢有功，號爲驍將，又陷於賊。唯范陽節度使劉濟、易定節度使張茂昭至効忠赤，戰賊屢捷。而昭義節度使盧從史反復難制，陰附於賊，憲宗密詔承璀擒之，送于京師。

五年七月，承宗遣巡官崔遂上表三封，乞自陳首，且歸過於盧從史，其略曰：「臣頃在苫廬，綿歷時序，恭守朝旨，罔敢闕違。復奉詔書，令獻州郡，迫以三軍之勢，不從孤臣之心。今天兵四臨，王命久絕，白刃之下，難避國刑；殷憂之中，轉積釁隙。中由盧從史首爲亂階，興天下之兵，生海內之亂，既不忠於國，又不孝於家。當其聞父之喪，已變爲臣之節，迫脅天使，瀆紊朝經。而乃幸臣居喪，敗臣求利，上敢欺於聖主，下不顧其死親，矯情徒見於封章，邪妄素萌於胸臆。今構禍者已就擒獲，抱冤者實冀辯明。況臣之一軍，素守忠義，横被從史離間君臣，哀號轅門，痛隔恩外。伏冀陛下以天地之德，容納爲心，弘好生之仁，許自新之路。順陽和而布澤，因雷雨以覃恩，追念祖父之前勞，俯觀臣子之來効，特開湯網，使樂堯年。」時朝廷以承璀宿師無功，國威日沮，頗憂之；會承宗使至，宰臣商量，請行赦宥，乃全以六郡付之。承宗遂薛昌朝入朝，授以右武衞將軍。

承宗以國家加兵不勝，誣從史姦計得行，雖上章表謙恭，而心無忌憚。十年，王師討吳元濟，承宗與李師道繼獻章表，請宥元濟。其牙將尹少卿奏事，因爲元濟游說。少卿至中書，見宰相論列，語意不遜，武元衡怒，叱出之，承宗益不順。自是與李師道姦計百端，以沮用兵。四月，遣盜燒河陰倉。六月，遣盜伏於靖安里，殺宰相武元衡，京師震恐，大索旬日，天子爲之旰食。是時，承宗、師道之盜，所在竊發，焚襄州佛寺，斬建陵門戟，燒獻陵寢宮，欲伏甲屠洛陽。憲宗赫怒，命田弘正出師臨其境，幷鄰道六節度之衆討之。時方淮西用兵，國用虛竭，河北諸軍多觀望不進。獨昭義節度使郗士美率精兵壓賊壘，欲乘釁而取之，軍威甚盛，承宗懼，不敢犯。俄詔權罷河北用兵，併力淮西。

十二年十月，誅吳元濟，承宗始懼，求救於田弘正。十三年三月，弘正遣人送承宗男知感、知信及其牙將石汎等詣闕請命，令於客舍安置；又獻德、棣二州圖印，兼請入管內租稅，除補官吏。上以弘正表疏相繼，重違其意，乃下詔曰：

帝者承天子人，下臨萬國。觀乾坤覆載之施，常務其曲全；用德刑撫御之方，每先其弘貸。叛則必伐，服而捨之，訪于典謨，亦尙斯道。朕祗符前訓，纘嗣丕圖，底寧方隅，蕩滌氛祲。上以攄祖宗之宿憤，下以致黎庶之阜康，思厚者生，務去者殺。至於包荒藏慝，屈法伸恩，苟衷誠之可矜，則有過而無大。

王承宗頃居喪紀，見賣於鄰封；後領藩城，受疑於朝野。國恩雖厚，時憲不容；

戚實自貽，寵非我絕。百辟卿士，昌言在廷；四方諸侯，飛奏盈篋，競請致討，爭先出軍。尙復廣示招懷，務存容納，至於動衆，事豈願然。開境愍罹其殺傷，退舍爲伏其士伍，取陷救溺，能無慘嗟。以其先祖武俊，有勞王室，書于甲令，銘在景鐘；雖再駕王師，再從人欲，而十代之宥，常切朕懷。

近以三朝稱慶，八表流澤，廣此鴻霈，開其自新。而承宗果能翻然改圖，披露忠懇，遠遣二子，進陳表章，緘圖印以上聞，獻德、棣之名部，發困奉粟，并寵貢鹽〔五〕，地願帥於職方，物請歸於司會。且天子所臨，莫非王土，析茲舊服，將表爾誠，諒由效順之心，悉見納忠之志，抑而不撫，何以示懷。朕念此方，亦猶赤子，一物失所，寢興靡寧，忍驅樂士之人，竟就陳原之戮！既克翦暴，常思止戈，予之此心，天地臨鑒。況常山師旅，舊有功勞，將改往以修來，誓酬恩而遷善，鑒精誠之俱切，俾渙汗而再敷。曠滌乃愆，斷於朕志；復此殊渥，當懷永圖。承宗可依前銀青光祿大夫、檢校吏部尙書、鎭州大都督府長史、御史大夫，充成德軍節度、鎭冀深趙觀察等使。

仍令右丞崔從往鎭州宣慰。承宗素服俟命，乃以華州刺史鄭權爲德州刺史，充橫海軍節度、德棣滄景觀察等使。明年，加金紫光祿大夫、檢校尙書左僕射。是歲，李師道平，承宗奉法逾謹，請當管四州，每州置錄事參軍一員、判司三員，每縣令一員、主簿一員，吏補授皆聽朝旨。十五年十一月卒，贈侍中。子知感、知信在朝。

承元，士眞第二子。兄承宗既領節鉞，奏承元爲觀察支使、朝議郎、左金吾衛冑曹參軍，兼監察御史，年始十六。勸承宗以二千騎佐王師平李師道，承宗不能用其言。

元和十五年冬，承宗卒，祕不發喪，大將謀取帥於旁郡。時參謀崔燧密與握兵者謀，乃以祖母涼國夫人之命，告親兵及諸將，使拜承元。承元拜泣不受。諸將請之不已，承元曰：「天子使中貴人監軍，有事盍先與議。」及監軍至，因以諸將意贊之。承元謂諸將曰：「諸公未忘先德，不以承元齒幼，欲使領事。承元欲效忠於國，以奉先志，諸公能從之乎？」諸將許諾。遂於衙門都將所理視事，約左右不得呼留後，事無巨細，決之參佐。密疏請帥，天子嘉之，授銀青光祿大夫、檢校工部尙書，兼滑州刺史、義成軍節度、鄭滑觀察等使。鄰鎭以兩河近事諷之，承元不聽，諸將亦悔。及起居舍人柏耆齎詔宣諭滑州之命，兵士或拜或泣。承元與柏耆於館驛召諸將諭之，諸將號哭諠譁。承元詰之曰：「諸公以先世之故，不欲承元失此，意甚隆厚，然奉詔遲留，其罪大矣！前者李師道未敗時，議赦其罪，時師道欲行，諸將止之，他日殺師道，亦諸將也。今公輩幸勿爲師道之事，敢以拜請。」遂拜諸將，泣涕不自勝。承元乃盡出家財，籍其人以散之，酌其勤者擢之。牙將李寂等十數人固留承元，斬寂等，軍中始定。承元出鎮州，時年十八，所從將吏，有具器用貨幣而行者，承元悉命留之。承元昆弟及從父昆弟，授郡守者四人，登朝者四人，從事將校有勞者，亦皆擢用。祖母涼國夫人入朝，穆宗命內宮筵待，錫賚甚厚。

俄而王廷湊殺田弘正，據鎮州叛。移鎮鄜坊丹延節度使，便道請覲，穆宗器之，數召顧問。未幾，改鳳翔節度使。鳳翔西北界接涇原，無山谷之險，吐蕃由是徑往入寇。承元於要衝築壘，分兵千人守之，賜名曰臨汧城。詔襲岐國公，累加檢校左僕射。鳳翔城東，商旅所集，居人多以烽火相警，承元奏益城以環之。居鎮十年，加檢校司空、御史大夫，移授平盧軍節度、淄青登萊觀察等使。時均輸鹽法未嘗行於兩河，承元首請鹽法，歸之有司，自是兗、鄆諸鎮，皆稟均輸之法。承元寬惠有制，所理稱治。大和七年十二月，卒於平盧，時年三十三，册贈司徒。

王廷湊，本迴鶻阿布思之種族，世隸安東都護府。曾祖曰五哥之，事李寶臣父子。王武俊養爲假子，驍果善鬬，武俊愛之。以軍功累授左武衞將軍同正，贈越州都督。祖末怛活，贈左散騎常侍。父升朝，贈禮部尚書。皆以廷湊貴加贈典。祖父世爲王氏騎將，累遷右職。

廷湊沉勇寡言，雄猜有斷，爲王承元衙內兵馬使。初，承元上稟朝旨，田弘正帥成德軍，國家賞錢一百萬貫，度支輦運不時至，軍情不悅。廷湊每抉其細故，激怒衆心。會弘正以魏兵二千爲衙隊，左右有備不能間。長慶元年六月，魏軍還鎭。七月二十八日夜，廷湊乃結衙兵譟於府署，遲明，盡誅弘正與將吏家族三百餘人。廷湊自稱留後、知兵馬使，將吏邏監軍宋惟澄上章請授廷湊節鉞。穆宗怒，下詔徵鄰道兵，仍以河東節度裴度充幽、鎭兩道招撫使，仍以弘正子涇原節度使布代李愬爲魏博節度使，令率魏軍進討。又以承宗故將深州刺史牛元翼爲成德軍節度使，下詔購誅廷湊。是月，鎭州大將王位等謀殺廷湊事泄，坐死者二千餘人。

時朱克融囚張弘靖，廷湊殺弘正，合從搆逆，謀拒王命。兩鎭併力，討除慮難應接，詔朝臣議其可否。東川節度使王涯獻狀曰：「幽、鎭兩州，悖亂天紀，迷亭育之厚德，肆狼虎之非心。囚縶鼎臣，戕賊戎帥，毒流州郡，釁及賓僚。凡在有情，孰不痛憤？伏以國家文德誕敷，武功繼立，遠無不伏，邇無不安，矧茲二方，敢逆天理。臣竊料詔書朝下，諸鎭夕驅，以貔貅問罪之師，當猖狂失節之寇，傾山壓卵，決海灌熒，勢之相懸，不是過也。但常山、薊郡，虞、虢相依，一時興師，恐費財力。罪有輕重，事有後先，譬之攻堅，宜從易者。如聞范陽肇亂，出自一時，事非宿謀，迹亦可驗；鎭州搆禍，殊匪偶然，扇諸屬城，以兵拒境。如此則幽薊之衆，可示寬刑；鎭冀之戎，可資先討。況廷湊闒茸，不席父祖之資；成德分離，又多迫脅之勢。今以魏博思復讎之衆，昭義願盡敵之師，參之晉陽，輔以滄德，掎角而進，實若建瓴。盡屠其城，然後北首燕路，在朝廷不爲失信，於軍勢實得機宜，臣之愚誠，切在於此。臣又聞用兵若鬬，先扼其喉。今瀛鄚、易定，兩賊之咽喉也。誠宜假之威柄，戍以重兵，俾其死生不相知，間諜無所入；而以大軍先進冀、趙，次臨井陘，此一舉萬全之勢也。」

於是命易定節度使閉境以抗克融，諸軍三面進討。初，以滄德烏重胤獨當一面，重胤宿將，知不可進，頗遲留，乃以杜叔良代重胤。叔良有中官之援，朝辭日，大言云：「賊不足破。」時廷湊合幽薊之兵圍深州，梯衝雲合，牛元翼嬰城拒守。十一月，杜叔良爲賊所敗，衆皆陷沒，僅以身免，乃以德州王日簡代之。裴度率衆屯承天軍，諸將挫敗，深州危急，乃以鳳翔節度使李光顏爲忠武節度使，兼深冀節度，救深州，仍以中官楊永和監光顏軍。

國家自憲宗誅除羣盜，帑藏虛竭，穆宗卽位，賞賜過當，及幽、鎭共起，征發百端，財力殫竭。時諸鎭兵十五萬餘，纔出其境，便仰給度支，置南北供軍院。既深入賊境，輦運艱阻，芻薪不繼，諸軍多分番樵採。俄而度支轉運車六百乘，盡爲廷湊邀而虜之，兵食益困。賊圍深州數重，雖光顏之善將，亦無以施其方略。其供軍院布帛衣賜，往往不得至院，在途爲諸軍強奪，而懸軍深鬭者，率無支給。復又每軍遣內官一人監軍，悉選驍健者自衞，羸懦者卽戰，以是屢多奔北。而廷湊、克融之衆，不過萬餘，而抗官軍十五萬者，良以統制不一，玩寇邀利故也。宰相崔祐甫不曉兵家〔六〕，膠柱於常態，以至復失河朔。既無如之何，遂議休兵而赦廷湊。

二年正月，魏府牙將史憲誠誘其軍謀叛，田布不能止，其衆自潰於南宮。二月，詔赦廷湊，仍授檢校右散騎常侍、鎭州大都督府長史、成德軍節度、鎭冀深趙等州觀察等使，以牛元翼爲山南東道節度使。遣兵部侍郎韓愈至鎭州宣慰。又遣中使銜命入深州，監元翼赴鎭。廷湊雖受命，而深州之圍不解。招撫使裴度與幽、鎭書，以大義責之，朱克融解圍而去，廷湊亦退舍。朝廷欲其稟命，並加克融檢校工部尚書。三月，牛元翼率十餘騎突圍出深州赴闕，深州將校臧平以城降，廷湊責其固守，殺將吏一百八十餘人。五月，遣中使楊再昌至鎭州，取牛元翼家族及田弘正骸骨，廷湊曰：「弘正骸骨，不知所在；元翼家族，請至秋發遣。」俄而元翼卒，廷湊乃盡屠其家，其酷毒如此。自獲赦宥，遂與朱克融、史憲誠連衡相應，謀拒朝廷。

大和初，滄州李全略死，其子同捷欲效河朔事，求代父任。文宗授以兗海節度使，同捷不奉詔，據郡構逆，以珍玩器幣妓女子弟投款於廷湊及幽州李載義。時載義初代克融，輸誠效順，盡送同捷所遣赴闕，詔徵幽、魏、徐、兗之師進討。廷湊出兵撓魏北境，以援同捷。二年，下詔絕廷湊進奉。既魏博將亓志沼以行營兵叛〔七〕，倒戈攻魏州，諸軍擊志沼，廷湊出兵應之。史憲誠危急，詔義武軍節度使李聽擊敗之，志沼奔於廷湊。三年六月，誅李同捷。尋又何進滔殺史憲誠，據魏州。朝廷厭兵，誅之不果，遂授進滔魏博節度。八月，廷湊遣使詣闕請罪，朝廷因而赦之，依前檢校司徒、成德軍節度使。

鎮冀自李寶臣已來，雖惟岳、承宗繼叛，而猶親鄰畏法，期自新之路；而兇毒好亂，無君不仁，未如廷湊之甚也。又就加太子太傅、太原郡開國公，食邑二千戶。八年十一月卒，册贈太尉，累贈至太師。

子元逵，爲鎮州右司馬，兼都知兵馬使。廷湊卒，三軍推主軍事，請命於朝，乃起復檢校工部尚書、鎮州大都督府長史、成德軍節度使，累遷檢校左僕射。元逵素懷忠順，頓革父風。及領藩垣，頗輸誠款，歲時貢奉，結轍於途，文宗嘉之。開成二年，詔以壽安公主出降，加駙馬都尉。元逵遣段氏姑詣闕納聘禮。段氏進食二千盤，并御衣戰馬、公主粧奩及私白身女口等，其從如雲，朝野榮之。會昌中，昭義節度使劉從諫卒，其子稹擅領軍政，武宗怒，誅之，命鄰藩分地而進討，以元逵爲北面招討使。詔至之日，出師次趙州，與魏博何弘敬同收山東三州。元逵進攻邢州，俄而賊將裴問、高元武降元逵，王釗、安玉降何弘敬，並拔三郡。累遷檢校司徒、同中書門下平章事，以破劉稹功，加太傅、太原郡開國公，食邑二千戶，食實封二百戶。大中十一年二月卒，册贈太師，謚曰忠。子紹鼎、紹懿。

紹鼎，時爲鎭州大都督府左司馬、知府事、節度副使、都知兵馬使。起復授檢校工部尚書、鎭府長史、成德軍節度、鎭深冀趙觀察等使，累加光祿大夫、尙書左僕射。其年七月卒，贈司空，賻布帛三百段、米粟二百石，累贈司徒、太尉，又贈太傅。子景胤、景崇、景𡏖；景崇爲嫡，時年幼。

紹鼎卒，宣宗以昭王汭爲鎭州大都督、成德軍節度使，以紹鼎弟節度副使〔九〕、都知兵馬使、檢校右散騎常侍、鎭府左司馬、知府事、兼御史中丞王紹懿，本官充成德軍節度觀察留後，仍賜紫金魚袋。尋正授節度使、檢校工部尙書。累加檢校右僕射、兼御史大夫、太原縣開國伯，食邑七百戶，又加檢校司空。卒，贈司徒。

景胤，初爲成德軍中軍兵馬使、銀青光祿大夫、檢校太子賓客、監察御史。紹鼎卒，出爲深州刺史、兼殿中侍御史，充本州團練守捉使。

景崇於季父紹懿時爲鎭州大都督府左司馬、知府事、都知兵馬使。紹鼎卒，三軍立紹懿。數月，疾篤，召景崇謂之曰：「亡兄以軍政託予，以俟汝成立。今危惙如此，殆將不救。汝雖少年，勉自負荷，下禮藩鄰，上奉朝旨，俾吾兄家業不墜，惟汝之才也。」言訖而卒。時監軍在席，奏其治命，上嘉之，詔起復忠武將軍、守左金吾衞將軍同正、檢校右散騎常侍，充成德軍節度觀察留後，仍賜上柱國，賜紫金魚袋。尋正授節度使、檢校工部尚書。

咸通中，景崇以公主嫡孫，特承恩渥。季年，盜起徐方，王師進討，景崇令大將從諸軍徐寇平，以功授檢校右僕射，封太原縣男，食邑三百戶。祖母章惠長公主薨，景崇居喪得禮，朝野稱之。起復左金吾衞上將軍同正，進位檢校司空。明年，同中書門下平章事，累加檢校太尉、趙國公，食邑三千戶，食實封二百戶，尋進封常山王。丁母秦國夫人憂，起復本官。乾符末，盜起河南，黃巢犯闕，駕幸劍南，景崇與定州節度使王處存馳檄藩鄰，以兵附處存入關討賊，奔問行在，貢輸相繼。關輔平定，以功眞拜太尉。中和二年十二月卒。

子鎔，時年十歲，三軍推爲留後，朝廷因授旄鉞，檢校工部尚書。時天子蒙塵，九州鼎沸，河東節度李克用虎視山東，方謀吞據，鎔以重賂結納，以修和好。晉軍討孟方立於邢州，鎔常奉以芻糧。及方立平，晉將李存孝侵鎔南部，鎔求援於幽州，幽帥李匡威率衆三萬赴之，存孝退去。景福元年，鎔乘存孝有閒於其帥，乃出兵攻堯山。晉帥遣大將李存質來援，大敗鎮人於堯山，死者萬計。晉人乘勝至趙州，鎔復求援於燕。二年，匡威率衆數萬來援。會邢州節度使李存孝背其帥據城自固，存孝單騎入鎮州，與鎔面相盟約。俄而李克用自率全師攻存孝，時匡威離鎮後，其弟匡籌奪據其位，匡威退無歸路。鎔感其援助之恩，乃迎入府城，築第以居之，事之如父，匡威亦盡心裨益，軍中之事，皆爲訓練。是年五月，鎔過匡威第，陰遣部下伏甲劫鎔；鎔抱持之，鎔曰：「公誠止人勿倉卒！吾爲晉人所困，賴公獲濟，猶吾父也，軍政請公帥之。」即並轡歸府署，鎮軍拒之，竟殺匡威。晉人知匡威死，克用自率師至城下，鎔出練二十萬犒勞，修好而退。

及汴宋節度使朱全忠領鄆、青三鎮，兵強天下，遣將葛從周、張存敬寇陷邢、洺二州，乘勝北掠燕、趙。俄而全忠率親兵薄於城下，鎔倉卒無備，謂賓佐曰：「勢危矣，計將安出？」判官周式者，率先而對曰：「敵人迫我，兵不能抗，此可以理說耳，請見梁帥圖之。」式即時出見全忠，全忠逆謂式曰：「爾不必言。王令朋附并汾，違盟爽信，敝賦業已及此，期於無捨！」式曰：「公言過矣。且公爲唐室之桓、文，當以禮義而成霸業；乃欲窮兵黷武，困人於險難，天下其謂公何！」全忠喜，引式袂而慰之曰：「前言戲之耳！且君爲王令計如何？」式曰：「但修好耳。」即復見鎔，請出牛酒貨幣以犒軍，仍以鎔子昭祚及牙將梁公儒、李弘規子各一人，從昭祚入官于大梁，全忠以女妻昭祚。

及全忠僭號，天下無主，鎔不獲已，行其正朔。鎔累遷至開府儀同三司，守太師、中書令，仍賜「敦睦保定大功臣」、上柱國、趙王，食邑一萬五千戶，食實封一千戶，襲食實封二百五十戶。僞梁加尚書令，及唐室中興，去僞尚書令之號。天祐七年，母魏國太夫人何氏卒，起復本官。十八年，爲其大將王德明所殺，至於赤族。其後事在中興云。

史臣曰：土運中微，羣盜孔熾。寶臣附麗安、史，流毒中原，終竊土疆，爲國蟊賊。加以武俊之狠狡，爲其腹心，或叛或臣，見利忘義，蛇吞蝮吐，垂二百年。哀哉，王政不綱，以至于此。若使明皇不懈於開元之政，姚崇久握於阿衡，詎有柳城一胡，敢窺佐伯，況其下者哉！觀此無君，可爲太息。

贊曰：鵂鶹爲怪，必取其昏。人君失政，爲盜啓門。牙旂金鉞，虎子狠孫。茫茫黔首，於何叫閽？

校勘記

〔一〕邢州　本卷下文及通鑑卷二二五作「磁州」。

〔二〕虞候任越　「候」字各本原無，據合鈔卷一九三李寶臣傳補。

〔三〕承嗣遣將盧子期寇磁州　此句上疑有脫文，通鑑卷二二五：「五月，乙未，承嗣將霍榮國以磁州降。八月，「己丑，田承嗣遣將盧子期寇磁州。」新書卷二一〇田承嗣傳于敍述「盧子期將萬人攻磁州」前，亦有「其下霍榮國以磁降」句。

〔四〕示於有制　「示」字各本原作「干」，據冊府卷一二二改。

〔五〕并竈貢鹽　「鹽」字各本原作「煙」，據冊府卷一六五、唐大詔令集卷一二二改。

〔六〕宰相崔祐甫　合鈔卷一九三王廷湊傳「崔祐甫」作「崔植」，據本書卷一一九崔祐甫傳、卷一四三劉怦傳考之，當作「崔植」。

〔七〕丌志沼　「沼」字各本原作「治」，據本書卷一三三李晟傳、新書卷二一一王廷湊傳改。

〔八〕使以紹鼎弟節度　以上七字各本原無，據冊府卷四三六補。

舊唐書卷一百四十三

列傳第九十三

李懷仙 朱希彩附 朱滔 劉怦 子濟 澭 濟子總 程日華 子懷直 懷直子權 李全略 子同捷

李懷仙，柳城胡人也。世事契丹，降將，守營州。祿山之叛，懷仙以裨將從陷河洛。安慶緒敗，又事史思明。善騎射，有智數。朝義時，僞授爲燕京留守、范陽尹。寶應元年，元帥雍王統迴紇諸兵收復東都，朝義渡河北走，乃令副元帥僕固懷恩率兵追之。時羣凶瓦解，國威方振，賊黨聞懷恩至，望風納款。朝義以餘孽數千奔范陽，懷仙誘而擒之，斬首來獻。屬懷恩私欲樹黨以固兵權，乃保薦懷仙可用；代宗復授幽州大都督府長史、檢校侍中、幽州盧龍等軍節度使，與賊將薛嵩、田承嗣、張忠志等分河朔而帥之。既而懷恩叛逆，西蕃入寇，朝廷多故，懷仙等四將各招合遺孽，治兵繕邑，部下各數萬勁兵，文武將吏，擅自署置，貢賦不入於朝廷，雖稱藩臣，實非王臣也。朝廷初集，姑務懷安，以是不能制。懷仙大曆三年爲其麾下兵馬使朱希彩所殺。

希彩自稱留後。恆州節度使張忠志以懷仙世舊，無辜覆族，遣將率衆討之，爲希彩所敗。朝廷不獲已，宥之，以河南副元帥、黄門侍郎、同平章事王縉爲幽州節度使，授希彩御史中丞，充幽州節度副使，權知軍州事。詔縉赴鎮，希彩聞縉之來，蒐選卒伍，大陳戎備以逆之。縉晏然建旌節，而希彩迎謁甚恭。縉知終不可制，勞軍旬日而還。尋加希彩御史大夫，充幽州節度留後。十二月，加希彩幽州大都督府長史、幽州盧龍軍節度使。五年，封高密郡王。既得位，暴橫自恣，無禮於朝廷。七年，孔目官李瑗因人之怒，伺隙斬之，軍人立其兵馬使朱泚爲留後。泚自有傳。

朱滔，賊泚之弟也。平州刺史朱希彩爲幽州節度，以滔同姓，甚愛之，常令將腹心親兵。及泚爲節度使，遂使滔將勁兵三千赴京師，請率先諸軍備塞。自祿山反後，山東范陽，外雖示順，實皆倔強不庭。泚首効臣節，代宗喜甚，命滔勒兵東入長安通化門，西出開遠門，出師勞還，未有兵還王城者，今而許之，蓋示優異。召滔對于三殿，代宗臨軒勞問，既而曰：「卿材孰與泚多？」滔曰：「各有長短。統御士衆，方略明辨，臣不及泚；臣年二十八，獲謁龍顏，泚長臣五歲，未朝鳳闕，此不及臣。」代宗愈喜。

大曆九年，泚朝覲，因乞留西征吐蕃。以滔試殿中監，權知幽州盧龍節度留後、兼御史大夫。及田承嗣反，與李寶臣、李正己等解磁州圍。建中二年，寶臣死，其子惟岳謀襲父位。滔與成德軍節度張孝忠征之，大破惟岳於束鹿。滔命偏師守束鹿，進圍深州。惟岳乃統萬餘衆及田悅援兵圍束鹿。惟岳將王武俊以騎三千方陳橫進。滔繪帛爲狻猊象，使猛士百人蒙之，鼓譟奮馳，賊爲驚亂，隨擊，大破之，惟岳焚營而遁。以功加檢校司徒，爲幽州盧龍軍節度使，以德、棣二州隸焉。朝廷以康日知爲深趙二州團練使，王武俊爲恆冀二州團練使。滔怒失深州，武俊怒失寶臣故地，滔構武俊同己反。馬燧圍田悅于魏州，悅告急，滔與武俊遂連兵救悅，敗李懷光於愜山。三年十一月，滔僭稱大冀王，僞署百官，與李納、田悅、王武俊並稱王，南結李希烈。興元初，田悅、王武俊以朱泚據京師，滔兵強盛，首尾相應，田悅常謂武俊曰：「朱滔心險，不可隄防。」遂相率歸順。

泚既僭號，立滔爲皇太弟，仍令以重賂招誘迴紇，南攻魏、貝，卽西入關。興元元年正月，滔驅率燕、薊之衆及迴紇雜虜號五萬，次南河，攻圍貝州。三月，田緒殺田悅，魏州亂。滔令大將馬寔分兵逼魏州，營于王莽河。德宗在山南，慮二凶兵合，遣使授王武俊平章事，令與李抱眞叶力擊滔。四月，恆、潞兩軍次經城北〔一〕，行營相距十里，抱眞自率二百騎徑入武俊軍，面申盟約，結爲兄弟。五月四日，進軍距貝州三十里而軍。翌日，滔令大將馬寔、盧南史引迴紇、契丹來挑戰，武俊遣騎將趙珍提精騎三百當之，抱眞將王虔休掎角待之。武俊與其子士清自當迴紇、契丹部落。兩軍既合，鼓譟震地，迴紇恃捷，穿武俊陣而過。武俊乘騎勒馬不動，俟迴紇引退，因而薄之，迴紇勢不能止。武俊父子縱馬急擊，獲迴紇三百騎。滔陣亂，東走，兩邊追斬，俘馘數萬計。遇夜，夾滔壘而軍。是夜，滔以殘衆千人奔德州，委棄戈甲山積。滔至瀛州，殺騎將蔡雄、楊布，以其前鋒先敗；又殺陰陽人尹少伯，以其言舉兵必勝故也。

六月，李晟收京城，朱泚、姚令言死。滔還幽州，爲武俊所攻，僅不能軍，上章待罪。九月，詔曰：「朱滔累獻款疏，深効懇誠，省之惻然，良用憫嘆！宜委武俊、抱眞開示大信，深加曉諭。若誠心益固，善跡克彰，朕當掩釁錄勳，與之昭雪。」貞元元年，尋卒於位，時年四十，贈司徒。

劉怦，幽州昌平人也。父貢，嘗爲廣邊大斗軍使。怦卽朱滔姑之子，積軍功爲雄武軍使，廣屯田，節用，以辦理稱。稍遷涿州刺史。居數年，朱滔將兵討田承嗣，奏署怦領留府事，以寬緩得衆心。時李寶臣爲田承嗣間說，與之通謀。承嗣又以滄州與寶臣，乃以兵劫朱滔於瓦橋關，滔脫身走，乘勝欲襲取幽州。怦設方略鎮撫，寶臣不敢進，以功加御史中丞。

寶臣死，子惟岳拒朝命，德宗令滔與張孝忠同力討之。及惟岳平，滔怨朝廷違約不與深州，含怒不已。會王武俊亦怨割地深、趙，相謀叛，欲救田悅。怦時知幽州留後事，遣人齎書謂滔曰：「司徒位崇太尉，尊居宰相，恩寵冠藩臣之右，榮遇極矣。今昌平故里，朝廷改爲太尉鄉、司徒里〔三〕，此亦大夫不朽之名也。但以忠順自持，則事無不濟。竊思近日，務大樂戰，不顧成敗，而家滅身屠者，安、史是也。暴亂易亡，今復何有？怦忝密親，世荷恩遇，默而無告，是負重知。惟司徒圖之，無貽後悔也。」滔雖不用其言，亦嘉其盡言，卒無疑貳。凡出征伐，必以怦總留後事。及僭稱大冀王，僞署怦爲右僕射、范陽留守。及泚據京邑，召滔南河，至貝州，挫敗而還，兵甲盡喪。怦聞滔將至，悉蒐范陽兵甲，夾道排列二十餘里，以迎滔歸於府第，人皆嘉怦忠義。

貞元元年〔三〕，滔卒，三軍推怦權撫軍府事，怦爲衆所服，卒有其地。朝廷因授怦幽州大都督府長史、兼御史大夫、幽州盧龍節度副大使、知節度事、管內營田觀察、押奚契丹、經略盧龍軍使。居位三月，以貞元元年九月卒，年五十九，廢朝三日，贈兵部尚書，賜布帛有差。子濟繼爲幽州節度使。

濟，悰之長子。初，母難產，既產，侍者初見濟是一大蛇，黑氣勃勃，莫不驚走。及長，頗異常童。所居室焚，人皆驚救，濟從容而出，衆異之。累歷本管州縣牧宰。及悰爲節度使，以濟兼御史中丞，充行軍司馬。悰卒，軍人習河朔舊事，請濟代父爲帥，朝廷姑務便安，因而從之。累加至檢校兵部尚書。

貞元五年，遷左僕射，充幽州節度使。時烏桓、鮮卑數寇邊，濟率軍擊走之，深入千餘里，虜獲不可勝紀，東北晏然。貞元中，朝廷優容藩鎭方甚，兩河擅自繼襲者，尤驕蹇不奉法。惟濟最務恭順，朝獻相繼，德宗亦以恩禮接之。尋加同中書門下平章事。順宗卽位，再遷檢校司徒。元和初，加兼侍中。及詔討王承宗，諸軍未進，濟獨率先前軍擊破之，生擒三百餘人，斬首千餘級，獻逆將於闕，優詔褒之。又爲詩四韻上獻，以表忠憤之志。明春，將大軍次瀛州，累攻樂壽、博陸、安平等縣，前後大獻俘獲。賞功頗厚，仍與子孫六品官者凡四人。未幾，有疾，會赦承宗，錄功拜兼中書令。濟在鎭二十餘年，雖輸忠款，竟不入覲。又謀殺其弟澭，澭歸國爲信臣。及濟疾，次子總與濟親吏唐弘實通謀酖殺濟，數日，乃發喪。時年五十四，詔贈太師，廢朝三日，賻禮有加，諡曰莊武。

弟源，貞元十六年八月，爲檢校工部尚書，兼左武衞將軍。初，爲涿州刺史，不受兄教令，濟奏之，貶漠州參軍〔一〕，復不受詔。濟帥師至涿州，源出兵拒之，未合而自潰。濟擒源至幽州，上言請令入覲，故授官以懲之。

澭，濟之異母弟也。喜讀書，工武藝，輕財愛士，得人死力。事朱滔，常陳逆順之理。後怦爲盧龍軍節度使，病將卒，澭在父側，即以父命召兄濟自漠州至，竟得授節度使。濟常感澭奉己，澭爲瀛州刺史，亦許以澭代己任，其後濟乃以其子爲副大使。澭既怒濟，遂請以所部西捍隴塞，拔其所部兵一千五百人、男女萬餘口直趨京師，在道無一人犯令者。德宗寵遇，特授秦州刺史，以普潤縣爲理所。

及順宗傳位，稱太上皇，有山人羅令則詣澭言異端數百言，皆廢立之事，澭立命繫之。令則又云某之黨多矣，約以德宗山陵時伺便而動。澭械令則送京師，杖死之。後錄功，賜其額曰保義。其軍蕃戎畏之，不敢爲寇，常有復河湟之志，議者壯之。元和二年十二月，卒。

總，濟之第二子也，性陰賊險譎。元和五年，濟奉詔討王承宗，使長子緄假爲副使，領留務。時總爲瀛州刺史，濟署爲行營都兵馬使，屯軍饒陽，師久無功。總潛伺其隙，與判官張玘、孔目官成國寶及帳內小將爲謀，使詐自京至，曰：「朝廷以相公逗留不進，除副大使爲節度使矣。」明日，又使人曰：「副大使旌節已到太原。」又使人走而呼曰：「旌節過代州。」舉軍驚恐。濟驚惶憤怒，不知所爲，因殺主兵大將數十人及與緄素厚者，乃追緄，以張玘兄皐代知留務。濟自朝至日昃不食，渴索飲，總因置毒而進之。濟死，緄行至涿州，總矯以父命杖殺之，總遂領軍務。朝廷不知其事，因授以斧鉞，累遷至檢校司空。

及王承宗再拒命，總遣兵取賊武強縣，遂駐軍持兩端，以利朝廷供饋賞賜。是時吳元濟尚存，王承宗方跋扈，易定孤危，憲宗暫務姑息，加總同中書門下平章事。及元濟就擒，李師道梟首，王承宗憂死，田弘正入鎮州，總既無黨援，懷懼，每謀自安之計。初，總弒逆後，每見父兄爲祟，甚慘懼，乃於官署後置數百僧，厚給衣食，令晝夜乞恩謝罪。每公退，則憩于道場，若入他室，則恟惕不敢寐。晚年恐悸尤甚，故請落髮爲僧，冀以脫禍，乃以判官張皐爲留後。總以落髮，上表歸朝，穆宗授天平軍節度使，既聞落髮，乃賜紫，號大覺師。總行至易州界，暴卒。輟朝五日，贈太尉，擇日備禮册命，賻絹布一千五百段、米粟五百石。

先是元和初，王承宗阻兵，總父濟備陳征伐之術，請身先之。及出軍，累拔城邑，旋屬被病，不克成功。總既繼父，願述先志，且欲盡更河朔舊風。長慶初，累疏求入覲，兼請分割所理之地，然後歸朝。其意欲以幽、涿、營州爲一道，請弘靖理之；瀛州、漠州爲一道，請盧士玫理之；平、薊、嬀、檀爲一道，請薛平理之。仍籍軍中宿將盡薦於闕下，因望朝廷升奬，使幽薊之人皆有希羨爵祿之意。及疏上，穆宗且欲速得范陽，宰臣崔植、杜元穎又不爲久大經略，但欲重弘靖所授，而未能省其使局，惟瀛、漠兩州許置觀察使，其他郡縣悉命弘靖統之。時總所薦將校，又俱在京師旅舍中，久而不問。如朱克融輩，僅至假衣丐食，日詣中書求官，不勝其困。及除弘靖，又命悉還本軍。克融輩雖得復歸，皆深懷觖望，其後果爲叛亂。

總既以土地歸國，授其弟約及男等一十一人，領郡符加命服者五人，升朝班佐宿衞者六人。

程日華，定州安喜人，本單名華。父元皓，事安祿山爲帳下將，從陷兩京，頗稱勇力，史思明時爲定州刺史。華少事本軍，爲張孝忠牙將。

初，李寶臣授恆州節度，吞削藩鄰，有恆、冀、深、趙、易、定、滄、德等八州。寶臣既卒，惟岳拒朝命，以圖繼襲。寶臣部將張孝忠以定州歸國，授成德軍節度使，令與朱滔討惟岳。及惟岳誅，朝廷以恆、冀授王武俊，深、趙授康日知，易、定、滄授張孝忠，分爲三帥。時惟岳將李固烈守滄州，孝忠令華詣固烈交郡。固烈將歸眞定，悉取滄州府藏，累乘而還。軍人怒，殺固烈，皆奪其財，相與詣華曰：「李使君貪鄙而死，軍州請押牙權領。」不獲已，從之。孝忠因授華知滄州事。

未幾，朱滔合武俊謀叛，滄、定往來艱阻，二盜遂欲取滄州，多遣人遊說，又加兵攻圍，華俱不聽從，乘城自固。久之，錄事參軍李宇爲華謀曰：「使君受圍累年，張尚書不能致援，論功獻捷，須至中山，所謂勞而無功者也。請爲足下至京師，自以一州爲使。」華卽遣之。宇入闕，備陳華當二盜之間，疲於矢石。德宗深嘉之，拜華御史中丞、滄州刺史。復置橫海軍，以華爲使。尋加工部尚書、御史大夫，賜名日華，仍歲給義武軍糧餉數萬。自是別爲一使，孝忠唯有易、定二州而已。

武俊遣人說華歸己，華曰：「相公欲獻邑仍舊隸恆州，且借騎二百以抗賊，俟道路通卽從命。」武俊喜，卽以二百騎助之。華乃留其馬，遣人皆還。武俊怒其背約，又以朱滔方攻圍，慮爲所有而止。及武俊歸國，河朔無事，日華卽遣所留馬還武俊，別陳珍幣謝過，武俊歡然而釋。貞元四年卒，贈兵部尙書。子懷直。

懷直習河朔事，父卒，自知留後事。朝廷嘉父之忠，起復授檢校工部尙書、兼御史大夫，升橫海軍爲節度，以懷直爲留後。又於弓高縣置景州，管東光、景城二縣，以爲屬郡。累加至檢校尙書右僕射。五年，起復正授節度觀察使。懷直荒於畋獵，數日方還，不恤軍政，軍士不勝寒餒。其帳下將從父兄懷信因衆怒閉門不內，懷直因來朝覲；貞元九年也。德宗優容之，依前檢校右僕射，兼龍武統軍，賜安業里甲第、妓女一人。既而懷信死，懷直子執恭知留後事，乃遣懷直歸滄州。十六年卒，年四十九，廢朝一日，贈揚州大都督。

執恭代襲父位，朝廷因而授之。元和六年入朝，憲宗禮遇遣之，加尙書左僕射。嘗夢滄州衙門樓額悉帖「權」字，遂奏請改名權。十三年，淮西賊平，藩方惕息，權以父子世襲如三鎭事例，心不自安，乃請入朝。十三年，至京師，表辭戎帥，因命華州刺史鄭權代之，以靖安里私第側狹，賜地二十畝，令廣其居。尋遷檢校司空、邠州刺史、邠寧節度使。十四年十一月卒，贈司徒。權兄弟子姪在朝列宿衞者三十餘人。

李全略者，本姓王，名日簡。爲鎮州小將，事王武俊。元和中，節度使王承宗沒，軍情不安，自拔歸朝，授代州刺史。及長慶初，鎮州軍亂，殺田弘正，穆宗爲之旰食，以日簡嘗爲鎮將，召問其計。日簡遂於御前極言利害，兼願有以自効，因授德州刺史，經略其事。明年，擢拜橫海軍節度使，賜姓李氏，名全略，以崇樹之。未幾，令子同捷入侍，兼進錢千萬。踰歲，同捷歸覲，乃奏請授滄州長史、知州事，兼主中軍兵馬。朝廷初不之許，後慮其有奇策，將副經略之旨，遂從之。及得請，全略乃陰結軍士，潛爲久計，外示忠順，內蓄姦謀。棣州刺史王稷善撫來，且得其心，全略忌而殺之，仍孥戮其屬。凡所爲事，大率類此。寶曆二年四月卒。

子同捷，初爲副大使，居喪，擅領留後事，仍重賂藩鄰以求纘襲，朝廷知其所爲，經年不問。屬昭愍晏駕，文宗卽位，同捷冀易世之後，稍行恩貸，卽令母弟同志、同巽入朝，令掌書記崔長奉表，備達懇誠，請從朝旨。詔授同捷檢校左散騎常侍、兗州刺史、兗海節度使，以天平節度使烏重胤爲滄州節度以代之。詔下，同捷託以三軍乞留，拒命。乃命烏重胤率鄆、齊兵加討。又詔徐帥王智興、滑帥李聽、平盧康志睦、魏博史憲誠、易定張璠、幽州李載義等四面進攻。

同捷世行姦詐，自以嘗在成德軍爲將校，燕、趙之師，可結爲城社，乃以玉帛子女賂河北三鎭，以求庇鉞。李載義初受朝命，堅於効順，乃囚同捷姪及所賂玉帛妓女四十七人表獻。又表朝廷加載義左僕射、王廷湊司徒，以悅其心事。廷湊本蓄狠心，欲呑横海，乃出兵于境以赴同捷。

王智興師次棣州，詔曰：「李同捷幸襲舊勳，不思纘緒，斬廞未幾，私行墨縗。毒殺忠良，擾惑部校，稽之國憲，難逭常刑。朕以頃在先朝，已稽中旨，實遵成命，未議改圖。乃由留務之權，授以戎帥，拔負海之陋，置之中華，推恩含垢，斯亦至矣。而同捷益懷迷執，閉境練兵，大詬鄰封，拒捍中使。遐邇憤怨，中外驚嗟，叛命既彰，大義當絕，事非獲已，良用憮然。其同捷在身官爵，並宜削奪，令諸軍進討。」俄而烏重胤卒，授神策節度使李寰代重胤出師，無功召還，乃加王智興平章事，充行營招撫使。史憲誠遣大將亓志沼與子唐帥兵二萬五千攻德州。大和二年九月，智興收棣州，因割隸淄青。時諸軍在野，朝廷特置供軍糧料使，日費寖多。兩河諸帥每有小捷，虛張俘級，以邀賞賫，實欲困朝廷而緩賊也，繒帛征馬，賜之無算。

同捷既窘，王廷湊援之不及，乃令人誘亓志沼，俾倒戈攻憲誠，許以代爲魏博節度，志沼信其言而叛。憲誠告難，詔李聽以諸道兵攻之。志沼敗，奔于鎮州。李寰赴闕，又以李祐代爲横海節度。三年三月，詔諫議大夫柏耆軍前慰撫。四月，李祐收德州。同捷乞降于祐，祐疑其詐，柏耆請以騎兵三百入滄州，祐從之。耆徑入滄州，取同捷與其家屬赴京師。其月二十六日，至德州界，諜言廷湊兵來劫篡，耆乃斬同捷首，傳而獻捷，百僚稱賀。同捷母孫、妻崔、兒元達等既獻，詔悉宥之，配於湖南安置。

史臣曰：國家崇樹藩屏，保界山河，得其人則區宇以寧，失其授則干戈勃起。若懷仙之輩，習亂河朔，志深狡蠹，忠義之談，罔經耳目，以暴亂爲事業，以專殺爲雄豪，或父子弟兄，或將帥卒伍，迭相屠滅，以成風俗。斯乃王道寖微，教化不及，惜哉蒸民，陷彼虎吻！其間劉總，粗貯臣誠，然而殺父兄以圖榮，落鬌髮而避禍，未旋踵而暴卒他境，斯謂報應之驗與！

贊曰：國法不綱，賊臣鴟張。雖曰父子，凶如虎狼。惡稔族滅，身屠地亡。蠢茲伏莽，汙我彝章。

校勘記

〔一〕經城　各本原作「涇城」，據本書卷一三二李抱眞傳及卷三九地理志改。

〔二〕太尉鄉　各本原作「衞卿」，據新書卷二一二朱滔傳、通鑑卷二二七改。

〔三〕貞元元年　「元年」，各本原作「二年」，據本卷上下文改。

〔四〕漠州　據本書卷三九地理志「漠州」當作「莫州」，合鈔卷一九四劉怦傳作「莫州」。

舊唐書卷一百四十四

列傳第九十四

尚可孤　李觀　戴休顏　陽惠元　李元諒　韓遊瓌
賈隱林　杜希全　尉遲勝　邢君牙　楊朝晟　張敬則

尚可孤，東部鮮卑宇文之別種也，代居松、漠之間。天寶末歸國，隸范陽節度安祿山，後事史思明。上元中歸順，累授左、右威衞二大將軍同正，充神策大將，以前後功改試太常卿，仍賜實封一百五十戶。魚朝恩之統禁軍，愛其勇，甚委遇之，俾爲養子，奏姓魚氏，名智德，以禁兵三千鎭于扶風縣，後移武功。可孤在扶風、武功凡十餘年，士伍整肅，軍邑安之。朝恩死，賜可孤姓李氏，名嘉勳。會李希烈反叛，建中四年七月，除兼御史中丞、荆襄應援淮西使，仍復本姓名尙可孤，以所統之衆赴山南，累有戰功。

及涇原兵叛，詔徵可孤軍至藍田，賊衆方盛，遂營於七盤，修城柵而居之。賊將仇敬等來寇，可孤頻擊破之，因收藍田縣。興元元年三月，遷檢校工部尚書、兼御史大夫、神策京畿渭南商州節度使。四月，仇敬又來寇，可孤率兵急擊，擒仇敬斬之，遂進軍與副元帥李晟決策攻討。五月，晟率可孤及駱元光之軍收京城，可孤之師爲先鋒。京師平，以功升檢校右僕射，封馮翊郡王，增邑通前八百戶，實封二百戶。

可孤性謹愿沉毅，既有勳勣，衆會之中，未嘗言功。賊平之後，營於白花亭，御衆公平，號令嚴整，時人稱焉，李晟甚親重之。及李懷光以河中叛，詔可孤帥師與諸軍進討，次於沙苑，遇疾，卒于軍。贈司徒，賻布帛米粟加等，喪葬所須，並令官給。

李觀，洛陽人，其先自趙郡徙焉，秋官員外郎敬仁姪孫也。少習武藝，沉厚寡言，有將帥識度。乾元中，以策干朔方節度使郭子儀，子儀善之，令佐坊州刺史吳仙，充防遏使，尋以憂免，居盩厔別業。廣德初，吐蕃入寇，鑾駕之陝，觀於盩厔率鄉里子弟千餘人守黑水之西，戎人不敢近。會嶺南節度楊愼微將之鎮，以觀權謀，奏充偏將，俾總軍政。及徐浩、李勉繼領廣州，尤加信任，麾下兵甲悉委之。平馮崇道、朱濟時有功〔一〕，累遷大將。李勉移鎮滑州，累奏授試殿中監，加開府儀同三司〔二〕。追赴闕，授右龍武將軍。

建中末，涇師叛，觀時上直，領衞兵千餘人扈從奉天。詔都巡警訓練諸軍戍卒，三數日間，加召二千餘衆，列之通衢，整肅鼙鼓，城內因之增氣。德宗倚賴之，賜封二百戶，二子宏、寓，授八品京官。及駕出奉天，與令狐建、李昇、韋淸等咸執羈靮，周旋艱險，皆著功勞。駕還京師，詔總後軍禁衞。

興元元年閏十月，拜四鎭北庭行軍涇原節度使、檢校兵部尙書。在鎭四年，雖無拓境之績，勵卒儲糧，訓整寧輯。及平涼之師會〔三〕，渾瑊既無戎備，觀伺知狡謀，潛擇精兵五千要伏險道；及瑊遁歸，賴觀游軍及李元諒之師表裏以免。帝優賞，賜賚甚厚，特詔褒美。其年，朝京師，除少府監、檢校工部尙書，以疾終。貞元四年，贈太子少傅。

戴休顏，夏州人。在軍伍以膽略稱。大曆中，爲郭子儀部將，以戰功累遷至鹽州刺史。奉天之難，倍道以所部蕃漢三千人號泣赴難，德宗嘉之，賜實封二百戶。與渾瑊、杜希全、韓遊瓌等捍禦有功。車駕再幸梁、洋，留守奉天。及李懷光叛據咸陽，使誘休顏，休顏集三軍斬其使，嬰城自守。懷光大駭，遂自涇陽夜遁。其月，拜檢校工部尙書、奉天行營節度使。李晟收京師，乃與渾瑊破泚偏師，斬首三千級，休顏追賊至中渭橋。李晟旣淸宮闕，休顏與瑊等率兵赴岐陽邀擊泚餘衆。及策勳，加檢校右僕射，封至六百戶。七月，扈駕至京，特賜女樂、甲第以褒功伐，尋拜左龍武將軍。貞元元年卒，年五十九，廢朝一日，贈賻有差。

陽惠元，平州人。以材力從軍，隸平盧節度劉正臣。後與田神功、李忠臣等相繼泛海至青、齊間，忠勇多權略，稱爲名將。又以兵隸神策，充神策京西兵馬使，鎭奉天。初，大曆中，兩河平定，事多姑息。李正己有淄、青、齊、海、登、萊、沂、密、德、棣、曹、濮、徐、兗、鄆十五州之地，養兵十萬；李寶臣有恆、易、深、趙、滄、冀、定七州之地，有兵五萬；田承嗣有魏、博、相、衞、洺、貝、澶七州之地，有兵五萬；梁崇義有襄、鄧、均、房、復、郢六州之地，其衆二萬。皆始因叛亂得侯，各擅土宇，雖泛稟朝旨，而威刑爵賞，生殺自專，盤根結固，相爲表裏。朝廷常示大信，不爲拘限，緩之則嫌釁自作，急之則合謀。或聞詔旨將增一城，浚一池，必皆怨怒有辭，則爲之罷役，而自於境內治兵繕壘以自固。凡歷三朝，殆二十年，國家不敢興拳石撮土之役。

代宗性寬柔無怒，一切從之。凡河朔諸道健步奏計者，必獲賜賚。及德宗卽位，嚴察神斷，自誅劉文喜之後，知朝法不可犯，四盜俱不自安。奏計者空還，無所賞賜，歸者多怨。

或傳說飛語，云帝欲東封，汴州奏以城隘狹，增築城郭。李正己聞之，移兵萬人屯于曹州，田悅亦加兵河上，河南大擾，羽書警急。乃詔移京西戍兵萬二千人以備關東，帝御望春樓親誓師以遣之，曰：「嗚呼！東鄙之警，事非獲已。唯爾將校羣士，各以忠節，勤於王家，南赴蜀門，西定涇壘，甲冑不解，瘡痍未平，今載用爾分鎭于周、鄭之郊，敬聽明命。夫王者之師，有征無戰，稽諸理道，用正邦國。宜勵乃戈甲，保固城池，以德和人，以義制事。將備其侵軼，不用越境攻取，戢而後動，可謂正矣。今外夷來庭，方春生植，品物資始，農桑是時。俾爾將士，暴露中野，我心痛悼，鬱如焚灼。嗟爾有衆，其悉予懷。」士卒多泣下。及賜宴，諸將列坐，酒至，神策將士皆不飲，帝使問之。惠元時爲都將，對曰：「臣初發奉天，本軍帥張巨濟與臣等約曰：『斯役也，將策大勳，建大名。凱旋之日，當共爲歡；苟未戎捷，無以飲酒。』故臣等不敢違約而飲。」既發，有司供餼於道路，他軍無孑遺，唯惠元一軍缾罍不發。上稱嘆久之，降璽書慰勞。

及田悅反叛，詔惠元領禁兵三千與諸將討伐，戰御河，奪三橋，皆惠元之功也。尋加檢校工部尚書，攝貝州刺史，令以兵屬李懷光。建中四年冬，自河朔與懷光同赴國難，解奉天之圍。明年二月，懷光背國叛逆，惠元義不受汙，脫身奔竄奉天。會乘輿南幸，懷光怒惠元之逸，令其將冉宗以百餘騎追及於好畤縣。惠元計窮，父子三人並投人家井中，冉宗並出而害之。興元元年，贈右僕射，仍賻絹百匹。惠元男尙食奉御晟贈殿中監，左衞兵曹參軍礐贈邠州刺史，褒死難也。

李元諒，本駱元光，姓安氏，其先安息人也。少爲宦官駱奉先所養，冒姓駱氏。元諒長大美鬚，勇敢多計。少從軍，備宿衞，積勞試太子詹事。鎭國軍節度使李懷讓署奏鎭國軍副使，俾領州事。元諒嘗在潼關領軍，積十數年，軍士皆畏服。

德宗居奉天，賊泚遣僞將何望之輕騎襲華州，刺史董晉棄州走，望之遂據城，將聚兵以絕東道。元諒自潼關將所部，仍令義兵因其未設備，徑攻望之，遂拔華州，望之走歸。元諒乃修城隍器械，召募不數日，得兵萬餘人，軍益振，以功加御史中丞。賊泚數遣兵來寇，輒擊却之。是時，尙可孤守藍田，與元諒掎角，賊東不能逾渭南，元諒功居多。無幾，遷華州刺史、兼御史大夫、潼關防禦、鎭國軍節度使，尋加檢校工部尙書。

興元元年五月，詔元諒與副元帥李晟進收京邑。兵次於滻西，賊悉衆來攻，元諒先士卒奮擊，大敗之。進軍至苑東，與晟力戰，壞苑垣而入，賊聯戰皆敗，遂復京師。元諒讓功於晟，出屯於章敬佛寺。帝還宮，加檢校尙書右僕射，實封七百戶，賜甲第、女樂，仍與一子六品正員官。

李懷光反於河中，絕河津，詔元諒與副元帥馬燧、渾瑊同討之。時賊將徐庭光以銳兵守長春宮，元諒遣使招之。庭光素輕易元諒，且慢罵之，又以優胡爲戲於城上，辱元諒先祖，元諒深以爲恥。及馬燧以河東兵至，庭光降於馬燧，詔以庭光爲試殿中監、兼御史大夫。河中平，燧待庭光益厚。元諒因遇庭光於軍門，命左右劫而斬之，乃詣燧匍匐請罪。燧盛怒，將殺元諒，久之，以其功高乃止。德宗以元諒專殺，慮有章疏，先令宰相諭諫官勿論。

貞元三年，詔元諒將本軍從渾瑊與吐蕃會盟于平涼。元諒謂瑊曰：「本奉詔令營於潘原堡，以應援侍中。竊思潘原去平涼六七十里，蕃情多詐，倘有急變，何由應赴？請次侍中爲營。」瑊以違詔，固止之。元諒竟與瑊同進，瑊營距盟所二十里，元諒營次之，壕柵深固。及瑊赴會，乃戒嚴部伍，結陣營中。是日，虜果伏甲，乘瑊無備竊發。時士大夫皆朝服就執，軍士死者十七八。瑊單馬奔還，羣虜追躡，瑊營將李朝彩不能整衆，多已奔散，瑊至，空營而已。賴元諒之軍嚴固，瑊既入營，虜皆散去。是日無元諒軍，瑊幾不免。元諒乃整軍，先遣輜重，次與瑊俱申號令，嚴其部伍而還，時謂元諒有將帥之風。德宗嘉之，賜良馬十匹，金銀器、錦綵等甚厚。丁母憂，加右金吾衞上將軍，起復本官。帝念其勳勞，又賜姓李氏，改名元諒。

四年春，加隴右節度支度營田觀察、臨洮軍使，移鎮良原。良原古城多摧圮，隴東要地，虜入寇，常牧馬休兵於此。元諒遠烽堠，培城補堞，身率軍士，與同勞逸，芟林薙草，斬荊榛，俟乾，盡焚之，方數十里，皆爲美田。勸軍士樹藝，歲收粟菽數十萬斛，生植之業，陶冶必備。仍距城築臺，上彀車弩〔四〕，爲城守備益固。無幾，又進築新城，以據便地。虜每寇掠，輒擊却之，涇、隴由是乂安，虜深憚之。以疾，貞元九年十一月〔五〕，卒于良原，年六十二。帝甚悼惜，廢朝三日，贈司空，賻布帛米粟有差。

韓遊瓌，河西靈武人。仕本軍，累歷偏裨，積功至邠寧節度使。德宗出幸奉天，衛兵未集，遊瓌與慶州刺史論惟明合兵三千人赴難，自乾陵北過赴醴泉以拒泚。會有人自京城來，言賊信宿當至，上遽令追遊瓌等軍伍。纔入壁，泚黨果至，乃出鬭城下，小不利，乃退入城。賊急奪門，遊瓌與賊隔門血戰，會暝方解。自是賊日攻城，遊瓌、惟明乘城拒守，躬當矢石，不暇寢息，赴難之功，遊瓌首焉。

李懷光反，從駕山南。德宗以禁軍無職局，六軍特置統軍一員，秩從二品，以遊瓌、惟明、賈隱林等分典從駕禁兵。李晟移軍東渭橋，與駱元光、尙可孤分扼京東要路，渾瑊與遊瓌、戴休顏分典京西要路，掎角進攻。興元元年，檢校刑部尙書、兼御史大夫，例授「奉天定難功臣」。李晟收京城，遊瓌三將亦破賊於咸陽。德宗自興元還京，渾瑊與遊瓌、休顏三將從，李晟、尙可孤、駱元光三將奉迎，論功行封，與瑊等相次，還鎭邠寧。

三年，以子欽緒與妖賊李廣弘同謀不軌，時遊瓌鎭長武城，事將發，欽緒奔于邠州，邠州將吏械送京師。遊瓌以子大逆，請代歸，固欲詣闕，詔不許。遊瓌鎖繫欽緒二子送京師，請從坐，上亦宥之。十二月，遊瓌入朝，素服待罪，入朝堂，遽命釋之，勞遇如故，復令還鎭。初，遊瓌入覲，邠州將吏以其子謀叛，又御軍無政，謂必受代，餞送之禮甚薄。及遊瓌見上，盛論邊事，請築豐義城以備蕃寇，上以特達，委用如初。及還鎭，軍中懼不自安。大將范希朝善將兵，名聞軍中，遊瓌畏其逼己，將因事誅之。希朝懼，出奔鳳翔，上素知名，召入宿衞。及遊瓌遣五百人築豐義城，兩板而潰。又寧州戍卒數百人，縱掠而叛。其無方略，失士心，皆此類也。自寧州卒叛，吐蕃入寇，遊瓌自率衆戍寧州。

四年七月，除將軍張獻甫代，遊瓌不俟獻甫至，又不告衆知，乃輕騎夜出歸朝。將卒素驕，聞獻甫嚴急，因其無帥，縱兵大掠，且圍監軍楊明義第，請奏范希朝爲帥。都虞侯楊朝晟初逃難郊外，翌日聞請希朝，乃復入城，與軍衆曰：「所請甚愜，我來賀也。」叛卒稍安。朝晟乃與諸將密謀，晟率甲兵而出，召叛卒告曰：「前請者不獲，張尚書來，昨日已入邠州。汝等謀叛，皆當死。吾不盡殺，誰爲賊首，各言之，以罪歸之，餘悉不問。」於衆中唱二百餘人，立斬之，軍城方定。上聞軍情欲希朝，乃授寧州刺史，爲獻甫邠寧之副。遊瓌至京，授右龍武統軍。十四年卒。

李廣弘者，或云宗室親王之胤。落髮爲僧，自云見五岳、四瀆神，已當爲人主。貞元三年，自邠州至京師，有市人董昌者，通導廣弘，舍于資敬寺尼智因之室。智因本宮人。董昌以酒食結殿前射生將韓欽緒、李政諫、南珍霞，神策將魏修、李傪，前越州參軍劉昉、陸緩、陸絳、陸充、徐綱等，同謀爲逆。廣弘言岳瀆神言，可以十月十日舉事，必捷。自欽緒已下，皆有署置爲宰相，以智因尼爲后。謀於舉事日夜令欽緒擊鼓於凌霄門，焚飛龍廄舍草積；又令珍霞盜擊街鼓，集城中人；又令政諫、修、傪等領射生、神策兵內應；事克，縱剽五日，朝官悉殺之。事未發，魏修、李傪上變，令內官王希遷等捕其黨與斬之，德宗因禁止諸色人不得輒入寺觀。

賈隱林者，滑州牙將也。建中初，爲本軍兵馬使，令率兵宿衞。朱泚之亂，諸軍未集，隱林率衆扈從。性質朴，在奉天，賊急攻城，隱林與侯仲莊逐急救應，難險備至。既而懷光軍至，逆賊解圍，從臣稱慶，隱林抃舞畢，奏曰：「賊泚奔遁，臣下大慶，此皆宗社無疆之休。然陛下性靈太急，不能容忍，若舊性未改，賊雖奔亡，臣恐憂未艾也。」上不以爲忤，甚稱之。累官至檢校右散騎常侍，封武威郡王。將幸山南而卒，贈左僕射，賜其家實封三百戶，賻絹百匹、米百石，喪葬官給。

杜希全，京兆醴泉人也。少從軍，嘗爲郭尙父子儀裨將，積功至朔方軍節度使，軍令嚴肅，士卒皆悅服。初，德宗居奉天，希全首將所部與鹽州刺史戴休顏、夏州刺史時常春合兵赴難。軍已次漠谷，爲賊泚邀擊，乘高縱礌，又以大弩射之，傷者衆。德宗令出兵援之，不得進，希全退次邠州。以赴難功，加檢校戶部尙書、行在都知兵馬使。從幸梁州。帝還京師，遷太子少師、檢校右僕射，兼靈州大都督、御史大夫、受降定遠城天德軍靈鹽豐夏等州節度支度營田觀察押蕃落等使、餘姚郡王。

希全將赴靈州，當獻體要八章，多所規諫，德宗深納之，乃著君臣箴以賜之，其辭曰：

夫惟德惠人，惟辟奉天，從諫則聖，共理惟賢。皇立有極，駿命不易，總萬機以成務，齊六合之殊致。一心不能獨鑑，一目不能周視，敷求哲人，式序在位。於戲！君之任臣，必求一德；臣之事君，咸思正直。何啓沃之所宜，自古今而未得？且以讜言者逆耳，讒諛者伺側，故下情未通，而上聽已惑，俾夫忠賢，敗於凶慝。譬彼輕舟，烝徒楫之；亦有和羹，宰夫膳之。孰云理國，不自得師，覆車之軌，予其懲而。高以下升，和由甘受，惟君無良，亦臣之咎。聞諸辛毗，牽裾魏后，則有禽息，竭忠碎首，勉思獻替，以平可否。勿謂無傷，自微而彰，勿謂何害，積小成大，事有隱而必見，令既出而焉悔。鼓鐘在宮，聲聞于外，浩然涉水，朕未有艾，將負扆以虛心，期盡忠而納誨。在昔稷、契，實匡舜、禹；近茲魏徵，佑我文祖，君臣協德，混一區宇。肆予寡昧，獲纘丕緒，臣哉鄰哉，爾翼爾輔。

高秋始肅，我武惟揚，輟此禁衞，殿于大邦。戀闕方甚，嘉言乃昌，是規是諫，金玉其相。辭高理要，入德知方，總彼千慮，備于八章；宣父有言，啓予者商。殷有盤銘，周有欹器，或誠以辭，或警以事。披圖演義，發于爾志，與金鏡而高懸，將座右而同置。人皆有初，鮮愼厥終，汝其夙夜，期保朕躬。無曰爾身在外，而爾誠不通，一言之應，千里攸同。導彼遐俗〔六〕，達余四聰，華夷仰德，時乃之功。既往既來，懷賢忡忡，唱予和汝，式示深衷。

尋兼本管及夏綏節度都統，加太子少師。希全以鹽州地當要害，自貞元三年西蕃劫盟之後，州城陷虜，自是塞外無保障，靈武勢隔，西通鄜坊，甚爲邊患，朝議是之。九年，詔曰：

設險守國，易象垂文；有備無患，先王令典。況修復舊制，安固疆里，偃甲息人，必在於此。

鹽州地當衝要，遠介朔陲，東達銀夏，西援靈武，密邇延慶，保扞王畿。乃者城池失守，制備無據，千里庭障，烽燧不接，三隅要害，役戍其勤。若非興集師徒，繕修壁壘，設攻守之具，務耕戰之方，則封內多虞，諸華屢警，由中及外，皆靡寧居。深惟永圖，豈忘終食。顧以薄德，至化未孚，既不能復前古之治，致四夷之守，與其臨事而重擾，豈若先備而即安。是用弘久遠之謀，修五原之壘，使邊城有守，中夏克寧，不有暫勞，安能永逸？

宜令左右神策及朔方河中絳邠寧慶兵馬副元帥渾瑊、朔方靈鹽豐夏綏銀節度都統杜希全、邠寧節度使張獻甫、神策行營節度使邢君牙、銀夏節度使韓潭、鄜坊節度使王栖曜、振武節度使范希朝，各於所部簡練將士，令三萬五千人同赴鹽州。神策將軍張昌宜權知鹽州事，應板築雜役，取六千人充。其鹽州防秋將士，率三年滿更代，仍委杜彥先具名奏聞〔七〕，悉與改轉。朕情非己欲，志在靖人。咨爾將相之臣，忠良之士，輸誠奉命，陳力忘憂，勉茂功勳，永安疆埸。必集兵事，實惟衆心，各相率勵，以副朕志。」凡役六千人，二旬而畢。時將板築，仍詔涇原、劍南、山南諸軍深討吐蕃以牽制之，由是板築之時，虜不及犯塞。城畢，中外稱賀。由是靈武、銀夏、河西稍安，虜不敢深入。

希全久鎭河西，晚節倚邊多恣橫，帝嘗寬之。豐州刺史李景略威名出其右，希全深忌之，疑畏代己，乃誣奏景略，德宗不得已爲貶之。素病風眩，暴戾益甚。判官監察御史李起頗忤之，希全又誣奏殺之。將吏皆重足脅息。貞元十年正月卒，廢朝三日，贈司空。

尉遲勝，本于闐王珪之長子，少嗣位。天寶中來朝，獻名馬、美玉，玄宗嘉之，妻以宗室女，授右威衞將軍、毗沙府都督還國。與安西節度使高仙芝同擊破薩毗播仙〔八〕，以功加銀靑光祿大夫、鴻臚卿，改光祿卿，皆同正。

至德初，聞安祿山反，勝乃命弟曜行國事，自率兵五千赴難。國人留勝，以少女爲質而後行。肅宗待之甚厚，授特進，兼殿中監。廣德中，拜驃騎大將軍、毗沙府都督、于闐王，令還國。勝固請留宿衞，加開府儀同三司，封武都王，實封百戶。勝請以本國王授曜，詔從之。勝乃於京師修行里盛飾林亭，以待賓客，好事者多訪之。建中末，從幸奉天，爲兼御史中丞。駕在興元，勝爲右領軍將軍，俄遷右威衞大將軍，歷睦王傅。

貞元初，曜遣使上疏，稱：「有國以來，代嫡承嗣，兄勝既讓國，請傳勝子銳。」上乃以銳爲檢校光祿卿兼毗沙府長史還，固辭，且言曰：「曜久行國事，人皆悅服。銳生於京華，不習國俗，不可遣往。」因授韶王諮議。兄弟讓國，人多稱之。府除，以勝爲原王傅。卒時年六十四。貞元十年，贈涼州都督。子銳嗣。

邢君牙，瀛州樂壽人也。少從軍於幽薊、平盧，以戰功歷果毅折衝郎將，充平盧兵馬使。安祿山反，隨平盧節度使侯希逸過海，至青、徐間。田神功之討劉展，君牙又從神功戰伐有功，歷將軍、試光祿卿。神功既爲兗鄆節度使，令君牙領防秋兵入鎮好時。屬吐蕃陵犯，代宗幸陝，君牙隸屬禁軍扈從。後又以戰功加鴻臚卿，累封河間郡公。

建中初，河北諸節帥叛，李晟率禁軍助馬燧等征之。晟以君牙爲都虞候，累於武安、襄國、洹水、魏縣、清豐討賊有功，君牙擒生斬級居多。屬德宗幸奉天，晟率君牙統所部兵，倍道兼程，來赴國難。及駐軍咸陽，移營渭橋，軍中之事，晟惟與君牙商之，他人莫可得而聞也。收復宮闕，驟加御史大夫、檢校常侍。既而晟爲鳳翔、涇原元帥，數出軍巡邊，常令君牙掌知留後，軍府安悅。貞元三年，晟以太尉、中書令歸朝，君牙代爲鳳翔尹、鳳翔隴州都防禦觀察使，尋遷右神策行營節度、鳳翔隴州觀察使，加檢校工部尚書。吐蕃連歲犯邊，君牙且耕且戰，以爲守備，西戎竟不能爲大患。尋加檢校右僕射。貞元十四年卒，時年七十一，廢朝一日，贈司空，賻布帛米粟有差。

楊朝晟，字叔明，夏州朔方人。初，在朔方爲部軍前鋒，常有功，授甘泉果毅。建中初，從李懷光討劉文喜于涇州，斬獲擒生居多，授驃騎大將軍，稍遷右先鋒兵馬使。後李納寇徐州，從唐朝臣征討，常冠軍鋒，以功授開府儀同三司、檢校太子賓客。

上在奉天，李懷光自山東赴難，以朝晟爲右廂兵馬使，將千餘人下咸陽，以挫朱泚，加御史中丞，實封一百五十戶。及懷光反於河中，朝晟被脅在軍。上幸梁、洋，韓遊瓌退於邠寧，懷光以營在邠寧，迫制如屬城，以賊黨張昕在邠州總後務。昕懼難作，乃大索軍資，徵卒乘，約明潛發，歸于懷光。時朝晟父懷賓爲遊瓌將，夜後以數十騎斬昕及同謀者。遊瓌卽日使懷賓奉表聞奏，上召勞問，授兼御史中丞，正授遊瓌邠寧節度使。間諜至河中，朝晟聞其事，泣告懷光曰：「父立功于國，子合誅戮，不可主兵。」懷光遂縶之。及諸軍進圍河中，韓遊瓌營于長春宮，懷賓身當戰伐。及懷光平，上念其忠，俾副元帥渾瑊特原朝晟，用爲遊瓌都虞候。時父子同軍，皆爲開府、賓客、御史中丞，異姓王（九），榮於軍中。

後詔徵遊瓌宿衞，以張獻甫代之。獻甫在道，軍中有裴滿者，扇亂劫朝晟，朝晟陽許之，密計斬三百餘人。獻甫入，改御史大夫。九年，城鹽州，徵兵以護外境，朝晟分統士馬鎭木波堡。獻甫卒，詔以朝晟代之。其年，丁母憂，起復左金吾大將軍同正、邠州刺史、兼御史大夫。十三年春，朝晟奏：「方渠、合道、木波，皆賊路也，請城其地以備之。」詔問：「須兵幾何？」朝晟奏曰：「臣部下兵自可集事，不煩外助。」復問：「前築鹽州，凡興師七萬，今何其易也？」朝晟曰：「鹽州之役，咸集諸軍，番戎盡知之。今臣境迫虜，若大興兵，卽番戎來寇，來寇則戰，戰則無暇城矣。今請密發軍士，不十日至塞下，未旬而功畢，番人始知，已無奈何。」上從之。已事，軍還至馬嶺，吐蕃始來，數日而退。初，軍次方渠，無水，師旅嚚然。遽有青蛇乘高而下，視其迹，水隨而流，朝晟命築防環之，遂爲渟泉。軍人仰飲以足，圖其事上聞，詔置祠焉。免喪，加檢校工部尚書。是夏，以防秋移軍寧州，遘疾，旬餘而卒。

張敬則者，不知何許人，本名昌，後賜名敬則。初助劉玄佐，累有軍功，官至鳳翔節度使。常有復河湟之志，遣大將野詩良輔發銳卒至隴西，番戎大駭。元和二年六月卒。

史臣曰：有唐中否，逆寇勃興，天王窘以蒙塵，諸侯忠而赴難。可孤生居沙漠，挺然懷效命之風；功冠貔貅，屹爾有不矜之色。李觀文儒之胄，樂習兵戎，戴聖主著定難之勳，救渾瑊於會盟之變。休顏斬使嬰城，懷光股慄；惠元窮蹙自致，天子軫悼。元諒退兵章敬，力戰讓功，雅有器度；及不忍小忿，專殺庭光，請罪軍門，壯哉烈士！其下諸將，鬱有勞能。勝生異域，推位讓國，堅留宿衞，顧慕華風，居中土者，豈不思廉讓耶！斯乃高祖之基，太宗之業，貽厥孫謀，不徒虛語。

贊曰：建中失國，嘯聚氛慝。景命載延，羣雄畢力。歌鐘甲第，珪組繁錫。凡百人臣，忠爲令德。

校勘記

〔一〕朱濟時　「濟」字各本原作「泚」，據本書卷一三一李勉傳、新書卷一三一李勉傳改。

〔二〕加開府儀同三司　「開」下各本原有「封」字，明係衍文，據合鈔卷一九五李觀傳刪。

〔三〕平涼之師會　册府卷四一四「之」下無「師」字。

〔四〕上轂車弩　「車」字新書卷一五六李元諒傳作「連」。

〔五〕貞元九年　「九年」，各本原作「元年」，據册府卷三八五改。

〔六〕導彼遐俗　「俗」字各本原作「徐」，據唐會要卷七三、御覽卷五九二改。

〔七〕杜彥先　全唐文卷五二作「杜彥光」。

〔八〕安西節度使　「安西」，各本原作「西安」，據本書卷一〇四高仙芝傳改。

〔九〕異姓王　校勘記卷四九云：「按上文不言朝晟封王，疑有脫文。前傳（指本書卷一二二復見之楊朝晟傳）無此三字。」

舊唐書卷一百四十五

列傳第九十五

劉玄佐 子士寧 士幹 李萬榮附　董晉　陸長源　劉全諒
李忠臣　李希烈　吳少誠 弟少陽 少陽子元濟附

劉玄佐，本名洽，滑州匡城人也。少倜儻，不理生業，爲縣捕盜吏，違法，爲令所笞，僅死，乃亡命從軍。大曆中，爲永平軍衙將。李靈曜據汴州，洽將兵乘其無備，徑入宋州，遂詔以州隸永平軍，節度使李勉奏署宋州刺史。建中二年，加兼御史中丞、亳潁節度等使。

李正己死，子納匿喪謀叛，而李洧以徐州歸順，納遣兵圍之。詔洽與諸軍援洧，與賊接戰，大破之，斬首萬餘級，由是轉輸路通，加御史大夫。又收濮州，降其將楊令暉，分兵挾之，徇濮陽，降其將高彥昭，以通濮陽津。遷尚書，累封四百戶，兼曹濮觀察使，尋加淄青兗鄆招討使，又加汴滑都統副使。李希烈攻汴州，德宗在奉天，連戰，賊稍卻。興元初，進加檢校左僕射，加平章事。希烈圍寧陵，洽大將劉昌堅守不下〔一〕。希烈攻陳州，洽遣劉昌與諸軍救之，大敗賊黨，獲其將翟崇暉。希烈棄汴州，洽率軍收汴，詔加汴宋節度。無幾，授本管及陳州諸軍行營都統，賜名玄佐。是歲來朝，又拜涇原四鎮北庭等道兵馬副元帥，檢校司空，益封八百戶。

玄佐性豪侈，輕財重義，厚賞軍士，故百姓益困。是以汴之卒，始於李忠臣，訖於玄佐，而日益驕恣，多逐殺將帥，以利剽劫。又寵任小吏張士南及養子樂士朝，財物鉅萬。士朝通玄佐嬖妾。玄佐在鎮，李納每使來，必重贈遺，飾美女名樂，從其遊娛，故多得其陰事，常先爲備，故納憚其心計。貞元三年三月〔二〕，薨于位，年五十八，廢朝三日，贈太傅。將佐初匿喪，稱疾俟代，帝亦爲隱，數日乃發喪。子士寧、士幹。

初，將佐匿喪，既發，帝遣問所欲立：「吳湊可乎？」監軍孟介、行軍盧瑗皆曰「便」。及湊次汜水，柩將遷，請備儀，瑗不許，又令留什物俟新使，將士大怒。玄佐子婿及親兵乃以三月晦夜激怒三軍，明晨，衙兵皆甲胄，擁士寧登重榻，衣以墨縗，呼爲留後。軍士執城將曹金岸、浚儀令李邁，曰：「爾等皆請吳湊者！」遂臠之，唯盧瑗獲免。士寧乃以財物分賜將士，請之爲帥，孟介以聞。帝召宰臣問計，竇參曰：「今汴人挾李納以邀命，若不許，懼合於納。」遂從之，授士寧起復金吾衞將軍同正、汴州刺史、宣武軍節度等使。士寧位未定時，遣使通王武俊、劉濟、田緒，以士寧未受詔於國，皆留之。

士寧初授節制，諸將多不悅服。性忍暴淫亂，或彎弓挺刃，手殺人於杯案間，悉烝父之妓妾，又強取人之婦女，好倮觀婦人。每出畋獵，數日方還，軍府苦之。其大將李萬榮與其父玄佐同里閈，少相善，寬厚得衆心，士寧疑之，去其兵權，令攝汴州事。萬榮深怨之，將伺其隙逐之。十年正月，士寧以衆二萬畋於城南，兵既出，萬榮晨入士寧廨舍，召其所留心腹兵千餘人，矯謂之曰：「有詔徵大夫入朝，俾吾掌留務，汝輩人賜錢三千貫〔三〕，無他憂也。」兵士皆拜。萬榮既約親兵於內，又召各營兵於外，以是言令之，軍士皆聽命。萬榮乃分兵閉城門，馳使白士寧曰：「詔徵大夫，宜速卽路；若遷延不行，當傳首以獻。」士寧知衆不爲用，計無所出，乃將五百騎走歸京師。比至中牟，亡走大半；至東都，所餘僮隸婢妾數十人而已。既至京師，詔令歸第服喪，禁絕出入。萬榮乃斬士寧所親之將辛液、白英賢以令於軍，凡賞軍士錢二十萬貫，詔令籍沒士寧家財以分賞焉，遂授萬榮宣武軍兵馬留後。

初，萬榮遣兵三千備秋於京西，有親兵三百前爲劉士寧所驕者日益橫，萬榮惡之，悉置行籍中，由是深怨萬榮。大將韓惟清、張彥琳請將往，不許，萬榮令其子迺將之，未發。惟清、彥琳不得志，因親兵銜怨，乃作亂，共攻萬榮。萬榮分兵擊之，叛卒兵械少，戰不勝，乃劫轉運財貨及居人而潰，殺傷千餘人。叛兵四出，多投宋州，刺史劉逸準厚撫之。韓惟清走鄭州，張彥琳走東都，以東身歸罪，宥以不死，並流竄焉。萬榮悉捕逃叛將卒妻孥數千人，皆誅之。萬榮誅叛卒之後，人心恟恟不安，軍卒數人呼於市曰：「今夜大兵四面至，城當破。」衆驚駭，萬榮悉捕得，或云士寧所教，萬榮斬之以聞，遂以士寧廢處郴州。十一年五月，授萬榮宣武軍節度使。其年八月，萬榮病，遂署其子迺爲司馬。乃勒大將李湛、伊婁涗、張伾往外鎮，尋皆令殺之。涗、伾皆已死，惟李湛至尉氏，尉氏鎮將郝忠節不肯殺湛。是夜軍士逐出李迺，遂執送京師。萬榮以其日病卒。迺至京師，付京兆府杖殺。

劉士幹，玄佐養子，前爲太府少卿。有樂士朝者，亦爲玄佐養子，因冒劉姓，與士幹有隙。及玄佐卒，或云爲士朝所酖。士幹知之，及至京師，遣奴持刀於喪位，語士朝曰：「有弔客至。」因誘殺之。賜士幹死。

董晉字混成，河中虞鄉人〔四〕。明經及第。至德初，肅宗自靈武幸彭原，晉上書謁見，授校書郎、翰林待制，再轉衞尉丞，出爲汾州司馬。未幾，刺史崔圓改淮南節度，奏晉以本官攝殿中侍御史，充判官。尋歸臺，授本官，遷侍御史、主客員外郎、祠部郎中。大曆中，兵部侍郎李涵送崇徽公主使迴紇，奏晉爲判官，使還，拜司勳郎中。歷秘書太府太常少卿監、左金吾將軍。旬日，德宗嗣位，改太常卿，遷右散騎常侍，兼御史中丞知臺事。以淸勤謹愼，故驟遷右職。尋爲華州刺史、兼御史中丞、潼關防禦使。久之，加兼御史大夫。朱泚僭逆於京師，使兇黨仇敬、何望之侵逼華州，晉奔遁赴行在，授國子祭酒，尋令往恆州宣慰。從車駕還京師，遷左金吾衞大將軍，改尙書左丞。時右丞元琇領度支使，爲韓滉所擠貶黜，晉嫉之，見宰相極言非罪，舉朝稱之。復拜太常卿。

五年，遷門下侍郎、同平章事。時政事決在竇參，晉但奉詔書，頷然諾而已。金吾衞將軍沈房有弟喪，公除，衣慘服入閤〔五〕，上問宰相，對曰：「準式，朝官有周年已下喪者，諸絁縗〔六〕，不合衣淺色。」帝曰：「南班安得有之？」對曰：「因循而然。」又問晉冠冕之制，對曰：「古人服冠冕者，動有佩玉之響，所以節步也。禮云『堂上接武，堂下布武』，至恭也，步武有常，君前之禮，進趨而已。今或奔走以致顚仆，非恭愼也。在式，朝官皆是綾袍袱，五品已上金玉帶，取其文彩畫飾，以奉上也。是以禹惡衣食而致美乎黻冕，君親一致。昔尙書郎含香，老萊彩服，皆此義也。服絁縗，非制也。」上深然之，遂詔曰：「常參官入閤，不得趨走;周期已下喪者,禁慘服朝會。」又令服本品綾袍金玉帶。晉明於禮學如此。竇參驕滿既甚,帝漸惡之。八年,參諷晉奏其姪給事中竇申爲吏部侍郎,帝正色曰:「豈不是竇參遣卿奏也?」晉不敢隱。因問參過失,晉具奏之。旬日,參貶官,晉憂懼,累上表辭位。九年夏,改禮部尚書、兵部尚書、東都留守、東都畿汝州都防禦使。

會汴州節度李萬榮疾甚,其子迺爲亂,以晉爲檢校左僕射、同平章事,兼汴州刺史、宣武軍節度營田、汴宋觀察使。晉既受命,唯將幕官傔從等十數人,都不召集兵馬。既至鄭州,宣武軍迎候將吏無至者。晉左右及鄭州官吏皆懼,共勸晉云:「鄧惟恭承萬榮疾病之甚,遂總領軍州事。今相公到此,尚不使人迎候,其情狀豈可料。卽恐須且遲迴,以候事勢。」晉曰:「奉詔爲汴州節度使,卽合準敕赴官,何可妄爲逗留!」人皆憂其不測,晉獨恬然。未至汴州十數里,鄧惟恭方來迎候,晉俾其不下馬。既入,乃委惟恭以軍政,衆服晉明於事體機變,而未測其深淺。

初,萬榮逐劉士寧,代爲節度使,委兵於惟恭,以其同鄉里。及疾甚,李迺將爲亂,惟恭乃與監軍同謀縛迺,送歸朝廷。惟恭自以當便代居其位,故不遣候吏,以疑懼晉心,冀其不敢進;不意晉之速至,晉已近,方遽出迎之。然心常怏怏,竟以驕盈慢法,潛圖不軌,配流嶺南。

朝廷恐晉柔懦，尋以汝州刺史陸長源爲晉行軍司馬。晉謙恭簡儉，每事因循多可，故亂兵粗安。長源好更張云爲，數請改易舊事，務從削刻。晉初皆然之，及案牘已成，晉乃命且罷。又委錢穀支計于判官孟叔度，叔度輕佻，好慢易軍人，皆惡之。晉十五年二月卒，年七十六，廢朝三日，贈太傅，賜布帛有差。卒後未十日，汴州大亂，殺長源、叔度等。

陸長源字泳之，開元、天寶中尚書左丞、太子詹事餘慶之孫，西河太守璪之子。長源淑書史。乾元中，陷河北諸賊，因爲昭義軍節度薛嵩從事〔七〕，久之，歷建、信二州刺史。浙西節度韓滉兼領江、淮轉運，奏長源檢校郎中、兼中丞，充轉運副使。罷爲都官郎中，改萬年縣令，出爲汝州刺史。

貞元十二年，授檢校禮部尚書、宣武軍行軍司馬，汴州政事，皆決斷之。性輕佻，言論容易，恃才傲物，所在人畏而惡之。及至汴州，欲以峻法繩驕兵，而董晉判官楊凝、孟叔度亦縱恣淫湎，衆情共怒。晉性寬緩，事務因循，以收士心。長源每事守法，晉或苟且，長源輒執而正之。

及晉卒，令長源知留後事。長源揚言曰：「將士多弛慢，不守憲章，當以法繩之。」由是人人恐懼。加以叔度苛刻，多縱聲色，數至樂營與諸婦人嬉戲，自稱孟郎，衆皆薄之。舊例，使長薨，放散布帛於三軍制服。至是，人請服，長源初固不允，軍人求之不已，長源等議給其布直；叔度高其鹽價而賤爲布直，每人不過得鹽三二斤，軍情大變。或勸長源，故事有大變，皆賞三軍，三軍乃安。長源曰：「不可使我同河北賊，以錢買健兒取旌節。」兵士怨怒滋甚，乃執長源及叔度等臠而食之，斯須骨肉糜散。長源死之日，詔下以爲節度使，及聞其死，中外惜之，贈尙書右僕射。

劉全諒，懷州武陟人也〔八〕。父客奴，由征行家於幽州之昌平。少有武藝，從平盧軍。開元中，有室韋首領段普恪，恃驍勇，數苦邊；節度使薛楚玉以客奴有膽氣，令抗普恪。客奴單騎襲之，斬首以獻，自白身授左驍衞將軍，充遊奕使，自是數有戰功。性忠謹，爲軍人所信。天寶末，安祿山反，詔以安西節度封常淸爲范陽節度，以平盧節度副使呂知誨爲平盧節度，以太原尹王承業爲河東節度。祿山旣僭位於東都，遣腹心韓朝陽等招誘知誨，知誨遂受逆命，誘殺安東副都護、保定軍使馬靈詧，祿山遂署知誨爲平盧節度使。客奴與平盧諸將同議，取知誨殺之，仍遣與安東將王玄志遙相應援，馳以奏聞。十五載四月，授客奴柳城郡太守、攝御史大夫、平盧節度支度營田陸運、押兩蕃渤海黑水四府〔九〕、經略及平盧軍使，仍賜名正臣。又以王玄志爲安東副大都護、攝御史中丞、保定軍及營田使。正臣仍領兵平盧來襲范陽，未至，爲逆賊將史思明等大敗之。正臣奔歸，爲王玄志所酖而卒。逆賊署徐歸道平盧節度，王玄志與平盧將侯希逸等又襲殺歸道。大曆九年，追贈正臣工部尚書。

全諒本名逸準，以父勳授別駕、長史。建中初，劉玄佐爲宋亳節度使，召署爲牙將，以勇果騎射聞。玄佐以宗姓厚遇之〔一〇〕，累署都知兵馬使，試太僕卿、兼御史中丞。玄佐卒，子士寧代爲節度使，疑宋州刺史翟良佐不附己，陽言出巡，至宋州，遽以逸準代良佐爲刺史。及董晉卒，兵亂，殺陸長源，監軍俱文珍與大將密召逸準赴汴州，令知留後；朝廷因授以檢校工部尚書、汴州刺史，兼宣武軍節度觀察等使，仍賜名全諒。貞元十五年二月卒，年四十九，廢朝一日，贈右僕射。

李忠臣，本姓董，名秦，平盧人也，世家于幽州薊縣。自云曾祖文昱，棣州刺史；祖玄獎，安東都護府錄事參軍；父神嶠，河內府折衝。忠臣少從軍，在卒伍之中，材力冠異。事幽州節度薛楚玉、張守珪、安祿山等，頻委征討，積勞至折衝郎將、將軍同正、平盧軍先鋒使。

及祿山反，與其倫輩密議，殺僞節度呂知誨，立劉正臣爲節度，以忠臣爲兵馬使。攻長楊，戰獨山，襲榆關、北平，殺賊將申子貢、滎先欽，擒周釗送京師，忠臣功多。又從正臣破漁陽，逆將李歸仁、李咸、白秀芝等來拒戰，約數十合，並摧破之。無何，潼關失守，郭子儀、李光弼退師，忠臣乃引軍北歸。奚王阿篤孤初以衆與正臣合，後詐言請以萬餘騎同收范陽，至后城南，中夜反攻，忠臣與戰，遂至温泉山，破之，擒大首領阿布離，斬以祭纛釁鼓。正臣卒，又與衆議以安東都護王玄志爲節度使。

至德二載正月，玄志令忠臣以步卒三千自雍奴爲筆筏過海，賊將石帝庭、烏承洽來拒，忠臣與董竭忠退之，轉戰累日，遂收魯城、河間、景城等，大獲資糧，以赴本軍。復與大將田神功率兵討平原、樂安郡，下之，擒僞刺史臧瑜等，防河招討使李銑承制以忠臣爲德州刺史。屬史思明歸順，河南節度張鎬令忠臣以兵赴鄆州，與諸軍使收河南州縣。又與裨將陽惠元大破賊將王福德于舒舍口，肅宗累下詔慰諭，仍令鎭濮州，尋移韋城。

乾元元年九月，改光祿卿同正。其年，與郭子儀等九節度圍安慶緒於相州。明年二月，諸軍潰歸，忠臣亦退。至滎陽，賊將敬釭來襲官船，忠臣大破之，獲米二百餘艘，以資汴州軍士。尋拜濮州刺史、緣河守捉使，移鎭杏園渡。及史思明陷汴州，節度使許叔冀與忠臣並力屈降賊，思明撫忠臣背曰：「吾比祇有左手，今得公，兼有右手矣。」與俱寇河陽。數日，忠臣夜以五百人斫其營，突圍歸，李光弼以聞，詔加開府儀同三司、殿中監同正，賜實封二百戶。召至京師，賜姓李氏，名忠臣，封隴西郡公，賜良馬、莊宅、銀器、綵物等。

時陝西、神策兩節度郭英乂、衞伯玉鎭陝州，以忠臣爲兩軍節度兵馬使。魚朝恩亦在陝，俾忠臣與賊將李歸仁、李感義等戰於永寧、莎栅，前後數十陣，皆摧破之。會淮西節度王仲昇爲賊所擒，寶應元年七月，拜忠臣太常卿同正、兼御史中丞、淮西十一州節度〔二〕；尋加安州刺史，仍鎭蔡州。其年，令忠臣會元帥諸軍收復東都。二年六月，就加御史大夫。時迴紇可汗既歸其國，留判官安恪、石帝庭於河陽守禦財物，因此招聚亡命爲寇，道路壅隔，詔忠臣討平之。

永泰元年，吐蕃犯西陲，京師戒嚴，代宗命中使追兵，諸道多不時赴難；使至淮西，忠臣方會鞠，即令整師飾駕。監軍大將固請曰：「軍行須擇吉日。」忠臣奮臂於衆曰：「焉有父母遇寇難，待揀好日方救患乎！」即日進發。自此方隅有警，忠臣必先期而至。由是代宗嘉其忠節，加本道觀察使，寵賜頗厚。及同華節度周智光舉兵反，詔忠臣與神策將李太清等討平之。大曆三年，加檢校工部尚書，實封通前三百戶。五年，加蔡州刺史。七年，檢校右僕射、知省事。李靈曜之叛，田承嗣使姪悅援之，忠臣與諸軍大破悅等，汴州平。十一年十二月，加檢校司空平章事、汴州刺史。

忠臣性貪殘好色，將吏妻女多被誘脅以通之。又軍無紀綱，所至縱暴，人不堪命。而以妹壻張惠光爲衙將，恃勢兇虐，軍中苦之，數有言於忠臣，不之信也。俄以惠光爲節度副使，令惠光子爲衙將，陵橫甚於其父。忠臣所信任大將李希烈，素善騎射，羣情所伏，因衆心之怒，以十四年三月，與少將丁暠、賈子華、監軍判官蔣知璋等舉兵斬惠光父子，以脅逐忠臣。單騎赴京師，朝廷方寵武臣，不之責也，依前檢校司空、平章事，留京師奉朝請。

建中初，嘗因奏對，德宗謂之曰：「卿耳甚大，眞貴人也。」忠臣對曰：「臣聞驢耳甚大，龍耳甚小，臣耳雖大，乃驢耳也。」上說之。時常侍張涉承恩用事，坐受財賄事露，帝將以法繩之，涉卽帝在春宮時侍講也。忠臣奏曰：「陛下貴爲天子，而先生以乏財抵法，以愚臣觀之，非先生之過也。」帝意解，但令歸田里。前湖南觀察辛京杲嘗以忿怒杖殺部曲，有司劾奏京杲殺人當死，從之。忠臣奏曰：「京杲合死久矣。」上問之，對曰：「渠伯叔某於某處戰死，兄弟某於某處戰死，渠嘗從行，獨不死，是以知渠合死久矣。」上亦憫然，不令加罪，改授王傅而已。

忠臣木強率直，不識書，不喜儒生，及罷兵權，官位崇重，常鬱鬱不得志。及朱泚反，以爲僞司空、兼侍中。泚率兵逼奉天，命忠臣京城留守。泚敗，忠臣走樊川別業，李晟下將士擒忠臣至，繫之有司。興元元年，幷其子並誅斬之，時年六十九，籍沒其家。

李希烈，遼西人。父大定。希烈少從平盧軍，後隨李忠臣過海至河南。寶應初，忠臣爲淮西節度，署希烈爲偏裨，累授將軍、試光祿卿、殿中監。忠臣兼領汴州，希烈爲左廂都虞候，加開府儀同三司。大曆末，忠臣軍政不脩，事多委妹壻張惠光，爲押衙，弄權縱恣，人怨。與少將丁暠等斬惠光父子，忠臣奔赴朝廷。詔以忻王爲淮西節度副大使，授希烈蔡州刺史、兼御史中丞、淮西節度留後，令滑亳節度李勉兼領汴州。

德宗卽位後月餘，加御史大夫，充淮西節度支度營田觀察使，又改淮西節度淮寧軍以寵之。建中元年，又加檢校禮部尚書。會山南東道節度梁崇義拒捍朝命，迫脅使臣，二年六月，詔諸軍節度率兵討之，加希烈南平郡王，兼漢北都知諸兵馬招撫處置使。希烈破崇義衆，遂討平之。錄希烈功，加檢校右僕射、同平章事，賜實封五百戶。淄青節度李正己又謀不軌，三年秋，加希烈檢校司空，兼淄青兗鄆登萊齊等州節度支度營田、新羅渤海兩蕃使，令討襲正己。希烈遂率所部三萬人移居許州，聲言遣使往青州招諭李納，其實潛與交通，又移牒汴州令備供擬，將與納同爲亂。李勉以其道路合自陳留，乃除道具饌以待之，希烈不從，乃大慢駡。自是志意縱肆，言多悖慢，日遣使交通河北諸賊帥等。是歲長至日，朱滔、田悅、王武俊、李納各僭稱王，滔使至希烈，希烈亦僭稱建興王、天下都元帥。

四年，希烈遣其將襲陷汝州，執李元平而去，東都大擾亂。朝廷猶爲含容，遣太子太師顏眞卿往宣慰。眞卿發後數日，以龍武將軍哥舒曜爲東都兼汝州行營兵馬節度。希烈既見眞卿，但肆兇言，令左右慢駡，指斥朝廷。又遣逆黨董待名、韓霜露、劉敬宗、陳質、翟暉等四人伺外〔三〕，侵抄州縣，官軍皆爲其所敗，荆南節度張伯儀全軍覆沒。又令周曾、王玢、姚憺、呂從賁、康琳等來襲曜，曾、玢、憺等謀迴軍據蔡州襲討希烈，事洩，並遇害。神策軍使白志貞又獻策謀，令嘗爲節度、都團練使者各出家僮部曲一人及馬，令劉德信總之討希烈。尋詔李勉爲淮西招討使，哥舒曜爲副。至四月，曜率衆屯襄城，頻與賊戰，皆不勝。八月，希烈率衆二萬圍襄城，李勉又令將唐漢臣率兵與劉德信同爲曜之影援，皆望風敗衄。希烈兇逆既甚，帝乃命舒王爲荆襄、江西、沔鄂等道節度諸軍行營兵馬都元帥，大開幕府，文武僚屬之盛，前後出師，未有其比。又令涇原諸道出兵，皆赴襄城。軍未發，會涇州兵亂，車駕幸奉天。其日，希烈大破曜軍於襄城，曜遁歸東都，賊因乘勝攻陷汴州，李勉奔歸宋州。

希烈性慘毒酷，每對戰陣殺人，流血盈前，而言笑飲饌自若，以此人畏而服從其教令，盡其死力。其攻汴州，驅百姓，令運木土築壘道，又怒其未就，乃驅以塡之，謂之溼梢。既入汴州，於是僭號曰武成，以孫廣、鄭賁、李綬、李元平爲宰相，以汴州爲大梁府，李淸虛爲尹，署百官。遣兵東討，至寧陵，竟爲劉洽所拒，不得前。又遣將翟暉率精卒襲陳州，爲劉洽、李納大破之，生擒暉以獻。諸軍乘勝進攻汴州，希烈遁歸蔡州，擒其僞署將相鄭賁、劉敬宗等。李皐、樊澤、曲環、張建封又四面討襲之，累拔其郡縣，希烈敗衄。貞元二年三月，因食牛肉遇疾，其將陳仙奇令醫人陳仙甫置藥以毒之而死。妻男骨肉兄弟共一十七人，並誅之。初，希烈於唐州得象一頭，以爲瑞應，又上蔡、襄城獲其珍寶，乃是爛車釭及滑石僞印也。

陳仙奇者，起於行間，性忠果。自希烈死，朝廷授淮西節度，頗竭誠節。未幾，爲別將吳少誠所殺，贈太子太保，賻布帛、米粟有差，喪事官給。

吳少誠，幽州潞縣人。父爲魏博節度都虞候。少誠以父勳授一子官，釋褐王府戶曹。後至荆南，節度使庾準奇之，留爲衙門將。準入覲，從至襄漢，見梁崇義不遵憲度，知有異志，少誠密計有成擒之略，將自陳於闕下。屬李希烈初授節制，銳意立功，見少誠計慮，乃以少誠所見錄奏，有詔慰飭，不次封通義郡王。未幾，崇義違命，希烈受制專征，以少誠爲前鋒。崇義平，賜實封五千戶〔三〕。後希烈叛，少誠頗爲其用。希烈死，少誠等初推陳仙奇統戎事，朝廷已命仙奇，尋爲少誠所殺，衆推少誠知留務。朝廷遂授以申光蔡等州節度觀察兵馬留後，尋正授節度。

少誠善爲治，勤儉無私，日事完聚，不奉朝廷。貞元三年，判官鄭常及大將楊冀謀逐少誠以聽命於朝，試校書郎劉涉假爲手詔數十，潛致於大將，欲因少誠之出，閉城門以拒之。屬少誠將出餞中使，常、冀等遂謀舉事，臨發，爲人所告，常、冀先遇害。其將李嘉節等各持假詔請罪，少誠悉宥之。其大將宋旻、曹濟奔歸京師。

十五年，陳許節度曲環卒，少誠擅出兵攻掠臨潁縣，節度留後上官涚遣兵赴救，臨潁鎮使韋清與少誠通，救兵三千餘人，悉擒縛而去。九月，遂圍許州。尋下詔削奪少誠官爵，分遣十六道兵馬進討。十二月，官軍敗衄於小溵河。明年正月，夏州節度使韓全義爲淮蔡招討處置使，北路行營諸軍將士並取全義指揮，陳許節度留後上官涚充副使。五月，全義與少誠將吳秀、吳少陽等戰於溵水南，官軍復敗。七月，全義頓軍於五樓行營，爲賊所乘，大潰，全義與都監軍使賈秀英、賈國良等夜遁，遂城守溵水。汴宋、徐泗、淄青兵馬直趣陳州，列營四面。少誠兵逼溵水五、六里下營，韓全義諸軍又退保陳州。其汴州、河陽等兵各私歸本道，陳許將孟元陽與神策兵各率所部留軍溵水。全義斬昭義、滑州、河陽、河中都將凡四人，然竟未嘗整陣交鋒，而王師累挫潰。少誠尋引兵退歸蔡州。遂下詔洗雪，復其官爵，累加檢校僕射。順宗即位，加同中書門下平章事。元和初，遷檢校司空，依前平章事。元和四年十一月卒，年六十，廢朝三日，贈司徒。

吳少陽，本滄州清池人。初，吳少誠父翔在魏博軍中，與少陽相愛，及少誠知淮西留守，乃厚以金帛取少陽至，則名以堂弟，署爲軍職，累奏官爵，出入少誠家，情旨甚暱。少陽度少誠猜忍，懼爲所害，乃請出外以任防捍之任，少誠乃表爲申州刺史、兼御史大夫，凡五年。少陽頗寬易，而少誠之衆悅附焉。及少誠病亟，家僮單于熊兒者，僞以少誠意取少陽至，時少誠已不知人，乃僞署少陽攝副使、知軍州事。少誠子元慶，年二十餘，先爲軍職，兼御史中丞，少陽密害之。及少誠死，少陽自爲留後。時王承宗求繼士眞，不受詔，憲宗怒，以討承宗，不欲兵連兩河，乃詔遂王宥遙領彰義軍節度大使，以少陽爲留後，遂授彰義軍節度使、檢校工部尙書。少陽據蔡州凡五年，不朝覲。汝南多廣野大澤，得豢馬畜，時奪掠壽州茶山之利，內則數匿亡命，以富實其軍。又屢以牧馬來獻，詔因善之。元和九年九月卒，贈右僕射。

吳元濟，少陽長子也。初爲試協律郎、兼監察御史、攝蔡州刺史。及父死，不發喪，以病聞，因假爲少陽表，請元濟主兵務。帝遣醫工候之，即稱少陽疾愈，不見而還。先是，少陽判官蘇兆、楊元卿及其將侯惟清嘗同爲少陽畫朝覲計；及元濟自領軍，兇狠無義，唯暱軍中兇悍之徒。素不便兆，縊殺之，歸其屍於家，械侯惟清而囚之。時朝廷誤聞惟清已死，贈兵部尚書，贈蘇兆以右僕射。楊元卿先奏事在京師，得盡言經略淮西事於宰相李吉甫。始，少陽以病聞，元卿請凡淮西使在道路者，所在留止之。及少陽卒，凡四十日，不爲輟朝，但易將加兵於外以待。其邸吏無何妄傳董重質已殺元濟，并屠其家，李吉甫遽請對拜賀，乃輟朝。數日，知元濟尚在。時賊陰計已成，羣衆四出，狂悍而不可遏，屠舞陽，焚葉縣，攻掠魯山、襄城。汝州、許州及陽翟人多逃伏山谷荆棘間，爲其殺傷驅剽者千里，關東大恐。

十月，以陳州刺史李光顏爲忠武軍節度使，又以山南東道節度使嚴綬充申光蔡等州招撫使，仍令內常侍崔潭峻監綬軍。十年正月，綬軍臨賊西境。詔曰：「吳元濟逆絕人理，反易天常；不居父喪，擅領軍政。諭以詔旨，曾無謙恭，熒惑一方之人，迫脅三軍之衆。以少陽嘗經任使，爲之軫悼，命申弔祭，臨遣使臣。陵虐封疆，遂致稽阻，絕朝廷之理，忘父子之恩。旋又掩寇舞陽，傷殘吏卒，焚燒葉縣，騷擾閭閻，恣行奪攘，無所畏忌。朕念賞延之義，重傷藩帥之門，尚欲納於忠順之途，處在顯榮之地。未能飭怒，猶爲包荒，再降詔書，俾申招撫。而毒螫滋甚，姦心靡悛，壽春西南，又陷鎮柵，窮兇稔惡，縱暴延災。覆載之所不容，人神之所共棄，良非獲已，致此興戎。吳元濟在身官爵，並宜令削奪。令宣武、大寧、淮南、宣歙等道兵馬合勢〔一四〕，山南東道及魏博、荊南、江西、劍南東川兵馬與鄂岳討會〔一五〕，東都防禦使與懷鄭汝節度及義成兵馬掎角相應，同期進討。」

二月，綬兵爲賊所襲，敗于磁丘，退保唐州。四月，光顏破賊黨，元濟遣人求援于鎮州王承宗、淄鄆李師道，二帥上表于朝廷，請赦元濟之罪，朝旨不從。自是兩河賊帥所在竊發，冀以沮撓王師。五月，承宗、師道遣盜燒河陰倉，詔御史中丞裴度於軍前宣喻，觀用兵形勢。度還奏曰：「臣觀諸將，唯光顏勇義盡心，必有成功。」上意甚悅。翌日，光顏奏大破賊於時曲，上曰：「度知光顏，可謂至矣。」乃以度兼刑部侍郎。自是中外相賀，決不赦賊，徵天下兵環申、蔡之郊，大小十餘鎮。六月，承宗、師道遣盜伏於京城，殺宰相武元衡、中丞裴度，衡先死，度重傷而免。憲宗特怒，卽命度爲宰相，淮右用兵之事，一以委之。七月，李師道遣嵩山僧圓淨結山賊與留邸兵，欲焚燒東都，先事敗而禍弭。嚴綬退罷，乃以汴州節度使韓弘爲淮右行營兵馬都統，以高霞寓有名，用爲唐鄧節度。

十一年春，諸軍雲合，惟李光顏、懷汝節度烏重胤心無顧望，旦夕血戰，繼獻戎捷。六月，高霞寓爲賊所擊，敗于鐵城，退保新興柵。時諸軍勝負皆不實聞，多虛稱克捷，及霞寓敗，中外恟恟。宰相諫官屢以罷兵爲請，唯裴度堅於破賊。尋以袁滋代霞寓爲唐鄧帥，滋柔懦不能軍。十二年正月，袁滋復貶，閑廄使李愬表請軍前自効，乃用愬爲唐鄧帥以代滋。愬軍壓境，拔賊文城柵，擒柵將吳秀琳，又獲賊將李祐；李光顏亦拔賊郾城。元濟始懼，盡發左右及守城卒，屬董重質以抗光顏、重胤。

六月，元濟乞降，爲羣賊所制，不能自拔。上以元凶已蹙，兵未臨於賊城，轉饋日殫，因延英問計於宰相，裴度曰：「賊力已困，但羣帥不一，故未能決降。」上曰：「卿決能行乎？」曰：「臣誓不與賊偕全。」七月，詔以度爲彰義軍節度使，兼申光蔡四面行營招撫使，以郾城爲行在蔡州，爲節度所〔六〕。八月，度至郾城，激勵士衆，軍士喜度至，以賞罰必行，皆願輸罄，每出勞，軍士有流涕者。

時李愬營文城柵，既得吳秀琳、李祐，知其可用，委信無疑，日夜與計事於帳中。祐曰：「元濟勁軍，多在洄曲西境防捍，而守蔡者皆市人疲耄之卒，可以乘虛掩襲，直抵懸瓠，比賊將聞之，元濟成擒矣。」愬然之，咨於裴度，度曰：「兵非出奇不勝，常侍良圖也。」十一月，愬夜出軍，令李祐率勁騎三千爲前鋒，田進誠三千爲後軍，愬自率三千爲中軍。其月十日夜，至蔡州城下，坎牆而畢登，賊不之覺。十一日，攻衙城，擒元濟并其家屬以聞。

初，元濟之叛，恃其兇狠，然治軍無紀綱。其將趙昌洪、凌朝江、董重質等各權兵外寇。李師道鄆州之鹽，城往來寧陵、雍丘之間，韓弘知而不禁。淮右自少誠阻兵已來，三十餘年，王師加討，未嘗及其城下，嘗走韓全義，敗于頔，故驕悍無所顧忌。且恃城池重固，有陂浸阻迴，故以天下兵環攻三年，所克者一縣而已。及黜高霞寓、李遜、袁滋，諸軍始進。又得陰山府沙陀驍騎、邯鄲勇卒，光顏、重胤之奮命，及丞相臨統，破諸將首尾之計，方擒元惡。

申、蔡之始，人劫於希烈、少誠之虐法，而忘其所歸。數十年之後，長者衰喪，而壯者安於毒暴而恬於搏噬。地既少馬，而廣畜騾，乘之教戰，謂之騾子軍，尤稱勇悍，而甲仗皆畫爲雷公星文以爲厭勝，而少誠能以姦謀固衆心。初，韓全義敗於溵水，蔡兵于全義帳中得公卿間問訊書，少誠束而諭衆曰：「朝廷公卿以此書託全義，收蔡州日，乞一將士妻女以爲婢妾。」以此激怒其衆，絕其歸向之心。是以蔡人有老死不聞天子恩宥者，故堅爲賊用。地雖中州，人心過于夷貊，乃至搜閱天下豪銳，三年而後屈者，彼非將才而力備，蓋勢驅性習，不知敎義之所致也。

元濟至京，憲宗御興安門受俘，百僚樓前稱賀，乃獻廟社，徇于兩市〔二〕，斬之於獨柳，時年三十五。其夜失其首。妻沈氏，沒入掖庭；弟二人、子三人，流於江陵誅之；判官劉協庶七人皆斬。光、蔡等州平，始復爲王土矣。

史臣曰：治亂勢也，勢亂不能卒治。長源以法繩驕軍，禍不旋踵，則董公之寬柔不無謂。古之名將，以陰謀怨望，鮮全其族者。董秦始奮忠義，多長者言，宜其顯赫，及失意挾邪，俄被淮陰之戮，惜哉！吳少誠爲希烈之亂胎，雖謀奪其軍，及嗣而滅。而元濟劾希烈之狂悖，謂無天地，人之兇險，一至於斯！是知王者御治之道，其可忽諸！

贊曰：聖哲之君，愼名與器。不軌之臣，得寵則戾。董怨而族，吳悖而葅。好亂樂禍，可監前車。

校勘記

〔一〕劉昌　各本原作「劉昌言」，據本書卷一五二劉昌傳、冊府卷三五九刪「言」字。

〔二〕貞元三年　本書卷一三德宗紀、通鑑卷二三四「三年」作「八年」。

〔三〕三千貫　張森楷云：「千當作十。……新傳作人賜錢三萬，正爲三十貫。」

〔四〕虞鄉　各本原作「盧鄉」，據本書卷三九地理志、新書卷一五一董晉傳改。

〔五〕衣慘服入閤　「衣」上各本原有「不」字，據冊府卷六〇刪。

〔六〕諸絁縵　「諸」字唐會要卷二四作「許服」。

〔七〕薛嵩從事　「從事」二字各本原作「卒後」，據冊府卷七二八改。

〔八〕武陟　各本原作「武涉」，據本書卷三九地理志改。

〔九〕黑水　各本原作「墨水」，據新書卷四三下地理志改。

〔一〇〕宗姓　各本原作「宗姪」，據冊府卷四二二改。

〔一一〕淮西　「西」字各本原無，據冊府卷三五八補。

〔一二〕四人　校勘記卷五〇：「疑四字乃五字之誤。」

〔一三〕五千戶　新書卷二一四吳少誠傳作「五十戶」。

〔一四〕宣武大寧　冊府卷一二二、唐大詔令集卷一一九作「宣武忠武太原武寧」，疑史文有脫誤。

〔一五〕計會　「計」字各本原作「許」，據冊府卷一二二、唐大詔令集卷一一九改。

〔一六〕以鄆城爲行在蔡州爲節度所　考本書卷一七〇裴度傳，此句疑當作「以鄆城爲行蔡州節度使治所」。

〔七〕徇于兩市　「市」字各本原作「京」，張森楷云：「當作市，京市形近而誤，新傳簡云徇於市。」據改。

舊唐書卷一百四十六

列傳第九十六

薛播　鮑防　李自良　李說　嚴綬　蕭昕　杜亞　王緯
李若初　于頎　盧徵　楊憑　鄭元　杜兼　裴玢　薛伾

薛播，河中寶鼎人，中書舍人文思曾孫也。父元暉，什邡令，以播贈工部郎中。播，天寶中舉進士，補校書郎，累授萬年縣丞、武功令、殿中侍御史、刑部員外郎、萬年令。播溫敏，善與人交，李栖筠、常衮、崔祐甫皆引擢之。及祐甫輔政，用爲中書舍人。出汝州刺史，以公事貶泉州刺史。尋除晉州刺史，河南尹，遷尙書左丞，轉禮部侍郎。遇疾，貞元三年卒，贈禮部尙書。

初，播伯父元曖終於隰城丞，其妻濟南林氏，丹陽太守洋之妹，有母儀令德，博涉五經，善屬文，所爲篇章，時人多諷詠之。元曖卒後，其子彥輔、彥國、彥偉、彥雲及播兄據、揔並早孤幼，悉爲林氏所訓導，以至成立，咸致文學之名。開元、天寶中二十年間，彥輔、據等七人並舉進士，連中科名，衣冠榮之。

鮑防，襄州人。幼孤貧，篤志好學，善屬文。天寶末舉進士，爲浙東觀察使薛兼訓從事，累至殿中侍御史。入爲職方員外郎，改太原少尹，正拜節度使。入爲御史大夫，歷福建、江西觀察使，徵拜左散騎常侍。扈從奉天，除禮部侍郎，尋遷工部尚書致仕。

防歷洪、福、京兆，皆有政聲，唯總戎非所宜，而謬執兵柄。以太原革車胡騎雄雜，而迴鶻深入寇，防出拒戰，爲虜所敗。

爲禮部侍郎時，嘗遇知雜侍御史竇參於通衢，導騎不時引避，僕人爲參所鞭，及參秉政，遽令致仕。防謂親友曰：「吾與蕭昕之子齒，而與昕同日懸車，非朽邁之致，以餘忿見廢。」防文學舊人，歷職中外，不因罪戾，而爲俗吏所擯，竟以憤終。衆頗憫防而咎參，故參之敗不旋踵，非不幸也。

李自良，兗州泗水人。初，祿山之亂，自良從兗鄆節度使能元皓，以戰功累授右衞率。後從袁傪討袁晁陳莊賊，積功至試殿中監，隸浙江東道節度使薛兼訓。兼訓移鎮太原，自良從行，授河東軍節度押衙。兼訓卒，鮑防代，又事防爲牙將。會迴鶻入寇，防令大將焦伯瑜、杜榮國將兵擊之。自良謂防曰：「迴鶻遠來求戰，未可與爭鋒。但於歸路築二壘，以兵守之，堅壁不動，虜求戰不得，師老自旋。俟其返旆，即乘之，縱不甚捷，虜必狼狽矣。二壘阨其歸路，策之上也。」防不從，促伯瑜等逆戰，遇虜於百井，伯瑜等大敗而還，由是稍知名。

馬燧代防爲帥，署奏自良代州刺史、兼御史大夫，仍爲軍候。自良勤恪有謀，燧深委信之。建中年，田悅叛，燧與抱眞東討，自良常爲河東大將，摧鋒陷陣，破田悅。及討李懷光於河中，自良專河東軍都將，前後戰績居多。燧之立功名，由自良協輔之力也。

貞元三年，從燧入朝，罷燧兵權，德宗欲以自良代燧，自良懇辭事燧久，不欲代爲軍帥，物議多之，乃授右龍武大將軍。德宗以河東密邇胡戎，難於擇帥，翌日，自良謝，上謂之曰：「卿於馬燧存軍中事分，誠爲得禮；然北門之寄，無易於卿。」即日拜檢校工部尙書、兼御史大夫、太原尹、北都留守、河東節度支度營田觀察使。在鎭九年，以簡儉守職，軍民胥悅。雖出身戎伍，動必循法，略不以暴戾加人。十一年五月，卒於軍，年六十三，上甚嗟惜之，廢朝一日，贈左僕射，賻布帛米粟有差。

李說，淮安王神通之裔也。父遇，天寶中爲御史中丞。說以門蔭歷仕，累佐使幕。馬燧爲河陽三城、太原節度，皆辟爲從事。累轉御史郎官，御史中丞，太原少尹，出爲汾州刺史。節度使李自良復奏爲太原少尹、檢校庶子、兼中丞。

貞元十一年五月，自良病，凡六日而卒，匿喪，陽言病甚，數日發喪。先是，都虞候張瑤久在軍，素得士心，嘗請假遷葬，自良未許。至是，說與監軍王定遠謀，乃給瑤假，以大將毛朝陽代瑤，然後遣使告自良病。中使第五國珍自雲、朔使還，過太原，聞自良病，中使遲留信宿。自良卒，國珍急馳至京，先說使至。乃下制以通王領河東節度大使，以說爲行軍司馬，充節度留後、北都副留守，仍令國珍齎說官告及軍府將吏部內刺史等敕書三十餘通往太原宣賜，軍中始定。

定遠恃立說之功，頗恣縱橫，軍政皆自專決，仍請賜印。監軍有印，自定遠始也。定遠既得印，益暴，將吏輒自補授，說寖不歡，遂成嫌隙。是歲七月，定遠署虞候田宏爲列將，以代彭令茵。令茵不伏，揚言曰：「超補列將，非功不可，宏有何功，敢代予任！」定遠聞而含怒，召令茵斬之，埋於馬糞之中，家人請尸，不與，三軍皆怨。說具以事聞。德宗以定遠有奉天扈從之功，恕死停任。制未至，定遠怒說奏聞，趣府謀殺說，昇堂未坐，抽刀刺說，說走而獲免。定遠馳至府門，召集將吏，於箱中陳敕牒官告二十餘軸，示諸將曰：「有敕，令李景略知留後，遣說赴京，公等皆有恩命。」指箱中示之，諸將方拜抃，大將馬良輔呼而麾衆曰：「箱中皆監軍舊官告，非恩命也，不可受，但備急變爾。」定遠知事敗，走登乾陽樓，召其部下將卒，多不之應。比夜，定遠墜城下槎枿，傷而不死。尋有詔削奪，長流崖州。大將高迪等同其謀，說皆斬之。尋正拜河東節度使，檢校禮部尚書。

說在鎭六年，初勤心吏職，後遇疾，言語行步蹇澀，不能錄軍府之政，悉監軍主之。又爲孔目吏宋季等欺誑，軍政事多隳紊，如此累年。十六年十月卒，年六十一，廢朝一日，贈左僕射。

是月，制以河東節度行軍司馬鄭儋檢校工部尚書，兼太原尹、御史大夫、河東節度度支營田觀察等使、北都留守。在任不期年而卒。

嚴綬，蜀人。曾祖方約，利州司功。祖挹之，符離尉。父丹，殿中侍御史。綬，大曆中登進士第，累佐使府。貞元中，由侍御史充宣歙團練副使，深爲其使劉贊委遇，政事多所咨訪。十二年，贊卒，綬掌宣歙留務，傾府藏以進獻，由是有恩，召爲尙書刑部員外郎。天下賓佐進獻，自綬始也。

未幾，河東節度使李說嬰疾，事多曠弛，行軍司馬鄭儋代綜軍政；旣而說卒，因授儋河東節度使。是時姑息四方諸侯，未嘗特命帥守，物故即用行軍司馬爲帥，冀軍情厭伏。儋旣爲帥，德宗選朝士可以代儋爲行軍司馬者，因綬前日進獻，上頗記之，故命檢校司封郎中，充河東行軍司馬。不周歲，儋卒，遷綬銀青光祿大夫、檢校工部尙書，兼太原尹、御史大夫、北都留守，充河東節度支度營田觀察處置等使。元和元年，楊惠琳叛於夏州，劉闢叛於成都，綬表請出師討伐。綬悉選精甲，付牙將李光顏兄弟，光顏累立戰功。蜀、夏平，加綬檢校尙書左僕射，尋拜司空，進階金紫，封扶風郡公。綬在鎭九年，以寬惠爲政，士馬蕃息，境內稱治。

四年，入拜尙書右僕射。綬雖名家子，爲吏有方略，然銳於勢利，不存名節，人士以此薄之。嘗預百僚廊下食，上令中使馬江朝賜櫻桃。綬居兩班之首，在方鎭時識江朝，敍語次，不覺屈膝而拜，御史大夫高郢亦從而拜。是日，爲御史所劾，綬待罪于朝，命釋之。翌日，責江朝，降官一等。尋出鎭荆南，進封鄭國公。有溆州蠻首張伯靖者，殺長吏，據辰、錦等州，連九洞以自固，詔綬出兵討之。綬遣部將李忠烈齎書曉諭，盡招降之。

九年，吳元濟叛，朝議加兵，以綬有弘恕之稱，可委以戎柄，乃授山南東道節度使，尋加淮西招撫使。綬自帥師壓賊境，無威略以制寇，到軍日，遽發公藏以賞士卒，累年蓄積，一旦而盡；又厚賂中貴人以招聲援。師徒萬餘，閉壁而已，經年無尺寸功。裴度見上，屢言綬非將帥之才，不可責以戎事，乃拜太子少保代歸。尋檢校司空。久之，進位太傅，食封至三千戶。長慶二年五月卒，年七十七，詔贈太保。

綬材器不踰常品，事兄嫂過謹，爲時所稱。常以寬柔自持，位躋上公，年至大耋，前後統臨三鎮，皆號雄藩，所辟士親睹爲將相者凡九人，其貴壽如此。

蕭昕，河南人。少補崇文進士。開元十九年，首舉博學宏辭，授陽武縣主簿。天寶初，復舉宏辭，授壽安尉，再遷左拾遺。昕嘗與布衣張鎬友善，館而禮之，表薦之曰：「如鎬者，用之則爲王者師，不用則幽谷一叟爾。」玄宗擢鎬拾遺，不數年，出入將相。及安祿山反，昕舉贊善大夫來瑱堪任將帥，思明之亂，瑱功居多。累遷憲部員外郎，爲副元帥哥舒翰掌書記。潼關敗，間道入蜀，遷司門郎中。尋兼安陸長史，爲河南等道都統判官。遷中書舍人，兼揚府司馬，佐軍仍舊，入拜本官，累遷秘書監。代宗幸陝，昕出武關詣行在，轉國子祭酒。

大曆初，持節弔迴鶻。時迴鶻恃功，廷詰昕曰：「祿山、思明之亂，非我無以平定，唐國奈何市馬而失信，不時歸價？」衆皆失色，昕答曰：「國家自平寇難，賞功無絲毫之遺，況鄰國乎！且僕固懷恩，我之叛臣，乃者爾助爲亂，聯西戎而犯郊畿；及吐蕃敗走，迴紇悔懼，啓顙乞和。非大唐存念舊功，則當匹馬不得出塞矣。是迴紇自絕，非我失信。」迴紇慚退，加禮以歸，爲常侍。十二年〔一〕。朱泚之亂，徒步出城，泚急求之，亡竄山谷間。至奉天，遷太子少傅。貞元初，兼禮部尚書，尋復知貢舉。五年，致仕。七年，卒于家，年九十，廢朝，謚曰懿。

杜亞字次公，自云京兆人也。少頗涉學，善言物理及歷代成敗之事。至德初，於靈武獻封章，言政事，授校書郎。其年，杜鴻漸爲河西節度，辟爲從事，累授評事、御史。後入朝，歷工、戶、兵、吏四員外郎。永泰末，劍南叛亂，鴻漸以宰相出領山、劍副元帥，以亞及楊炎並爲判官。使還，授吏部郎中、諫議大夫；炎爲禮部郎中、知制誥、中書舍人。亞自以才用合當柄任，雖爲諫議大夫，而心不悅。李栖筠承恩，衆望必爲宰相，亞厚結之。元載得罪，亞與劉晏、李涵等七人同鞫訊之。載死之翌日，亞遷給事中、河北宣慰使。宰相常衮亦不悅亞，歲餘，出爲洪州刺史、兼御史中丞、江西都團練觀察使。

德宗初嗣位，勵精求賢，令中使召亞。亞自揣必以宰輔見徵，乃促程而進，累路與人言議，語及行宰相事，方面或以公事諮祈，亞皆納之。既至，帝微知之，不悅，又奏對辭旨疏闊，出爲陝州觀察使兼轉運使。尋遷河中、晉、絳等州防禦觀察使。楊炎作相，劉晏得罪，亞坐貶睦州刺史。

興元初，召拜刑部侍郎。出爲揚州長史、兼御史大夫、淮南節度觀察使。時承陳少遊征稅煩重，奢侈僭濫之後，又新遭王紹亂兵剽掠，淮南之人，望亞之至，革剗舊弊，冀以康寧。亞自以材當公輔之選，而聯出外職，志頗不適，政事多委參佐，招引賓客，談論而已。揚州官河塡淤，漕輓堙塞，又僑寄衣冠及工商等多侵衢造宅，行旅擁弊。亞乃開拓疏啓，公私悅賴，而盛爲奢侈。江南風俗，春中有競渡之戲，方舟並進，以急趨疾進者爲勝。亞乃令以漆塗船底，貴其速進；又爲綺羅之服，塗之以油，令舟子衣之，入水而不濡。亞本書生，奢縱如此，朝廷亟聞之

貞元五年，以戶部侍郎竇覦爲淮南節度代亞。亞猶以舊望，竇覦甚畏之〔三〕。改檢校

吏部尚書，判東都尚書省事，充東都留守、都防禦使。既病風，尚建利以固寵，奏請開苑內地爲營田，以資軍糧，減度支每年所給，從之。亞不躬親部署，但委判官張薦、楊暎。初，奏請取荒地營田，其苑內地堪耕食者，先爲留司中官及軍人等開墾已盡。亞計急，乃取軍中雜錢舉息與畿內百姓，每至田收之際，多令軍人車牛散入村鄉，收斂百姓所得菽粟將還軍。民家略盡，無可輸稅，人多艱食，由是大致流散。乃厚賂中官，令奏河南尹無政，亞自此亦規求兼領河南尹，事不果。帝漸知虛誕，乃以禮部尚書董晉代爲東都留守，召亞還京師。既風疾漸深，又患脚膝，不任朝謁。貞元十四年卒于家，年七十四，贈太子少傅。

王緯字文卿，太原人也。祖景，司門員外、萊州刺史。父之咸，長安尉，與昆弟之賁、之渙皆善屬文。之咸以緯貴故累贈刺史。緯舉明經，又書判入等，歷長安尉，出佐使府，授御史郎官，入朝爲金部員外郎、劍南租庸使、檢校司封郎中、彭州刺史、檢校庶子、兼御史中丞、西川節度營田副使。初，大曆中，路嗣恭爲江西觀察使，陷害判官李泌，將誅之，緯亦爲路嗣恭判官，說諭救解，獲免。貞元三年，泌爲相，擢授緯給事中；未數日，又擢爲潤州刺史、兼御史中丞、浙江西道都團練觀察使。十年，加御史大夫，兼諸道鹽鐵轉運使，三歲加檢校工部尚書。緯性勤儉，歷官清潔，而傷於苛碎，多用削刻之吏，督察巡屬，人不聊生。貞元十四年卒，年七十一，廢朝一日，贈太子少保。

李若初，趙郡人。貞觀中并州長史、工部侍郎弘節之曾孫也。祖道謙，太府卿。若初少孤貧，初爲轉運使劉晏下微冗散職，晏判官包佶重其勤幹，以女妻之。歷陳州太康令，刺史李芃初涖官，若初獻計，請收斂羨餘錢物，交結權貴，芃厚遇之。累歲，芃遷河陽三城使，奏若初爲從事，軍中之事，多以委之。累授檢校郎中、兼中丞、懷州刺史。轉虢州刺史，坐公事爲觀察使劾奏，免歸。久之，出爲衢州刺史，遷福州刺史、兼御史中丞、福建都團練使。尋遷越州刺史、浙江東道都團練觀察使。十四年秋，代王緯爲潤州刺史、兼御史大夫、浙江西道都團練觀察諸道鹽鐵轉運使。善於吏道，性嚴強力，束斂下吏，人甚畏服。方整理鹽法，頗有次敍。貞元十五年，遇疾卒，廢朝一日，贈禮部尚書。

于頎字休明，河南人也。父庭謂，濟王府倉曹，累贈尚書左僕射。頎少以吏事聞，累授京兆府士曹，爲尹史翽所賞重。翽出鎮襄、漢，奏爲御史，充判官。翽爲亂兵所殺，頎挺出收葬遺骸，時人義之。度支使第五琦署爲河東租庸使，累授鳳翔少尹、度支郎中、兼御史中丞、轉運租庸糧料鹽鐵等使。頎因奏移轉運汴州院於河陰，以汴州累遇兵亂，散失錢帛故也。元載爲諸道營田使，又署爲郎官，令於東都、汝州開置屯田。歷戶部侍郎、秘書少監、京兆尹、太府卿，代杜濟爲京兆尹。

及爲大官，好任機數，專候權要，朝列中無勢利者，視之蔑如也。曲事元載，親昵之。而爲政苛細無大體，丁所生母憂罷。及載得罪後，出爲鄭州刺史，遷河南尹，以無政績代還。時徵汾州刺史劉暹，暹剛腸嫉惡，歷典數州，皆爲廉使畏懼。宰相盧杞恐暹爲御史大夫，虧沮己之所見，遽稱薦頎爲御史大夫，以其柔佞易制也。從幸奉天，改左散騎常侍，歷左千牛上將軍，徙大理卿、太子少保、工部尚書。因入朝仆地，爲金吾仗衞掖起，改太子少師致仕。貞元十五年卒，時年七十四。

盧徵，范陽人也，家於鄭之中牟。少涉獵書記。永泰中，江淮轉運使劉晏辟爲從事，委以腹心之任，累授殿中侍御史。晏得罪，貶珍州司戶。元琇亦晏之門人，興元中爲戶部侍郎、判度支，薦徵爲京兆司錄、度支員外。琇得罪，坐貶爲信州長史。遷信州刺史。入爲右司郎中，驟遷給事中。戶部侍郎竇參深遇之，方倚以自代。貞元八年春，同州刺史闕，參請以尚書左丞趙憬補之，特詔用徵，以間參腹心也。數歲，轉華州刺史。徵冀復入用，深結託中貴，厚遺之。故事，同、華以近地人貧，每正至端午降誕，所獻甚薄；徵遂竭其財賦，每有所進獻，輒加常數，人不堪命。疾病臥理者數年，貞元十六年卒，時年六十四。

楊憑字虛受，弘農人。舉進士，累佐使府。徵爲監察御史，不樂檢束，遂求免。累遷起居舍人、左司員外郎、禮部兵部郎中、太常少卿、湖南江西觀察使，入爲左散騎常侍、刑部侍郎、京兆尹。憑工文辭，少負氣節，與母弟凝、凌相友愛，皆有時名。重交游，尚然諾，與穆質、許孟容、李鄘、王仲舒爲友，故時人稱楊、穆、許、李之友〔三〕，仲舒以後進慕而入焉。性尚簡傲，不能接下，以此人多怨之。及歷二鎮，尤事奢侈。

元和四年，拜京兆尹，爲御史中丞李夷簡劾奏憑前爲江西觀察使贓罪及他不法事，敕付御史臺覆按，刑部尚書李鄘、大理卿趙昌同鞫問臺中。又捕得憑前江西判官、監察御史楊瑗繫於臺，復命大理少卿胡珦、左司員外郎胡証、侍御史韋顗同推鞫之。詔曰：「楊憑頃在先朝，委以藩鎮，累更選用，位列大官。近者憲司奏劾，暴揚前事，計錢累萬，曾不報聞，蒙蔽之罪，於何逃責？又營建居室，制度過差，侈靡之風，傷我儉德。以其自尹京邑，人頗懷之，將議刑書，是加愍惻。宜從遐謫，以誡百僚，可守賀州臨賀縣尉同正，仍馳驛發遣。」先是憑在江西，夷簡自御史出，官在巡屬，憑頗疏縱，不顧接之，夷簡常切齒。及憑歸朝，修第於永寧里，功作併興，又廣蓄妓妾於永樂里之別宅，時人大以爲言。夷簡乘衆議，舉劾前事，且言修營之僭，將欲殺之。及下獄，置對數日，未得其事，夷簡持之益急，上聞，且貶焉，追舊從事以驗。自貞元以來居方鎭者，爲德宗所姑息，故窮極僭奢，無所畏忌。及憲宗即位，以法制臨下，夷簡首舉憑罪，故時議以爲宜；然繩之太過，物論又譏其深切矣。

鄭元，舉進士第，累遷御史中丞。貞元中爲河中節度使杜確行軍司馬。確卒，遂繼爲節度使，入拜尚書左丞。元和二年，轉戶部侍郎、兼御史大夫、判度支。三年春，遷刑部尚書，兼京兆尹。九月，復判度支，依前刑部尚書、兼御史大夫。元性嚴毅，有威斷，更踐劇任，時稱其能。元和四年，以疾辭職，守本官，逾月卒。

杜兼，京兆人，貞觀中宰相杜正倫五代孫。舉進士，累辟諸府從事，拜濠州刺史。兼性浮險，豪侈矜氣。屬貞元中德宗厭兵革，姑息戎鎮，至軍郡刺史，亦難於更代。兼探上情，遂練卒修武，占召勁勇三千人以上聞，乃恣凶威。錄事參軍韋賞、團練判官陸楚，皆以守職論事忤兼，兼密誣奏二人通謀，扇動軍中。忽有制使至，兼率官吏迎于驛中，前呼韋賞、陸楚出，宣制杖殺之。賞進士擢第，楚兗公象先之孫，皆名家，有士林之譽，一朝以無罪受戮，郡中股慄，天下冤歎之。又誣奏李藩，將殺之，語在藩事中。故兼所至，人側目焉。元和初，入爲刑部、吏部郎中，拜給事中，除金商防禦使，旋授河南少尹、知府事，尋正拜河南尹，皆杜佑在相位所借護也。元和四年，卒于官。

裴玢，京兆人。五代祖疏勒國王綽，武德中來朝，授鷹揚大將軍，封天山郡公，因留闕下，遂爲京兆人。玢初爲金吾將軍論惟明傔，德宗幸奉天，以戰功封忠義郡王。惟明鎮鄜坊，累署玢爲都虞候。後節度王栖曜卒，中軍將何朝宗謀作亂，中夜縱火，玢匿身不救火，遲明而擒朝宗。德宗發三司使按問，竟斬朝宗及行軍司馬崔輅，以同州刺史劉公濟爲節度使，以玢爲坊州長史、兼侍御史，充行軍司馬。明年，公濟卒，拜玢鄜州刺史、兼御史大夫，充節度觀察等使。三年，改授山南西道節度觀察等使。

玢歷二鎮，頗以公清苦節爲政，不交權倖，不務貢獻，蔬食敝衣，居處纔避風雨，而廩庫饒實，三軍百姓安業，近代將帥無比焉。及綿疾辭位，請歸長安。元和七年卒，年六十五，贈尚書左僕射，謚曰節。

薛伾，勝州刺史渙之子。尙父汾陽王召置麾下，著名於諸將間。左僕射李揆使西蕃，伾爲將從役。時賊泚之難，昆夷赴義，伾馳騎鄉導，至于武功，擢授左威衞將軍。使絕域者前後數四，累遷左金吾衞大將軍、檢校工部尙書、兼將作監，出爲鄜坊觀察使。元和八年，卒于官，贈潞州大都督。

史臣曰：薛播溫敏有文，鮑防董戎無術。李、嚴太原之政，可謂美矣。蕭昕抱則哲之知，杜亞懷非次之望。王緯淸潔而傷苛碎，若初善理而性剛嚴。于頎好任機權，趨附勢利；盧徵厚斂貨賄，結託中人。楊憑好奢，鄭元有斷。杜兼殺戮端士，怙亂邀君；裴玢發姦謀，安民和衆。而玢敝衣糲食，不交權倖，帑庾咸實，郡邑以寧。若夫君子無求備於人，捨短從長，彰善癉惡，則裴玢之善，抑之更揚；杜兼之惡，欲蓋而彰耳。

校勘記

〔一〕十二年　校勘記卷五〇云：「張氏本『十二』作『建中四』，云依本紀及新書。按朱泚之亂，固建中四年之事，然上文有大曆初之語，大曆紀元凡十四年。或『十二年』下另紀他事而傳寫脫去，或『十二年』三字屬上爲常侍，不屬下朱泚之亂，亦未可知。當存以俟考。」

〔二〕竇覦甚畏之　新書卷一七二杜亞傳作「宰相竇參憚其宿望」。

〔三〕時人稱楊穆許李之友　御覽卷四〇八「友」字作「交」。

舊唐書卷一百四十七

列傳第九十七

杜黃裳　高郢 子定　杜佑 子式方　從郁　式方子悰　從郁子牧

杜黃裳字遵素，京兆杜陵人也。登進士第、宏辭科，杜鴻漸深器重之。爲郭子儀朔方從事，子儀入朝，令黃裳主留務于朔方。邠將李懷光與監軍陰謀代子儀，乃爲僞詔書，欲誅大將温儒雅等。黃裳立辨其僞，以詰懷光，懷光流汗伏罪。諸將有難制者，黃裳矯子儀命盡出之，數月而亂不作。後入爲臺省官，爲裴延齡所惡，十年不遷。貞元末，爲太常卿。王叔文之竊權，黃裳終不造其門。嘗語其子壻韋執誼，令率百官請皇太子監國，執誼遽曰：「丈人纔得一官，可復開口議禁中事耶！」黃裳勃然曰：「黃裳受恩三朝，豈可以一官見買！」即拂衣而出。

尋拜平章事。邠州節度使韓全義曾居討伐之任，無功，黃裳奏罷之。劉闢作亂，議者以劍南險固，不宜生事；唯黃裳堅請討除，憲宗從之。又奏請不以中官爲監軍，祇委高崇文爲使。黃裳自經營伐蜀，以至成功，指授崇文，無不懸合。崇文素憚劉澭，黃裳使人謂崇文曰：「若不奮命，當以劉澭代之。」由是得崇文之死力。旣平蜀，宰臣入賀，帝目黃裳曰：「此卿之功也。」後與憲宗語及方鎭除授，黃裳奏曰：「德宗自艱難之後，事多姑息。貞元中，每帥守物故，必先命中使偵伺其軍動息，其副貳大將中有物望者，必厚賂近臣以求見用，帝必隨其稱美而命之，以是因循，方鎭罕有特命帥守者。陛下宜熟思貞元故事，稍以法度整肅諸侯，則天下何憂不治！」憲宗然其言。由是用兵誅蜀、夏之後，不容藩臣蹇傲，克復兩河，威令復振，蓋黃裳啟其衷也。黃裳有經畫之才，達於權變，然檢身律物，寡廉潔之譽，以是居鼎職不久。二年正月，檢校司空，同平章事，兼河中尹、河中晉絳等州節度使。八月，封邠國公。三年九月，卒於河中，年七十一，贈司徒，諡曰宣。

黃裳性雅澹寬恕，心雖從長，口不忤物。始爲卿士，女嫁韋執誼，深不爲執誼所稱；及執誼譴逐，黃裳終保全之，洎死嶺表，請歸其喪，以辦葬事。及是被疾，醫人誤進其藥，疾甚而不怒。然爲宰相，除授不分流品，或官以賂遷，時論惜之。

黃裳歿後，賄賂事發。八年四月，御史臺奏：「前永樂令吳憑爲僧鑒虛受託，與故司空杜黃裳，於故州邠寧節度使高崇文處納賂四萬五千貫，並付黃裳男載，按問引伏。」敕曰：

「吳憑曾佐使府，忝履宦途，自宜畏法惜身，豈得爲人通貨！事關非道，理合懲懲，宜配流昭州。其付杜載錢物，宰輔之任，寵寄寶深，致茲貨財，不能拒絶，已令按問，悉合徵收，貴全終始之恩，俾弘寬大之典。其所取錢物，並宜矜免，杜載等並釋放。」

載爲太子僕，長慶中，遷太僕少卿、兼御史中丞，充入吐蕃使。

載弟勝，登進士第，大中朝位給事中。勝子庭堅，亦進士擢第。

高郢字公楚，其先渤海蓚人。九歲通春秋，能屬文。天寶末，盜據京邑，父伯祥先爲好畤尉，抵賊禁，將加極刑。郢時年十五，被髮解衣，請代其父，賊黨義之，乃俱釋。後舉進士擢第，應制舉，登茂才異行科，授華陰尉。嘗以魯不合用天子禮樂，乃引公羊傳著魯議，見稱於時，由是授咸陽尉。

郭子儀節制朔方，辟爲掌書記。子儀嘗怒從事張曇，奏殺之，郢極言爭救，忤子儀旨，奏貶猗氏丞。李懷光節制邠寧，奏爲從事，累轉副元帥判官、檢校禮部郎中。懷光背叛，將歸河中，郢言：「西迎大駕，豈非忠乎！」懷光忿而不聽。及歸鎭，又欲悉衆而西，時渾瑊軍孤，羣帥未集，郢與李鄘誓死駐之。屬懷光長子璀候郢，郢乃諭以逆順曰：「人臣所宜效順。

且自天寶以來阻兵者，今復誰在？況國家自有天命，非獨人力。今若恃衆西向，自絕于天，十室之邑，必有忠信，安知三軍不有奔潰者乎？」李璀震懼，流淚氣索。明年春，郢與都知兵馬使呂鳴岳、都虞候張延英同謀間道上表；及受密詔，事洩，二將立死。懷光乃大集將卒，白刃盈庭，引郢詰之。郢挺然抗辭，無所慚隱，憤氣感發，觀者淚下，懷光慚沮而止。德宗還京，命諫議大夫孔巢父、中人啖守盈赴河中宣慰懷光，授以太保，而懷光怒，激其親兵詬詈，殺守盈及巢父。巢父之被刃也，委於地，郢就而撫之。及懷光被誅，馬燧辟郢爲掌書記。

未幾，徵拜主客員外，遷刑部郎中，改中書舍人，凡九歲，拜禮部侍郎。時應進士舉者，多務朋游，馳逐聲名；每歲冬，州府薦送後，唯追奉讌集，罕肄其業。郢性剛正，尤嫉其風，既領職，拒絕請託，雖同列通熟，無敢言者。志在經藝，專考程試。凡掌貢部三歲，進幽獨，抑浮華，朋濫之風，翕然一變。拜太常卿。貞元十九年冬，進位銀青光祿大夫，守中書侍郎、同中書門下平章事。順宗卽位，轉刑部尚書，爲韋執誼等所憚。尋罷知政事，以本官判吏部尚書事。明年，出鎮華州。

元和元年冬，復拜太常卿，尋除御史大夫。數月，轉兵部尚書。逾月，再表乞骸，不許。又上言曰：「臣聞勞生佚老，天理自然，蠕動翾飛，日入皆息。自非貢禹之守經據古，趙喜之正身匪懈，韓暨之志節高潔，山濤之道德模表，縱過常期，詎爲貪冒。其有當仁不讓，急病忘身，豈止君命，猶宜身舉。臣郢不才，久辱高位，無任由衷瀝懇之至。」乃授尚書右僕射致仕。六年七月卒，年七十二。贈太子太保，謚曰貞。

郢性恭愼廉潔，罕與人交游，守官奉法勤恪，掌誥累年，家無制草。或謂之曰：「前輩皆留制集，公焚之何也？」曰：「王言不可存私家。」時人重其愼密。與鄭珣瑜並命拜相，未幾，德宗升遐。時同在相位，杜佑以宿舊居上，而韋執誼由朋黨專柄。順宗風恙方甚，樞機不宣，而王叔文以翰林學士兼戶部侍郎，充度支副使。是時政事，王叔文謀議，王伾通導，李忠言宣下，韋執誼奉行。珣瑜自受命，憂形顏色，至是以勢不可奪，因稱疾不起；郢則因循，竟無所發，以至於罷。物論定此爲優劣焉。子定嗣。

定，幼聰警絕倫，年七歲時，讀尚書湯誓，問郢曰：「奈何以臣伐君？」郢曰：「應天順人，不爲非道。」又問曰：「用命賞于祖，不用命戮于社，是順人乎？」父不能對。仕至京兆參軍。小字董二，人以幼慧，多以字稱之。尤精王氏易，嘗爲易圖，合八出以畫八卦，上圓下方，合則重，轉則演，七轉而六十四卦六甲八節備焉。著易外傳二十二卷。

杜佑字君卿，京兆萬年人。曾祖行敏，荆、益二州都督府長史、南陽郡公。祖慤，右司員外郎、詳正學士。父希望，歷鴻臚卿、恆州刺史、西河太守，贈右僕射。佑以蔭入仕，補濟南郡參軍、剡縣丞。時潤州刺史韋元甫嘗受恩於希望，佑謁見，元甫未之知，以故人子待之。他日，元甫視事，有疑獄不能決，佑時在旁，元甫試訊於佑，佑口對響應，皆得其要，元甫奇之，乃奏爲司法參軍。元甫爲浙西觀察、淮南節度，皆辟爲從事，深所委信。累官至檢校主客員外郎，入爲工部郎中，充江西青苗使〔一〕，轉撫州刺史。改御史中丞，充容管經略使。楊炎入相，徵入朝，歷工部、金部二郎中，並充水陸轉運使，改度支郎中，兼和糴等使。時方軍興，餽運之務，悉委於佑，遷戶部侍郎、判度支。爲盧杞所惡，出爲蘇州刺史。佑母在，杞以蘇州憂闕授之，佑不行，俄換饒州刺史。未幾，兼御史大夫，充嶺南節度使。時德宗在興元，朝廷故事，執政往往遺脫；舊嶺南節度，常兼五管經略使，佑獨不兼。故五管不屬嶺南，自佑始也。

貞元三年，徵爲尙書左丞，又出爲陝州觀察使，遷檢校禮部尙書、揚州大都督府長史，充淮南節度使。丁母憂，特詔起復，累轉刑部尙書、檢校右僕射。十六年，徐州節度使張建封卒，其子愔爲三軍所立，詔佑以淮南節制檢校左僕射、同平章事，兼徐泗節度使，委以討伐。佑乃大具舟艦，遣將孟準先當之。準渡淮而敗，佑杖之，固境不敢進。及詔以徐州授惛，而加佑兼濠、泗等州觀察使。在揚州開設營壘三十餘所，士馬修葺，然於賓僚間依阿無制，判官南宮僔、李亞、鄭元均爭權，頗紊軍政，德宗知之，並竄於嶺外。

十九年入朝，拜檢校司空、同平章事，充太淸宮使。德宗崩，佑攝冢宰，尋進位檢校司徒，充度支鹽鐵等使，依前平章事。旋又加弘文館大學士。時王叔文爲副使，佑雖總統，而權歸叔文。叔文敗，又奏李巽爲副使，頗有所立。順宗崩，佑復攝冢宰，尋讓金穀之務，引李巽自代。先是，度支以制用惜費，漸權百司之職，廣署吏員，繁而難理；佑始奏營繕歸之將作，木炭歸之司農，染練歸之少府，綱條頗整，公議多之，朝廷允其議。

元和元年，册拜司徒、同平章事，封岐國公。時河西党項潛導吐蕃入寇，邊將邀功，亟請擊之。佑上疏論之曰：

臣伏見党項與西戎潛通，屢有降人指陳事迹，而公卿廷議，以爲誠當謹兵戎，備侵軼，益發甲卒，邀其寇暴。此蓋未達事機，匹夫之常論也。

夫蠻夷猾夏，唐虞已然。周宣中興，玁狁爲害，但命南仲往城朔方，追之太原，及境而止，誠不欲弊中國而怒遠夷也。秦平六國，恃其兵力，北築長城，以拒匈奴，西逐諸羌，出於塞外。勞力擾人，結怨階亂，中國未靜，白徒競起，海內雲擾，實生謫戍。漢武因文、景之富，命將興師，遂至戶口減半，竟下哀痛之詔，罷田輪臺。前史書之，尙嘉其先迷而後復。蓋聖王之理天下也，唯務綏靜蒸人，西至流沙，東漸于海，在南與北，亦存聲教。不以遠物爲珍，匪求遐方之貢，豈疲內而事外，終得少而失多。故前代納忠之臣，並有匡君之議。淮南王請息師于閩越，賈捐之願棄地于珠崖，安危利害，高懸前史。

昔馮奉世矯漢帝之詔，擊莎車，傳其王首於京師，威震西域，宣帝大悅，議加爵土之賞。蕭望之獨以爲矯制違命，雖有功效，不可爲法，恐後之奉使者爭逐發兵，爲國家生事，述理明白，其言遂行。國家自天后已來，突厥默啜兵強氣勇，屢寇邊城，爲害頗甚。開元初，邊將郝靈佺親捕斬之，傳首闕下，自以爲功，代莫與二，坐望榮寵。宋璟爲相，慮武臣邀功，爲國生事，止授以郎將。由是訖開元之盛，無人復議開邊，中國遂寧，外夷亦靜。此皆成敗可徵，鑒戒非遠。

且党項小蕃，雜處中國，本懷我德，當示撫綏。間者邊將非廉，亟有侵刻，或利其善馬，或取其子女，便賄方物，徵發役徒。勞苦既多，叛亡遂起，或與北狄通使，或與西戎寇邊，有爲使然，固當懲革。傳曰：「遠人不服，則修文德以來之。」管子曰：「國家無使勇猛者爲邊境。」此誠聖哲識微知著之遠略也。今戎醜方強，邊備未實，誠宜慎擇良將，誡之完葺，使保誠信，絕其求取，用示懷柔。來則懲禦，去則謹備，自然彼懷，革其姦謀，何必遽圖興師，坐致勞費。陛下上聖君人，覆育羣類，動必師古，謀無不臧。伏望堅保永圖，置兵袵席，天下幸甚。臣識昧經綸，學慚博究，竊鼎鉉之寵任，爲朝廷之老臣，恩深莫倫，志懇思報，臧否備閱，芻蕘上陳，有瀆旒扆，伏深惶悚。

上深嘉納。

歲餘，請致仕，詔不許，但令三五日一入中書，平章政事。每入奏事，憲宗優禮之，不名，常呼司徒。佑城南樊川有佳林亭，卉木幽邃，佑每與公卿讌集其間，廣陳妓樂。諸子咸居朝列，當時貴盛，莫之與比。元和七年，被疾，六月，復乞骸骨，表四上，情理切至，憲宗不獲已許之。詔曰：

宣力濟時，爲臣之懿躅；辭榮告老，行己之高風。況乎任重公台，義深翼贊，秉沖讓之志，堅金石之誠。敦諭既勤，所執彌固，則當遂其衷懇，進以崇名，尙齒優賢，斯王化之本也。

金紫光祿大夫、守司徒、同中書門下平章事、兼充弘文館大學士、太淸宮使、上柱國、岐國公、食邑三千戶杜佑，巖廊上才，邦國茂器，蘊經通之識，履温厚之姿，寬裕本乎性情，謀猷彰乎事業。博聞強學，知歷代沿革之宜；爲政惠人，審羣黎利病之要。

由是再司邦用，累歷藩方，出總戎麾，入和鼎實。聿膺重寄，歷事先朝，左右朕躬，夙夜不懈。命以詔册，登之上公，肅恭在廷，華髮承弁。茲可謂國之元老，人之具瞻者也。

朕纘承丕業，思弘景化，選勞求舊，期致時邕，方伸引翼之儀，遽抗懸車之請。而又固辭年疾，乞就休閑，已而復來，星琯屢變，有不可抑，良用耿然。永惟古先哲王，君臣之際，臣有耆艾以求其退，君有優賜以徇其情，乃輟鄧禹敷教之功，仍增王祥輔導之秩，俾養浩然之氣，安於敬止之鄉，庶乎怡神葆和，永綏福履。仍加階級，以厚寵章，可光祿大夫、守太保致仕，宜朝朔望。

是日，上遣中使就佑第賜絹五百匹、錢五百千。其年十一月薨，壽七十八，廢朝三日，册贈太傅，謚曰安簡。

佑性敦厚強力，尤精吏職，雖外示寬和，而持身有術。爲政弘易，不尚皦察，掌計治民，物便而濟，馭戎應變，卽非所長。性嗜學，該涉古今，以富國安人之術爲己任。初開元末，劉秩採經史百家之言，取周禮六官所職，撰分門書三十五卷，號曰政典，大爲時賢稱賞，房琯以爲才過劉更生。佑得其書，尋味厥旨，以爲條目未盡，因而廣之，加以開元禮、樂，書成二百卷，號曰通典。貞元十七年，自淮南使人詣闕獻之，曰：

臣聞太上立德，不可庶幾；其次立功，遂行當代；其次立言，見志後學。由是往哲遞相祖述，將施有政，用乂邦家。臣本以門資，幼登官序，仕非遊藝，才不逮人，徒懷自強，頗玩墳籍。雖履歷叨幸，或職劇務殷，竊惜光陰，未嘗輕廢。夫孝經、尚書、毛詩、周易、三傳，皆父子君臣之要道，十倫五教之宏綱，如日月之下臨，天地之大德，百王是式，終古攸遵。然多記言，罕存法制，愚管窺測，莫達高深，輒肆荒虛，誠爲億度。每念懵學，莫探政經，略觀歷代衆賢著論，多陳紊失之弊，或闕匡拯之方。臣旣庸淺，寧詳損益，未原其始，莫暢其終。尙賴周氏典禮，秦皇蕩滅不盡，縱有繁雜，且用準繩。至於往昔是非，可爲來今龜鏡，布在方册，亦粗研尋。自頃纘修，年踰三紀，識寡思拙，心昧辭蕪。圖籍實多，事目非少，將事功畢，罔愧乖疏，固不足發揮大猷，但竭愚盡慮而已。書凡九門，計貳百卷，不敢不具上獻，庶明鄙志所之，塵瀆聖聰，兢惶無措。

優詔嘉之，命藏書府。其書大傳於時，禮樂刑政之源，千載如指諸掌，大爲士君子所稱。

佑性勤而無倦，雖位極將相，手不釋卷；質明視事，接對賓客，夜則燈下讀書，孜孜不怠。與賓佐談論，人憚其辯而伏其博，設有疑誤，亦能質正。始終言行，無所玷缺，唯在淮南時，妻梁氏亡後，升嬖妾李氏爲正室，封密國夫人，親族子弟言之不從，時論非之。三子，師損嗣，位終司農少卿。

式方字考元。以蔭授揚府參軍，轉常州晉陵尉。浙西觀察使王緯辟爲從事，入爲太子通事舍人，改太常寺主簿。明練鐘律，有所考定，深爲高郢所賞。時父作鎮揚州，家財鉅萬，甲第在安仁里，杜城有別墅，亭館林池，爲城南之最。昆仲皆在朝廷，與時賢遊從，樂而有節。既而佑入中書，出爲昭應令。丁父憂，服闋，遷司農少卿，賜金紫，加正議大夫、太僕卿。時少子悰選尚公主，式方以右戚移病不視事。久之，穆宗卽位〔三〕，轉兼御史中丞，充桂管觀察都防禦使。長慶二年三月，卒於位，贈禮部尚書。式方性孝友，弟兄尤睦。季弟從郁，少多疾病，式方每躬自煎調，藥膳水飲，非經式方之手，不入於口。及從郁夭喪，終年號泣，殆不勝情，士友多之。子憚、憓、悰、恂。憚嗣，富平尉；憓，興平尉。

悰，以蔭三遷太子司議郎。元和九年，選尚公主，召見于麟德殿。尋尚岐陽公主，加銀青光祿大夫、殿中少監、駙馬都尉。岐陽，憲宗長女，郭妃之所生。自頃選尚，多於貴戚或武臣節將之家。于時翰林學士獨孤郁，權德輿之女壻，時德輿作相，郁避嫌辭內職。上頗重學士，不獲已許之，且歎德輿有佳壻，遂令宰臣於卿士家選尚文雅之士可居清列者。初於文學後進中選擇，皆辭疾不應，唯悰願焉。累遷至司農卿。太和六年，轉京兆尹。七年，檢校刑部尚書，出爲鳳翔尹、鳳翔隴右節度。丁內艱，八年，起復授忠武軍節度使、陳許蔡觀察等使，就加兵部尚書。開成初，入爲工部尚書、判度支。屬岐陽公主薨，久而未謝。文宗怪之，問左右。戶部侍郎李珏對曰：「近日駙馬爲公主服斬衰三年，所以士族之家不願爲國戚者，半爲此也。杜悰未謝，拘此服紀也。」上愕然曰：「予初不知。」乃詔曰：「制服輕重，必由典禮。如聞往者駙馬爲公主服三年，緣情之義，殊非故實，違經之制，今乃聞知。宜令行杖周，永爲通制。」三年，改戶部尚書，兼判戶部度支事。會昌中，拜中書侍郎、同中書門下平章事，尋加左僕射。

大中初，出鎭西川，降先沒吐蕃維州。州即古西戎地也，其地南界江陽，岷山連嶺而西，不知其極，北望隴山，積雪如玉，東望成都，若在井底。地接石紐山，夏禹生于石紐山是也。其州在岷山之孤峰，三面臨江。天寶後，河、隴繼陷，惟此州在焉。吐蕃利其險要，二十年間，設計得之，遂據其城，因號曰無憂城，吐蕃由是不虞邛、蜀之兵。先是，李德裕鎭西川，維州吐蕃首領悉怛謀以城來降，德裕奏之，執政者與德裕不協，遽勒還其城。至是復收之，亦不因兵刃，乃人情所歸也。俄復入相，加司空，繼加司徒，歷鎭重藩。至是加太傅、邠國公。悰無他才，常延接寒素，甘食竊位而已。

從郁，以蔭貞元末再遷太子司議郎。元和初，轉左補闕，諫官崔羣、韋貫之、獨孤郁等以從郁宰相子，不合爲諫官，乃降授左拾遺。羣等復執曰：「拾遺之與補闕，雖資品有殊，皆名諫列。父爲宰相，子爲諫官，若政有得失，不可使子論父。」乃改爲祕書丞，終駕部員外郎。子牧、顗，俱登進士第。顗後病目而卒。

牧字牧之，既以進士擢第，又制舉登乙第，解褐弘文館校書郎，試左武衞兵曹參軍。沈傳師廉察江西宣州，辟牧爲從事、試大理評事。又爲淮南節度推官、監察御史裏行，轉掌書記。俄眞拜監察御史，分司東都，以弟顗病目棄官。授宣州團練判官、殿中侍御史、內供奉。遷左補闕、史館修撰，轉膳部、比部員外郎，並兼史職。出牧黃、池、睦三郡，復遷司勳員外郎、史館修撰，轉吏部員外郎。又以弟病免歸。授湖州刺史，入拜考功郎中、知制誥，歲中遷中書舍人。牧好讀書，工詩爲文，嘗自負經緯才略。武宗朝誅昆夷、鮮卑，牧上宰相書論兵事，言「胡戎入寇，在秋冬之間，盛夏無備，宜五六月中擊胡爲便」。李德裕稱之。注曹公所定孫武十三篇行於代。

牧從兄悰隆盛于時，牧居下位，心常不樂。將及知命，得病，自爲墓志、祭文。又嘗夢人告曰：「爾改名畢。」踰月，奴自家來，告曰：「炊將熟而甑裂。」牧曰：「皆不祥也。」俄又夢書行紙曰：「皎皎白駒，在彼空谷。」寤寢而歎曰：「此過隙也。吾生於角，徵還於角〔三〕，爲第八宮，吾之甚厄也。予自湖守遷舍人，木還角，足矣。」其年，以疾終於安仁里，年五十。有集二十卷，曰杜氏樊川集，行於代。子德祥，官至丞郎。

史臣曰：黃裳以道致君，持誠奉主，辨懷光之詐，罷全義之征。討賊闢之凶，舉無遺算；葬執誼之柩，豈曰不仁。郢天縱之性，總丱之年，代父命於臨刑，孝也；懷光之亂，王人被傷，撫巢父於賊庭，義也；抑浮濫之流，考藝文之士，盡搜幽滯，大變時風，正也；保止足之名，辭榮辱之路，高避世利，遐躅昔賢，智也。忠孝全矣，仁智備矣。此二子者，皆臨大節而不可奪也。佑承蔭入仕，讞獄受知，博古該今，輸忠效用，位居極品，榮逮子孫，操修之報，不亦宜哉！及其賓僚紊法，嬖妾受封，事重因循，難乎語於正矣。牧之文章，悰之長厚，能否既異，才位不倫，命矣夫！

贊曰：貞公壯節，臨難奮發。言行無玷，斯爲明哲。戡亂阜俗，時泰位隆。國之名臣，邢公、岐公。

校勘記

〔一〕充江西青苗使　新書卷一六六杜佑傳「江西」作「江淮」。

〔二〕穆宗卽位　「穆宗」，各本原作「文宗」，下文云式方於長慶二年三月卒，猶未至文宗時也，新書卷一六六杜佑傳作「穆宗立」，是也，今據改。

〔三〕徵還於角　「徵還」，御覽卷四〇〇作「昴畢」。

舊唐書卷一百四十八

列傳第九十八

裴垍　李吉甫　李藩　權德輿 子璩

裴垍字弘中，河東聞喜人。垂拱中宰相居道七代孫。垍弱冠舉進士。貞元中，制舉賢良極諫，對策第一，授美原縣尉。秩滿，藩府交辟，皆不就。拜監察御史，轉殿中侍御史、尚書禮部考功二員外郎。時吏部侍郎鄭珣瑜請垍考詞判，垍守正不受請託，考覈皆務才實。

元和初，召入翰林爲學士，轉考功郎中、知制誥，尋遷中書舍人。李吉甫自翰林承旨拜平章事，詔將下之夕，感出涕，謂垍曰：「吉甫自尚書郎流落遠地，十餘年方歸，便入禁署，今纔滿歲，後進人物，罕所接識。宰相之職，宜選擢賢俊，今則懵然莫知能否。卿多精鑒，今之才傑，爲我言之。」垍取筆疏其名氏，得三十餘人；數月之內，選用略盡，當時翕然稱吉甫有得人之稱。三年，詔舉賢良，時有皇甫湜對策，其言激切，牛僧孺、李宗閔亦苦詆時政。考官楊於陵、韋貫之升三子之策皆上第，垍居中覆視，無所同異。及爲貴倖泣訴，請罪於上，憲宗不得已，出於陵、貫之官，罷垍翰林學士，除戶部侍郎。然憲宗知垍好直，信任彌厚。

其年秋，李吉甫出鎮淮南，遂以垍代爲中書侍郎、同平章事。明年，加集賢院大學士、監修國史。垍奏：「集賢御書院，請準六典，登朝官五品已上爲學士，六品已下爲直學士；自非登朝官，不問品秩，並爲校理；其餘名目一切勒停。史館請登朝官入館者，並爲修撰；非登朝官，並爲直史館。仍永爲常式。」皆從之。元和五年，中風病。憲宗甚嗟惜，中使旁午致問，至於藥膳進退，皆令疏陳。疾益痼，罷爲兵部尙書，仍進階銀青。明年，改太子賓客。卒　廢朝，賻禮有加，贈太子少傅。

初，垍在翰林承旨，屬憲宗初平吳、蜀，勵精思理，機密之務，一以關垍，垍小心敬愼，甚稱中旨。及作相之後，懇請旌別淑慝，杜絕蹊徑，齊整法度，考課吏理，皆蒙垂意聽納。吐突承璀自春宮侍憲宗，恩顧莫二。承璀承間欲有所關說，憲宗憚垍，誡勿復言，在禁中常以官呼垍而不名。楊於陵爲嶺南節度使，與監軍許遂振不和，遂振誣奏於陵，憲宗令追與慢官，垍曰：「以遂振故罪一藩臣，不可。」請授吏部侍郎。嚴綬在太原，其政事一出監軍李輔光，緩但拱手而已，垍具奏其事，請以李鄘代之。

王士眞死，其子承宗以河北故事請代父爲帥。憲宗意速於太平，且頻盪寇孽，謂其地可取。吐突承璀恃恩，謀撓垍權，遂伺君意，請自征討。盧從史陰苞逆節，內與承宗相結約，而外請興師，以圖厚利。垍一一陳其不可，且言：「武俊有大功於朝，前授李師道而後奪承宗，是賞罰不一，無以沮勸天下。」逗留半歲，憲宗不決，承璀之策竟行。及師臨賊境，從史果攜貳，承璀數督戰，從史益驕倨反覆，官軍病之。時王師久暴露無功，上意亦怠。後從史遣其衙門將王翊元入奏，垍延與語，微動其心，且喩以爲臣之節，翊元因吐誠言從史惡稔可圖之狀。垍遣再往，比復還，遂得其大將烏重胤等要領。垍因從容啓言：「從史暴戾，有無君之心。今聞其視承璀如嬰孩，往來神策壁壘間，益自恃不嚴，是天亡之時也。若不因其機而致之，後雖興師，未可以歲月破也。」憲宗初愕然，熟思其計，方許之。垍因請密其謀，憲宗曰：「此唯李絳、梁守謙知之。」時絳承旨翰林，守謙掌密命。後承璀竟擒從史，平上黨，其年秋班師。垍以「承璀首唱用兵，今還無功，陛下縱念舊勞，不能加顯戮，亦請貶黜以謝天下」。遂罷承璀兵柄。

先是，天下百姓輸賦於州府：一曰上供，二曰送使，三曰留州。建中初定兩稅時，貨重錢輕；是後貨輕錢重，齊人所出，固已倍其初征。而其留州送使，所在長吏又降省估使就實估，以自封殖而重賦於人。及垍爲相，奏請：「天下留州、送使物，一切令依省估。其所在觀察使，仍以其所涖之郡租賦自給，若不足，然後徵於支郡。」其諸州送使額，悉變爲上供，故江淮稍息肩。

垍雖年少，驟居相位，而器局峻整，有法度，雖大僚前輩，其造請不敢干以私。諫官言時政得失，舊事，操權者多不悅其舉職。垍在中書，有獨孤郁、李正辭、嚴休復自拾遺轉補闕，及參謝之際，垍延語之曰：「獨孤與李二補闕，孜孜獻納，今之遷轉，可謂酬勞無愧矣。嚴補闕官業，或異於斯，昨者進擬，不無疑緩。」休復悚恧而退。垍在翰林，舉李絳、崔羣同掌密命，及在相位，用韋貫之、裴度知制誥，擢李夷簡爲御史中丞，其後繼踵入相，咸著名跡。其餘量材賦職，皆叶人望，選任之精，前後莫及。議者謂垍作相，才與時會，知無不爲，于時朝無倖人，百度寖理，而再周遘疾，以至休謝，公論惜之。

李吉甫字弘憲，趙郡人。父棲筠，代宗朝爲御史大夫，名重於時，國史有傳。吉甫少好學，能屬文。年二十七，爲太常博士，該洽多聞，尤精國朝故實，沿革折衷，時多稱之。遷屯田員外郎，博士如故，改駕部員外。宰臣李泌、竇參推重其才，接遇頗厚。及陸贄爲相，出爲明州員外長史，久之遇赦，起爲忠州刺史。時贄已謫在忠州，議者謂吉甫必逞憾於贄，重搆其罪；及吉甫到部，與贄甚歡，未嘗以宿嫌介意。六年不徙官，以疾罷免。尋授郴州刺史，遷饒州。先是，州城以頻喪四牧，廢而不居，物怪變異，郡人信驗；吉甫至，發城門管鑰，剪荆榛而居之，後人乃安。

憲宗嗣位，徵拜考功郎中、知制誥，既至闕下，旋召入翰林爲學士，轉中書舍人，賜紫。憲宗初即位，中書小吏滑渙與知樞密中使劉光琦暱善，頗竊朝權，吉甫請去之。劉闢反，帝命誅討之，計未決，吉甫密贊其謀，兼請廣徵江淮之師，由三峽路入，以分蜀寇之力。事皆允從，由是甚見親信。二年春，杜黃裳出鎭，擢吉甫爲中書侍郎、平章事。吉甫性聰敏，詳練物務，自員外郎出官，留滯江淮十五餘年，備詳閭里疾苦。及是爲相，患方鎭貪恣，乃上言使屬郡刺史得自爲政。敍進羣材，甚有美稱。

三年秋，裴均爲僕射、判度支，交結權倖，欲求宰相。先是，制策試直言極諫科，其中有譏刺時政，忤犯權倖者，因此均黨揚言皆執政教指，冀以搖動吉甫，賴諫官李約、獨孤郁、李正辭、蕭俛密疏陳奏，帝意乃解。吉甫早歲知獎羊士諤，擢爲監察御史；又司封員外郎呂温有詞藝，吉甫亦眷接之。竇羣亦與羊、呂善，羣初拜御史中丞，奏請士諤爲侍御史，温爲郎中、知雜事。吉甫怒其不先關白，而所請又有超資者，持之數日不行，因而有隙。羣遂伺得日者陳克明出入吉甫家，密捕以聞，憲宗詰之，無姦狀。吉甫以裴垍久在翰林，憲宗親信，必當大用，遂密薦垍代己，因自圖出鎮。其年九月，拜檢校兵部尚書，兼中書侍郎、平章事，充淮南節度使，上御通化門樓餞之。在揚州，每有朝廷得失，軍國利害，皆密疏論列。又於高郵縣築堤爲塘，漑田數千頃，人受其惠。

五年冬，裴垍病免。明年正月，授吉甫金紫光祿大夫、中書侍郎、平章事、集賢殿大學士、監修國史、上柱國、趙國公。及再入相，請減省職員并諸色出身胥吏等，及量定中外官俸料，時以爲當。京城諸僧有以莊磑免稅者，吉甫奏曰：「錢米所徵，素有定額，寬緇徒有餘之力，配貧下無告之民，必不可許。」憲宗乃止。又請歸普潤軍於涇原。

七年，京兆尹元義方奏：「永昌公主準禮令起祠堂，請其制度。」初貞元中，義陽、義章二公主咸於墓所造祠堂一百二十間，費錢數萬；及永昌之制，上令義方減舊制之半。吉甫奏曰：「伏以永昌公主，稚年夭枉，舉代同悲，況於聖情，固所鍾念。然陛下猶減制造之半，示折衷之規，昭儉訓人，實越今古。臣以祠堂之設，禮典無文，德宗皇帝恩出一時，事因習俗，當時人間不無竊議。昔漢章帝時，欲爲光武原陵、明帝顯節陵各起邑屋，東平王蒼上疏言其不可。東平王卽光武之愛子，明帝之愛弟。賢王之心，豈惜費於父兄哉！誠以非禮之事，人君所當愼也。今者，依義陽公主起祠堂，臣恐不如量置墓戶，以充守奉。」翌日，上謂吉甫曰：「卿昨所奏罷祠堂事，深愜朕心。朕初疑其冗費，緣未知故實，是以量減。覽卿所陳，方知無據。然朕不欲破二十戶百姓，當揀官戶委之。」吉甫拜賀。上曰：「卿，此豈是難事。有關朕身，不便於時者，苟聞之則改，此豈足多耶！卿但勤匡正，無謂朕不能行也。」

七年七月，上御延英，顧謂吉甫曰：「朕近日畋遊悉廢，唯喜讀書。昨於代宗實錄中，見其時綱紀未振，朝廷多事，亦有所鑒誡。向後見卿先人事迹，深可嘉歎。」吉甫降階跪奏曰：「臣先父伏事代宗，盡心盡節，迫於流運，不待聖時，臣之血誠，常所追恨。陛下耽悅文史，聽覽日新，見臣先父忠於前朝，著在實錄，今日特賜褒揚，先父雖在九泉，如覩白日。」因俯伏流涕，上慰諭之。

八年十月，上御延英殿，問時政記記何事。時吉甫監修國史，先對曰：「是宰相記天子事以授史官之實錄也。古者左史記言，今起居舍人是；右史記事〔一〕，今起居郎是。永徽中，宰相姚璹監修國史，慮造膝之言，或不可聞，因請隨奏對而記於仗下，以授于史官，今時政記是也。」上曰：「間或不修，何也？」曰：「面奉德音，未及施行，總謂機密，故不可書以送史官；其間有謀議出於臣下者，又不可自書以付史官；及已行者，制令昭然，天下皆得聞知，卽史官之記，不待書以授也。且臣觀時政記者，姚璹修之於長壽，及璹罷而事寢；賈耽、齊抗修之於貞元，及耽、抗罷而事廢。然則關時政化者，不虛美，不隱惡，謂之良史也。」

是月，迴紇部落南過磧，取西城柳谷路討吐蕃，西城防禦使周懷義表至，朝廷大恐，以爲迴紇聲言討吐蕃，意是入寇。吉甫奏曰：「迴紇入寇，且當漸絕和事，不應便來犯邊，但須設備，不足爲慮。」因請自夏州至天德，復置廢館一十一所，以通緩急。又請發夏州騎士五百人，營於經略故城，應援驛使，兼護党項。九年，請於經略故城置宥州。六胡州以在靈鹽界，開元中廢六州。曰：「國家舊置宥州，以寬宥爲名，領諸降戶。天寶末，宥州寄理於經略軍，蓋以地居其中，可以總統蕃部，北以應接天德，南援夏州。今經略遙隸靈武，又不置軍鎮，非舊制也。」憲宗從其奏，復置宥州，詔曰：「天寶中宥州寄理於經略軍，寶應已來，因循遂廢。由是昆夷屢擾，党項靡依，蕃部之人，撫懷莫及。朕方弘遠略，思復舊規，宜於經略軍置宥州，仍爲上州，於郭下置延恩縣，爲上縣，屬夏綏銀觀察使。」

淮西節度使吳少陽卒，其子元濟請襲父位。吉甫以爲淮西內地，不同河朔，且四境無黨援，國家常宿數十萬兵以爲守禦，宜因時而取之。頗叶上旨，始爲經度淮西之謀。

元和九年冬，暴病卒，年五十七。憲宗傷悼久之，遣中使臨弔，常贈之外，內出絹五百匹以恤其家，再贈司空。吉甫初爲相，頗洽時情，及淮南再徵，中外延望風采。秉政之後，視聽時有所蔽，人心疑憚之。時負公望者慮爲吉甫所忌，多避畏。憲宗潛知其事，未周歲，遂擢用李絳，大與絳不協；而絳性剛訐，於上前互有爭論，人多直絳。然性畏愼，雖其不悅者，亦無所傷。服物食味，必極珍美，而不殖財產，京師一宅之外，無他第墅，公論以此重之。有司謚曰「敬憲」，及會議，度支郎中張仲方駁之，以爲太優。憲宗怒，貶仲方，賜吉甫謚曰忠懿。

吉甫嘗討論易象異義，附於一行集注之下；及綴錄東漢、魏、晉、周、隋故事，訖其成敗損益大端，目爲六代略，凡三十卷；分天下諸鎭，紀其山川險易故事，各寫其圖於篇首，爲五十四卷，號爲元和郡國圖；又與史官等錄當時戶賦兵籍，號爲國計簿，凡十卷；纂六典諸職爲百司舉要一卷。皆奏上之，行於代。子德脩、德裕。

李藩字叔翰，趙郡人。曾祖至遠，天后時李昭德薦爲天官侍郎，不詣昭德謝恩，時昭德怒，奏黜爲壁州刺史。祖畬，開元時爲考功郎中，事母孝謹，母卒，不勝喪死。至遠、畬皆以志行名重一時。父承，爲湖南觀察使，亦有名。

藩少恬淡修檢，雅容儀，好學。父卒，家富於財，親族弔者，有挈去不禁，愈務散施，不數年而貧。年四十餘未仕，讀書揚州，困於自給，妻子怨尤之，晏如也。杜亞居守東都，以故人子署爲從事。洛中盜發，有誣牙將令狐運者，亟信之，拷掠竟罪；藩知其寃，爭之不從，遂辭出。後獲眞盜宋瞿曇，藩益知名。

張建封在徐州，辟爲從事，居幕中，謙謙未嘗論細微。杜兼爲濠州刺史，帶使職，建封病革，兼疾驅到府，陰有冀望。藩與同列省建封，出而泣語兼曰：「僕射公奄忽如此，公宜在州防遏，今棄州此來，欲何也？宜疾去！不若此，當奏聞。」兼錯愕不虞，遂徑歸。建封死，兼悔所志不就，怨藩甚。旣歸揚州，兼因誣奏藩建封死時搖動軍中。德宗大怒，密詔杜佑殺之。佑素重藩，懷詔旬日不忍發，因引藩論釋氏，曰：「因報之事，信有之否？」藩曰：「信然。」曰：「審如此，君宜遇事無恐。」因出詔。藩覽之，無動色，曰：「某與兼信爲報也。」佑曰：「愼勿出口，吾已密論，持百口保君矣。」德宗得佑解，怒不釋，亟追藩赴闕。及召見，望其儀形，曰：「此豈作惡事人耶！」乃釋然，除祕書郎。

王紹持權，邀藩一相見卽用，終不就。王仲舒、韋成季、呂洞輩爲郎官，朋黨輝赫，日會聚歌酒，慕藩名，強致同會，藩不得已一至。仲舒輩好爲訛語俳戲，後召藩，堅不去，曰：「吾與仲舒輩終日，不曉所與言何也。」後果敗。遷主客員外郎，尋換右司。時順宗册廣陵王淳爲皇太子，兵部尙書王紳請改名紹，時議非之，皆云：「皇太子亦人臣也，東宮之臣改之宜也，非其屬而改之，諂也。如紳輩豈爲以禮事上耶！」藩謂人曰：「歷代故事，皆自不識大體之臣而失之，因不可復正，無足怪也。」及太子卽位，憲宗是也。宰相改郡縣名以避上名，唯監察御史韋淳不改。既而有詔以陸淳爲給事中，改名質；淳不得已改名貫之〔三〕，議者嘉之。

藩尋改吏部員外郎。元和初，遷吏部郎中，掌曹事，爲吏所蔽，濫用官闕，黜爲著作郎。轉國子司業，遷給事中。制敕有不可，遂於黃敕後批之，吏曰：「宜別連白紙。」藩曰：「別以白紙，是文狀，豈曰批敕耶！」裴垍言於帝，以爲有宰相器，屬鄭絪罷免，遂拜藩門下侍郎、同平章事。藩性忠藎，事無不言，上重之，以爲無隱。

四年冬，顧謂宰臣曰：「前代帝王理天下，或家給人足，或國貧下困，其故何也？」藩對曰：「古人云：『儉以足用。』蓋足用繫於儉約。誠使人君不貴珠玉，唯務耕桑，則人無淫巧，俗自敦本，百姓既足，君孰與不足，自然帑藏充羨，稼穡豐登。若人君竭民力，貴異物，上行下效，風俗日奢，去本務末，衣食益乏，則百姓不足，君孰與足，自然國貧家困，盜賊乘隙而作矣。今陛下永鑒前古，思躋富庶，躬尙勤儉，自當理平。伏願以知之爲非艱，保之爲急務，宮室輿馬，衣服器玩，必務損之又損，示人變風，則天下幸甚。」帝曰：「儉約之事，是我誠心；貧富之由，如卿所說。唯當上下相勗，以保此道，似有踰濫，極言箴規，此固深期於卿等也。」藩等拜賀而退。

帝又問曰：「禳災祈福之說，其事信否？」藩對曰：「臣竊觀自古聖達，皆不禱祠。故楚昭王有疾，卜者謂河爲祟，昭王以河不在楚，非所獲罪，孔子以爲知天道。仲尼病，子路請禱，仲尼以爲神道助順，繫於所行，己既全德，無愧屋漏。故答子路云：『丘之禱久矣。』書云：『惠迪吉，從逆凶。』言順道則吉，從逆則凶。詩云：『自求多福。』則禍福之來，咸應行事，若苟爲非道，則何福可求？是以漢文帝每有祭祀，使有司敬而不祈，其見超然，可謂盛德。若使神明無知，則安能降福；必其有知，則私己求媚之事，君子尚不可悅也，况於明神乎！由此言之，則履信思順，自天祐之，苟異於此，實難致福。故堯、舜之德，唯在修己以安百姓。管仲云：『義於人者和於神。』蓋以人爲神主，故但務安人而已。虢公求神，以致危亡，王莽妄祈，以速漢兵，古今明誡，書傳所紀。伏望陛下每以漢文、孔子之意爲準，則百福具臻。」帝深嘉之。

時河東節度使王鍔用錢數千萬賂遺權倖，求兼宰相。藩與權德輿在中書，有密旨曰：「王鍔可兼宰相，宜卽擬來。」藩遂以筆塗「兼相」字，却奏上云：「不可。」德輿失色曰：「縱不可，宜別作奏，豈可以筆塗詔耶！」曰：「勢迫矣！出今日，便不可止。日又暮，何暇別作奏！」事果寢。李吉甫自揚州再入相，數日，罷藩爲詹事。後數月，上思藩，召對，復有所論列。元和六年，出爲華州刺史、兼御史大夫，未行卒，年五十八，贈戶部尚書。藩爲相材能不及裴垍，孤峻頗後韋貫之，然人物清規，亦其流也。

權德輿字載之，天水略陽人。父皐，字士繇，後秦尚書翼之後。少以進士補貝州臨清尉。安祿山以幽州長史充河北按察使，假其才名，表爲薊縣尉，署從事。皐陰察祿山有異志，畏其猜虐，不可以潔退，欲潛去，又慮禍及老母。天寶十四年，祿山使皐獻戎俘，自京師迴，過福昌。福昌尉仲譽，皐從父妹壻也，密以計約之。比至河陽，詐以疾亟召譽，譽至，皐示已喑，瞪譽而瞑。譽乃勉哀而哭，手自含襲，既逸皐而葬其棺，人無知者。從吏以詔書還，皐母初不知，聞皐之死，慟哭傷行路。祿山不疑其詐死，許其母歸。皐時微服匿跡，候母於淇門，既得侍其母，乃奉母晝夜南去，及渡江，祿山已反矣。由是名聞天下。淮南採訪使高適表皐試大理評事，充判官。屬永王璘亂，多刼士大夫以自從，皐懼見迫，又變名易服以免。玄宗在蜀，聞而嘉之，除監察御史。會丁母喪，因家洪州。時南北隔絕，或踰歲不聞詔命。有中使奉宣至洪州，經時未復，過有求取，州縣苦之。時有王遘爲南昌令，將執按之，因見皐白其事，皐不言，久之，垂涕曰：「方今何由可致一敕使，而遽有此言。」因掩涕而起，遘遽拜謝之。浙西節度使顏眞卿表皐爲行軍司馬，詔徵爲起居舍人，又以疾辭。嘗曰：「本自全吾志，豈受此之名耶！」李季卿爲江淮黜陟使，奏皐節行，改著作郎，復不起。兩京蹂於胡騎，士君子多以家渡江東，知名之士如李華、柳識兄弟者，皆仰皐之德而友善之。大曆三年，卒於家，年四十六。元和中謚曰貞孝。初，皐卒，韓洄、王定爲服朋友之喪，李華爲其墓表，以爲分天下善惡，一人而已。前贈秘書監，至是因子德輿爲相，立家廟。至元和十二年，復贈太子太保。

德輿生四歲，能屬詩；七歲居父喪，以孝聞；十五爲文數百篇，編爲童蒙集十卷，名聲日大。韓洄黜陟河南，辟爲從事，試秘書省校書郎。貞元初，復爲江西觀察使李兼判官，再遷監察御史。府罷，杜佑、裴胄皆奏請，二表同日至京。德宗雅聞其名，徵爲太常博士，轉左補闕。八年，關東大水，上疏請降詔恤隱，遂命奚陟等四人使。

裴延齡以巧倖判度支，九年，自司農少卿除戶部侍郎，仍判度支。德輿上疏曰：

臣伏以爵人於朝，與衆共之，況經費之司，安危所繫。延齡頃自權判，逮今間歲，不稱之聲，日甚於初。羣情衆口，諠於朝市，不敢悉煩聖聽，今謹略舉所聞。多云以常賦正額支用未盡者，便爲剩利，以爲己功。又重破官錢買常平先所收市雜物，遂以再給估價，用充別貯利錢。又云邊上諸軍皆至懸闕，自今春已來，並不支糧。伏以疆場之事，所虞非細，誠聖謨前定，終事切有司。陛下必以延齡孤貞獨立，爲時所抑，醜正有黨，結此流言，何不以新收剩利，徵其本末，爲分析條奏？又擇朝賢信臣，與中使一人巡覆邊軍，察其資儲有無虛實。倘延齡受任已來，精心勤力，每事省約，別收羨餘，於正數各有區分，邊軍儲蓄，實猶可支，身自斂怨，爲國惜費，自宜更示優獎，以洗羣疑，明書厥勞，昭示天下。如或言者非謬，罔上實多，豈以邦國重務，委之非據。臣職在諫曹，合採羣議，正拜已來，今已旬日，道路云云，無不言此。豈京師士庶之衆，愚智之多，合而爲黨，共有讎嫉。陛下亦宜稍迴聖鑑，俯察羣心。況臣之事君，如子事父，今當聖明不諱之代，若猶愛身隱情，是不忠不孝，莫大之罪。敢瀝肝血，伏待刑書。

十年，遷起居舍人，歲中，兼知制誥。轉駕部員外郎、司勳郎中，職如舊。遷中書舍人。是時，德宗親覽庶政，重難除授，凡命於朝，多補自御札。始，德輿知制誥，給事有徐岱，舍人有高郢；居數歲，岱卒，郢知禮部貢舉，獨德輿直禁垣，數旬始歸。嘗上疏請除兩省官，德宗曰：「非不知卿之勞苦，禁掖清切，須得如卿者，所以久難其人。」德輿居西掖八年，其間獨掌者數歲。貞元十七年冬，以本官知禮部貢舉，來年，眞拜侍郎，凡三歲掌貢士，至今號爲得人。轉戶部侍郎。元和初，歷兵部、吏部侍郎，坐郎吏誤用官闕，改太子賓客，復爲兵部侍郎，遷太常卿。

五年冬，宰相裴垍寢疾，德輿拜禮部尙書、平章事，與李藩同作相。河中節度王鍔來朝，貴倖多譽鍔者，上將加平章事，李藩堅執以爲不可。德輿繼奏曰：「夫平章事，非序進而得，國朝方鎭帶宰相者，蓋有大忠大勳。大曆已來，又有跋扈難制者，不得已而與之。今王鍔無大忠勳，又非姑息之時，欲假此名，實恐不可。」上從之。

運糧使董溪、于皐謨盜用官錢，詔流嶺南，行至湖外，密令中使皆殺之。他日，德輿上疏曰：「竊以董溪等，當陛下憂山東用兵時，領糧料供軍重務，聖心委付，不比尋常，敢負恩私，恣其贓犯，使之萬死，不足塞責。弘寬大之典，流竄太輕，陛下合改正罪名，兼責臣等疏略。但詔令已下，四方聞知，不書明刑，有此處分，竊觀衆情，有所未喻。伏自陛下臨御已來，每事以誠，實與天地合德，與四時同符，萬方之人，沐浴皇澤。至如于、董所犯，合正典章，明下詔書，與衆同棄，卽人各懼法，人各謹身。臣誠知其罪不容誅，又是已過之事，不合論辯，上煩聖聰。伏以陛下聖德聖姿，度越前古，頃所下一詔，舉一事，皆合理本，皆順人心。伏慮他時更有此比，但要有司窮鞫，審定罪名，或致之極法，或使自盡，罰一勸百，孰不甘心？巍巍聖朝，事體非細，臣每於延英奏對，退思陛下求理之言，生逢盛明，感涕自賀。況以愚滯朴訥，聖鑒所知，伏惟恕臣迂疏，察臣丹懇。」

及李吉甫自淮南詔徵，未一年，上又繼用李絳。時上求理方切，軍國無大小，一付中書。吉甫、絳議政頗有異同，或於上前論事，形於言色；其有詣於理者，德輿亦不能爲發明，時人以此譏之。竟以循默而罷，復守本官。尋以檢校吏部尚書爲東都留守，後拜太常卿，改刑部尚書。先是，許孟容、蔣乂等奉詔删定格敕，孟容等尋改他官，乂獨成三十卷，表獻之，留中不出。德輿請下刑部，與侍郎劉伯芻等考定，復爲三十卷奏上。十一年，復以檢校吏部尚書出鎮興元。十三年八月，有疾，詔許歸闕，道卒，年六十。贈左僕射，謚曰文。

德輿自貞元至元和三十年間，羽儀朝行，性直亮寬恕，動作語言，一無外飾，蘊藉風流，爲時稱嚮。於述作特盛，六經百氏，游泳漸漬，其文雅正而弘博，王侯將相洎當時名人薨歿，以銘紀爲請者什八九，時人以爲宗匠焉。尤嗜讀書，無寸景暫倦，有文集五十卷，行於代。子璩，中書舍人。

史臣曰：裴垍精鑒默識，舉賢任能，啓沃帝心，弼諧王道。如崔羣、裴度、韋貫之輩，咸登將相，皆垍之薦達。立言立事，知無不爲。吉甫該洽典經，詳練故實，仗裴垍之抽擢，致朝倫之式序。吉甫知垍之能別髦彥，垍知吉甫之善任賢良，相須而成，不忌不克。叔翰修身慎行，力學承家，批制敕有夕郎之風，塗御書見宰執之器，而乃輕財散施，天爵是期，偉哉自待之意也！德輿孝悌力學，謦欬有聞，疏延齡恣行巧佞，論皐謨不書明刑，三十年羽儀朝行，實皐之餘慶所鍾。此四子者，所謂經緯之臣，又何慚於王佐矣！

贊曰：二李秉鈞，信爲名臣。甫柔而黨，藩俊而純。裴公鑒裁，朝無屈人。權之藻思，文質彬彬。

校勘記

〔一〕左史記言……右史記事　各本原作「右史記言……左史記事」，據唐會要卷六四、冊府卷五五七改。

〔二〕淳不得已改名貫之　「貫之」，各本原作「處厚」，據唐會要卷二三改。校勘記卷五〇云：「今考貫之傳及處厚傳，皆云本名淳，然貫之曾爲監察御史，處厚未嘗爲監察御史，當以會要爲是。」

舊唐書卷一百四十九

列傳第九十九

于休烈 子肅 肅子敖 敖子琮 令狐峘 歸崇敬 子登 登子融

奚陟 張薦 子又新 希復 希復子讀 蔣乂 子係 伸 柳登 弟冕 子璟

沈傳師 子詢

于休烈，河南人也。高祖志寧，貞觀中任左僕射，爲十八學士。父默成，沛縣令，早卒。休烈至性貞愨，機鑒敏悟。自幼好學，善屬文，與會稽賀朝萬、齊融、延陵包融爲文詞之友，齊名一時。舉進士，又應制策登科，授秘書省正字。累遷右補闕、起居郎、集賢殿學士，轉比部員外郎，郎中。楊國忠輔政，排不附己者，出爲中部郡太守。

值祿山構難，肅宗踐祚，休烈自中部赴行在，擢拜給事中。遷太常少卿，知禮儀事，兼修國史。肅宗自鳳翔還京，勵精聽受，嘗謂休烈曰：「君舉必書，良史也。朕有過失，卿書之否？」對曰：「禹、湯罪己，其興也勃焉。有德之君，不忘規過，臣不勝大慶。」時中原蕩覆，典章殆盡，無史籍檢尋。休烈奏曰：「國史一百六卷，開元實錄四十七卷，起居注幷餘書三千六百八十二卷，並在興慶宮史館。京城陷賊後，皆被焚燒。且國史、實錄，聖朝大典，修撰多時，今並無本。伏望下御史臺推勘史館所由，令府縣招訪。有人別收得國史、實錄，如送官司，重加購賞。若是史官收得，仍赦其罪。得一部超授官資，得一卷賞絹十匹。」數月之內，唯得一兩卷。前修史官工部侍郎韋述陷賊，入東京，至是以其家藏國史一百一十三卷送于官。

肅宗以太常鐘磬，自隋已來，所傳五音，或有不調，乾元初謂休烈曰：「古者聖人作樂，以應天地之和，以合陰陽之序，則人不夭札，物不疵癘。且金石絲竹，樂之器也。比親享郊廟，每聽懸樂，宮商不備，或鐘磬失度。可盡將鐘磬來，朕當於內自定。」太常集樂工考試數日，審知差錯，然後令別鑄造磨刻。及事畢，上臨殿親試考擊，皆合五音，羣臣稱慶。

休烈尋轉工部侍郎、修國史，獻五代帝王論，帝甚嘉之。宰相李揆矜能忌賢，以休烈修國史與己齊列，嫉之，奏爲國子祭酒，權留史館修撰以下之。休烈恬然自持，殊不介意。舊儀，元正冬至，百官不於光順門朝賀皇后，乾元元年，張皇后遂行此禮。休烈奏曰：「周禮有命夫朝人主，命婦朝女君。自顯慶已來，則天皇后始行此禮。其日，命婦又朝光順門，與百官雜處，殊爲失禮。」肅宗詔停之。

代宗卽位，甄別名品，宰臣元載稱之，乃拜右散騎常侍，依前兼修國史，尋加禮儀使。遷工部侍郎。又改檢校工部尙書，兼判太常卿事，正拜工部尙書，累封東海郡公，加金紫光祿大夫。在朝凡三十餘年，歷掌淸要，家無儋石之蓄。恭儉溫仁，未嘗以喜愠形於顏色。而親賢下士，推轂後進，雖位崇年高，曾無倦色。篤好墳籍，手不釋卷，以至于終。大曆七年卒，年八十一。有集十卷行於代。嗣子益，次子肅，相繼爲翰林學士。

是歲春，休烈妻韋氏卒。上以休烈父子儒行著聞，特詔贈韋氏國夫人，葬日給鹵簿鼓吹。及聞休烈卒，追悼久之，褒贈尙書左僕射，賻絹百匹、布五十端，遣謁者內常侍吳承倩就私第宣慰。儒者之榮，少有其比。肅官至給事中。肅子敖。

敖字蹈中，以家世文史盛名，少爲時彥所稱，志行修謹。登進士第，釋褐祕書省校書郎。湖南觀察使楊憑辟爲從事，府罷，鳳翔節度使李鄘、鄂岳觀察使呂元膺相繼辟召。自協律郎、大理評事試監察御史。元和六年，眞拜監察御史。轉殿中，歷倉部司勳二員外、萬年令，拜右司郎中，出爲商州刺史。長慶四年，入爲吏部郎中。其年，遷給事中。

昭愍初卽位，李逢吉用事，與翰林學士李紳素不叶，遂誣紳以不測之罪，逐於嶺外。紳同職駕部郎中知制誥龐嚴、司封員外郎知制誥蔣防坐紳黨，左遷信、汀等州刺史。黜詔下，敖封還詔書。時人以爲與嚴相善，訴其非罪，皆曰：「于給事犯宰執之怒，伸龐、蔣之屈，不亦仁乎？」及駁奏出，乃是論龐嚴貶黜太輕，中外無不大噱，而逢吉由是奬之。尋轉工部侍郎，遷刑部，出爲宣歙觀察使、兼御史中丞。

敖温裕長者，與物無忤，居官亦未嘗有立。周踐臺閣，三爲列曹侍郎，謹順自容而已。大和四年八月卒，年六十六，贈禮部尚書。四子：球、珪、瓌、琮，皆登進士第。

琮落拓有大志，雖以門資爲吏，久不見用。大中朝，駙馬都尉鄭顥，以琮世故，獨以器度奇之。會有詔於士族中選人才尚公主，衣冠多避之。顥謂琮曰：「子人才甚佳，但不護細行，爲世譽所抑，久而不調，能應此命乎？」琮然之。會李藩知貢舉〔一〕，顥託之登第，其年遂升諫列，尚廣德公主，拜駙馬都尉。累踐臺閣，揚歷藩府。乾符中同平章事〔二〕。

黃寇犯京師，僖宗出幸，琮病不能從。既僭號，起琮爲相。琮以疾辭，迫脅不已，琮曰：「吾病亟矣，死在旦夕。加以唐室親姻，義不受命，死即甘心。」竟爲賊所害，而赦公主。主視琮受禍，謂賊曰：「妾李氏女也，義不獨存，願與于公幷命。」賊不許，公主入室自縊而卒。主廣德閨門有禮，咸通、乾符中譽在人口。于族內外冠婚喪祭，主必自預行禮，諸婦班而見之，尊卑答勞，咸有儀法，爲時所稱。珪、球皆至淸顯。

令狐峘，德棻之玄孫。登進士第。祿山之亂，隱居南山豹林谷，谷中有峘別墅。司徒楊綰未仕時，避亂南山，止於峘舍。峘博學，貫通羣書，有口辯，綰甚稱之。及綰爲禮部侍郎，修國史，乃引峘入史館。自華原尉拜右拾遺，累遷起居舍人，皆兼史職，修玄宗實錄一百卷、代宗實錄四十卷。著述雖勤，屬大亂之後，起居注亡失，峘纂開元、天寶事，雖得諸家文集，編其詔策，名臣傳記十無三四，後人以漏落處多，不稱良史。大曆八年，改刑部員外郎。

德宗卽位，將厚奉元陵，峘上疏諫曰：

臣聞傳曰「近臣盡規」，禮記曰「事君有犯而無隱」。臣幸偶昌運，謬參近列，敢竭狂愚，庶裨分寸，伏惟陛下詳察。

臣讀漢書劉向傳，見論王者山陵之誡，良史稱歎，萬古芬芳。何者？聖賢之心，勤儉是務，必求諸道，不作無益。故舜葬蒼梧，不變其肆；禹葬會稽，不改其列。周武葬于畢陌，無丘壠之處；漢文葬於霸陵，因山谷之勢。禹非不忠也，啟非不順也，周公非不悌也，景帝非不孝也，其奉君親，皆從微薄。昔宋文公始爲厚葬，用蜃炭，益車馬，其臣華元、樂舉，春秋書爲不臣。秦始皇葬驪山，魚膏爲燈燭，水銀爲江海，珍寶之藏，不可勝計，千載非之。宋桓魋爲石椁，夫子曰「不如速朽」。子游問喪具，夫子曰「稱家之有無」。張釋之對孝文曰：「使其中無可欲，雖無石椁，又何戚焉？」漢文帝霸陵皆以瓦器，不以金銀爲飾。由是觀之，有德者葬逾薄，無德者葬逾厚，昭然可覩矣。

陛下自臨御天下，聖政日新。進忠去邪，減膳節用，不珍雲物之瑞，不近鷹犬之娛。有司給物，悉依元估，利於人也。遠方底貢，唯供祀事，薄於己也。故澤州奏慶雲，詔曰「以時和爲嘉祥」；邕州奏金坑，詔曰「以不貪爲寶」。恭惟聖慮，無非至理。而獨六月一日制節文云「應緣山陵制度，務從優厚，當竭帑藏，以供費用」者，此誠仁孝之德，切於聖衷。伏以尊親之義，貴於合禮。陛下每下明詔，發德音，皆比蹤唐、虞，超邁周、漢。豈取悅凡常之目，有違賢哲之心，與失德之君競其奢侈者也？臣又伏讀遺詔曰：「其喪儀制度，務從儉約，不得以金銀錦綵爲飾。」陛下恭順先志，動無違者。若制度優厚，豈顧命之意耶？

伏惟陛下遠覽虞、夏、周、漢之制，深惟夫子、張釋之之誡，虔奉先旨，俯遵禮經，爲萬代法，天下幸甚。今赦書雖已頒行，諸條尚猶未出，此時奉遺制，敷聖理，固未晚也。

伏望速詔有司，悉從古禮。臣聞愚夫之言，明主擇焉。況臣忝職史官，親逢睿德，恥同華元、樂舉之爲不臣也，願以舜、禹之理紀聖猷也。夙夜懇迫，不敢不言，抵犯聖明，實憂罪譴。言行身黜，雖死猶生。

優詔答曰：「朕頃議山陵，心方迷謬，忘遵先旨，遂有優厚之文。卿聞見該通，識度弘遠，深知不可，形於至言。援引古今，依據經禮，非唯中朕之病，抑亦成朕之躬。免朕獲不子之名，皆卿之力也。敢不聞義而徙，收之桑榆，奉以始終，期無失墜。古之遺直，何以加焉！」

初大曆中，劉晏爲吏部尚書，楊炎爲侍郎，晏用峘判吏部南曹事。峘荷晏之舉，每分闕，必擇其善者送晏，不善者送炎，炎心不平之。及建中初，峘爲禮部侍郎，炎爲宰相，不念舊事。有士子杜封者，故相鴻漸子，求補弘文生。炎嘗出杜氏門下，託封於峘。峘謂使者曰：「相公誠憐封，欲成一名，乞署封名下一字，峘得以志之。」炎不意峘賣，卽署名託封。峘以炎所署奏論，言宰相迫臣以私，臣若從之，則負陛下，不從則炎當害臣。德宗出疏問炎，炎具言其事，德宗怒甚，曰：「此姦人，無可奈何。」欲決杖流之，炎苦救解，貶衡州別駕。遷衡州刺史。

貞元中，李泌輔政，召拜右庶子、史館修撰。性旣僻異，動失人和。在史館，與同職孔述睿等爭忿細故，數侵述睿。述睿長者，讓而不爭。無何，泌卒，竇參秉政，惡其爲人，貶吉州別駕。久之，授吉州刺史。

齊映廉察江西，行部過吉州。故事，刺史始見觀察使，皆戎服趨庭致禮。映雖嘗爲宰相，然驟達後進，峘自恃前輩，有以過映，不欲以戎服謁。入告其妻韋氏，恥抹首趨庭。謂峘曰：「卿自視何如人，白頭走小生前，卿如不以此禮見映，雖黜死，我亦無恨。」峘曰「諾」，卽以客禮謁之。映雖不言，深以爲憾。映至州，奏峘糾前政過失，鞫之無狀，不宜按部臨人，貶衢州別駕。衢州刺史田敦，峘知舉時進士門生也。初峘當貢部，放牓日貶逐，與敦不相面。敦聞峘來，喜曰：「始見座主。」迎謁之禮甚厚，敦月分俸之半以奉峘。峘在衢州殆十年。順宗卽位，以祕書少監徵，既至而卒。

元和三年，峘子太僕寺丞丕，始獻峘所撰代宗實錄四十卷。初峘坐李泌貶，監修國史奏峘所撰實錄一分，請於貶所畢功。至是方奏，以功贈工部尚書。

歸崇敬字正禮，蘇州吳郡人也。曾祖奧，以崇敬故，追贈祕書監。祖樂，贈房州刺史。父待聘，亦贈祕書監。崇敬少勤學，以經業擢第。遭喪哀毀，以孝聞，調授四門助教。天寶末，對策高第，授左拾遺，改祕書郎。遷起居郎、贊善大夫，兼史館修撰，又加集賢殿校理。

以家貧求爲外職，歷同州、潤州長史，會玄宗、肅宗二帝山陵，參掌禮儀，遷主客員外郎。又兼史館修撰，改膳部郎中。

崇敬以百官朔望朝服袴褶非古，上疏云：「按三代典禮，兩漢史籍，並無袴褶之制，亦未詳所起之由。隋代已來，始有服者。事不師古，伏請停罷。」從之。又諫：「東都太廟，不合置木主。謹按典禮，虞主用桑，練主用栗。作桑主則埋栗主，作栗主則埋桑主，所以神無二主，天無二日，土無二王也。東都太廟，是則天皇后所建，以置武氏木主。中宗去其主而存其廟，蓋將以備行幸遷都之置也。且殷人屢遷，前八後五，則前後遷都一十三度，不可每都而別立神主也。議者或云：『東都神主已曾虔奉而禮之，豈可一朝廢之乎？』且虞祭則立桑主而虞祀，練祭則立栗主而埋桑主，豈桑主不曾虔祀而乃埋之？又所闕之主，何須更作？作之不時，恐非禮也。」又議云：「每年春秋二時釋奠文宣王，祝板御署訖，北面揖，臣以爲禮太重。謹按大戴禮，師尚父授周武王丹書，武王東面而立。今署祝板，伏請準武王東面之禮，輕重庶得其中。」時有術士巨彭祖上疏云：「大唐土德，千年合符，請每四季郊祀天地。」詔禮官儒者議之。崇敬議曰：「按舊禮，立春之日，迎春於東郊，祭青帝。立夏之日，迎夏於南郊，祭赤帝。先立秋十八日，迎黃靈於中地，祀黃帝。秋、冬各於其方。黃帝於五行爲土，王在四季，生於火，故火用事之末而祭之，三季則否。漢、魏、周、隋，共行此禮。國家土德乘時，亦以每歲六月土王之日祀黃帝於南郊，以后土配，所謂合禮。今彭祖請用四季祠祀，多憑緯候之文，且據陰陽之說。事涉不經，恐難行用。」又議祭五人帝不稱臣云：「太昊五帝，人帝也，於國家即爲前後之禮，無君臣之義。若於人帝而稱臣，則於天帝復何稱也？議者或云：『五人帝列於月令，分配五時。』則五神、五音、五祀、五蟲、五臭，皆備五數〔三〕，以備其時之色數，非謂別有尊崇也。」又請太祖景皇帝配天，事已具禮儀志。自是國典大禮，崇敬常參議焉。

大曆初，以新羅王卒，授崇敬倉部郎中、兼御史中丞，賜紫金魚袋，充弔祭、册立新羅使。至海中流，波濤迅急，舟船壞漏，衆咸驚駭。舟人請以小艇載崇敬避禍，崇敬曰：「舟中凡數十百人，我何獨濟？」逡巡，波濤稍息，竟免爲害。故事，使新羅者，至海東多有所求，或攜資帛而往，貿易貨物，規以爲利；崇敬一皆絕之，東夷稱重其德。使還，授國子司業，兼集賢學士。與諸儒官同修通志，崇敬知禮儀志，衆稱允當。

時皇太子欲以仲秋之月，於國學行齒胄之禮。崇敬以國學及官名不稱，請改國學之制，兼更其名，曰：

禮記王制曰，天子學曰辟雍。又五經通義云，辟雍，養老教學之所也。以形制言之，雍，壅也，辟，璧也，壅水環之，圓如璧形。以義理言之，辟，明也，雍，和也，言以禮樂明和天下。禮記亦謂之澤宮。射義云，天子將祭，必先習射於澤宮。故前代文士，亦呼云璧池，亦曰璧沼，亦謂之學省。後漢光武立明堂、辟雍、靈臺，謂之三雍宮。至明帝躬行養老於其中。晉武帝亦作明堂、辟雍、靈臺，親臨辟雍，行鄉飲酒之禮。又別立國子學，以殊士庶。永嘉南遷，唯有國子學，不立辟雍。北齊立國子寺，隋初亦然。至煬帝大業十三年，改爲國子監。今國家富有四海，聲明文物之盛，唯辟雍獨闕，伏請改國子監爲辟雍省。

又以：

祭酒之名，非學官所宜。按周禮：「師氏掌以美詔王〔四〕，教國子。」請改祭酒爲太師氏，位正三品。又司業者，義在禮記，云「樂正司業」。正，長也，言樂官之長，司主此業。爾雅云：「大板謂之業。」按詩周頌：「設業設簴，崇牙樹羽。」則業是懸鐘磬之栒簴也。今太學既不教樂，於義則無所取，請改司業一爲左師，一爲右師，位正四品上。

又以：

五經六籍，古先哲王致理之式也。國家創業，制取賢之法，立明經，發微言於衆學，釋回增美，選賢與能。自艱難已來，取人頗易，考試不求其文義，及第先取於帖經，遂使專門業廢，請益無從，師資禮虧，傳受義絕。今請以禮記、左傳爲大經，周禮、儀禮、毛詩爲中經〔五〕，尚書、周易爲小經，各置博士一員。其公羊、穀梁文疏少，請共準一中經，通置博士一員。所擇博士，兼通孝經、論語，依憑章疏，講解分明，注引旁通，問十得九，兼德行純潔，文詞雅正，儀形規範，可爲師表者，令四品以上各舉所知。在外者給驛，年七十已上者蒲輪。其國子、太學、四門、三館，各立五經博士，品秩上下，生徒之數，各有差。其舊博士、助教、直講、經直及律館、算館助教，請皆罷省。

其教授之法，學生至監，謁同業師。其所執贄，腒脩一束、淸酒一壺，衫布一段，其色隨師所服。師出中門，延入與坐，割脩斟酒，三爵而止。乃發篋出經，摳衣前請。師爲依經辨理，略舉一隅，然後就室。每朝、晡二時請益，師亦二時居講堂，說釋道義，發明大體，兼敎以文行忠信之道，示以孝悌睦友之義。旬省月試，時考歲貢。以生徒及第多少，爲博士考課上下。其有不率教者，則檟楚扑之。國子不率教者，則申禮部，移爲太學。太學之不變者，移之四門。四門之不變者，歸本州之學。州學之不變者，復本役，終身不齒。雖率教九年而學不成者，亦歸之州學。

其禮部考試之法，請無帖經，但於所習經中問大義二十，得十八爲通，兼論語、孝經各問十得八，兼讀所問文注義疏，必令通熟者爲一通。又於本經問時務策三道，通二爲及第。其中有孝行聞於鄉閭者，舉解具言於習業之下。省試之日，觀其所實，義少兩道，亦請兼收。其天下鄉貢亦如之。習業考試，並以明經爲名。得第者，授官之資與進士同。若此，則教義日深，而禮讓興；禮讓興，則強不犯弱，衆不暴寡。此由太學而來者也。

詔下尚書集百僚定議以聞。議者以爲省者，禁也，非外司所宜名。周禮代掌其職者曰氏，國學非代官，不宜曰太師氏。其餘大抵以習俗既久，重難改作，其事不行。

會國學胥吏以餐錢差舛，御史臺按問，坐貶饒州司馬。建中初，又拜國子司業。尋選爲翰林學士，遷左散騎常侍，加銀青光祿大夫，尋兼普王元帥參謀，累加光祿大夫。以兩河叛換之徒初稟朝命，令崇敬以本官兼御史大夫持節宣慰，奉使稱旨。及還，上表請歸拜墓，許之，賜以繒帛，儒者榮之。尋加特進、檢校戶部尚書，遷工部尚書，並依前翰林學士，充皇太子侍讀。累表辭，以年老乞骸骨，改兵部尚書致仕。貞元十五年卒，時年八十，廢朝一日，贈左僕射。子登嗣。

登字沖之。雅實弘厚，事繼母以孝稱。大曆七年，舉孝廉高第，補四門助教。貞元初，復登賢良科，自美原尉拜右拾遺。時裴延齡以姦佞有恩，欲爲相，諫議大夫陽城上疏切直，德宗赫怒，右補闕熊執易等亦以危言忤旨。初執易草疏成，示登，登愕然曰：「願寄一名。

雷電之下，安忍令足下獨當。」自是同列切諫，登每聯署其奏，無所迴避，時人稱重。轉右補闕、起居舍人，三任十五年。同列嘗出其下者，多以馳騖至顯官，而登與右拾遺蔣武退然自守，不以淹速介意。後遷兵部員外郎，充皇子侍讀，尋加史館修撰。

順宗初，以東朝舊恩，超拜給事中，旋賜金紫，仍錫衫笏焉。遷工部侍郎。與孟簡、劉伯芻、蕭俛受詔同翻譯大乘本生心地觀經。又爲東宮及諸王侍讀，獻龍樓箴以諷。久之，改左散騎常侍。因中謝，憲宗問時所切，登以納諫爲對，時論美之。轉兵部侍郎，兼判國子祭酒事，遷工部尚書。元和十五年卒，年六十七，贈太子少保。

登有文學，工草隸。寬博容物。嘗使僮飼馬，馬蹄踶，僮怒擊折馬足，登知而不責。晚年頗好服食，有饋金石之藥者，且云先嘗之矣，登服之不疑。藥發毒幾死，方訊云未之嘗，他人爲之怒，登視之無慍色。常慕陸象先之爲人，議者亦以爲近之。子融嗣。

融，進士擢第，自監察拾遺入省，拜工部員外郎，遷考功員外。六年，轉工部郎中，充翰林學士。八年，正拜舍人。九年，轉戶部侍郎。開成元年，兼御史中丞。湖南觀察使盧周仁違敕進羨餘錢十萬貫。融奏曰：「天下一家，何非君土？中外財賦，皆陛下府庫也。周仁輒陳小利，妄設異端，言南方火災，恐成灰燼，進於京國，姑徇私誠。入財貨以希恩，待朝廷而何淺。臣恐天下放效，以羨餘爲名，因緣刻剝，生人受弊。周仁請行重責，以例列藩。其所進錢，請還湖南，代貧下租稅。」詔周仁所進於河陰院收貯，以備水旱。金部員外郎韓益判度支案，子弟受人賂三千餘貫，半是擬贓。上問融曰：「韓益所犯與盧元中、姚康孰甚？」對曰：「元中與康枉破官錢三萬餘貫，益所取受人事，比之殊輕。」乃貶梧州司戶。

尋遷京兆尹。時府司物力不充，特敕賜錢五萬貫，府司以所賜之半還司農寺菜錢，融因對言之。上以融學家，因問「『蔬糲』字有賴音，何也？『糲』是飯之極麤者耶？」融以義類對之。時兩公主出降，府司供帳事殷，又俯近上巳，曲江賜宴奏請改日。上曰：「去年重陽，取九月十九日，未失重陽之意，今改取十三日可也。」既而李固言作相，素不悅融，罷尹。月餘，授秘書監。俄而固言罷，楊嗣復輔政，以融權知兵部侍郎。一年內拜吏部，三年檢校禮部尚書，興元尹、兼御史大夫，充山南西道節度使。

融子仁晦、仁翰、仁憲、仁召、仁澤，皆登進士第。咸通中並至達官。

奚陟字殷卿，亳州人也。祖乾繹，天寶中弋陽郡太守。陟少好讀書，登進士第，又登制舉文詞清麗科，授弘文館校書，尋拜大理評事。佐入吐蕃使，不行，授左拾遺。丁父母憂，哀毁過禮，親朋愍之。車駕幸興元，召拜起居郎、翰林學士。辭以疾病，久不赴職，改太子司議郎。歷金部、吏部員外郎、左司郎中，彌綸省闥。又累奉使，皆稱旨。

貞元八年，擢拜中書舍人。是歲，江南、淮西大雨爲災，令陟勞問巡慰，所在人安悅之。中書省故事，姑息胥徒，以常在宰相左右也，陟皆以公道處之。先是右省雜給，率分等第，皆據職田頃畝，即主書所受與右史等。陟乃約以料錢爲率，自是主書所得減拾遺。時中書令李晟所請紙筆雜給，皆不受，但告雜事舍人，令且貯之，他日便悉以遺舍人。前例，雜事舍人自攜私入，陟以所得均分省內官。又躬親庶務，下至園蔬，皆悉自點閱，人以爲難，陟處之無倦。

遷刑部侍郎。裴延齡惡京兆尹李充有能政，專意陷害之，誣奏充結陸贄，數厚賂遺金帛。充既貶官，又奏充比者妄破用京兆府錢穀至多，請令比部勾覆，以比部郎中崔元翰陷充，怨惡贄也。詔許之。元翰曲附延齡，劾治府史。府史到者，雖無過犯，皆笞決以立威，時論喧然。陟乃躬自閱視府案，具得其實，奏言：「據度支奏，京兆府貞元九年兩稅及已前諸色羨餘錢，共六十八萬餘貫，李充並妄破用。今所勾勘，一千二百貫已來是諸縣供館驛加破，及在諸色人戶腹內合收，其斛斗共三十二萬石，唯三百餘石諸色輸納所由欠折，其餘並是準敕及度支符牒，給用已盡。」陟之寬平守法，多如此類。元翰既不遂其志，因此憤恚而卒。

陟尋以本官知吏部選事，銓綜平允，有能名，遷吏部侍郎。所莅之官，時以爲稱職。貞元十五年卒，年五十五，贈禮部尙書。

張薦字孝舉，深州陸澤人。祖鷟字文成，聰警絕倫，書無不覽。爲兒童時，夢紫色大鳥，五彩成文，降于家庭。其祖謂之曰：「五色赤文，鳳也；紫文，鸑鷟也，爲鳳之佐，吾兒當以文章瑞於明廷」，因以爲名字。初登進士第，對策尤工，考功員外郎騫味道賞之曰〔六〕：「如此生，天下無雙矣！」調授岐王府參軍。又應下筆成章及才高位下、詞標文苑等科。鷟凡應八舉，皆登甲科。再授長安尉，遷鴻臚丞。凡四參選，判策爲銓府之最。員外郎員半千謂人曰：「張子之文如青錢，萬簡萬中，未聞退時。」時流重之，目爲「青錢學士」。然性褊躁，不持士行，尤爲端士所惡，姚崇甚薄之。開元初，澄正風俗，鷟爲御史李全交所糾，言鷟語多譏刺時，坐貶嶺南。刑部尙書李日知奏論，乃追敕移於近處。開元中，入爲司門員外郎卒。鷟下筆敏速，著述尤多，言頗詼諧。是時天下知名，無賢不肖，皆記誦其文。天后朝，中使馬仙童陷默啜，默啜謂仙童曰：「張文成在否？」曰：「近自御史貶官。」默啜曰：「國有此人而不用，漢無能爲也。」新羅、日本東夷諸蕃，尤重其文，每遣使入朝，必重出金貝以購其文，其才名遠播如此。

薦少精史傳，顏眞卿一見歎賞之。大曆中〔七〕，浙西觀察使李涵表薦其才可當史任，乃詔授左司禦率府兵曹參軍。既至闕下，以母老疾，竟不拜命。母喪闋，禮部侍郎于邵舉前事以聞，召充史館修撰，兼陽翟尉。朱泚之亂，變姓名伏匿城中，因著史遁先生傳。德宗還宮，擢拜左拾遺。貞元元年冬，上親郊。時初克復，簿籍多失，禮文錯亂，乃以薦爲太常博士，參典禮儀。四年，迴紇和親，以檢校右僕射、刑部尚書關播充使，送咸安公主入蕃，以薦爲判官，轉殿中侍御史。使還，轉工部員外郎，改戶部本司郎中。十一年，拜諫議大夫，仍充史館修撰。

時裴延齡恃寵，譖毀士大夫。薦欲上書論之，屢揚言未果。延齡聞之怒，奏曰：「諫官論朝政得失，史官書人君善惡，則領史職者不宜兼諫議。」德宗以爲然。薦爲諫議月餘，改祕書少監。延齡排擯不已，會差使册迴紇毗伽懷信可汗及弔祭，乃命薦兼御史中丞，入迴紇。二十年，吐蕃贊普死，以薦爲工部侍郎、兼御史大夫，充入吐蕃弔祭使。涉蕃界二千餘里，至赤嶺東被病，歿於紇壓驛，吐蕃傳其柩以歸。順宗卽位，凶問至，詔贈禮部尚書。

薦自拾遺至侍郎，僅二十年，皆兼史館修撰。三使絕域，皆兼憲職。以博洽多能，敏於占對被選。有文集三十卷及所撰五服圖、宰輔略、靈怪集、江左寓居錄等，並傳于時。子又新、希復，皆登進士第。

又新幼工文，善於傅會。長慶中，宰相李逢吉用事，翰林學士李紳深爲穆宗所寵，逢吉惡之，求朝臣中凶險敢言者掎摭紳陰事，俾暴揚於搢紳間。又新與拾遺李續之、劉棲楚尤蒙逢吉睠待，指爲鷹犬。穆宗崩，昭愍初即位，又新等構紳，貶端州司馬，朝臣表賀，又至中書賀宰相。及門，門者止之曰：「請少留，緣張補闕在齋內與相公談。」俄而又新揮汗而出，旅揖羣官曰：「端溪之事，又新不敢多讓。」人皆辟易憚之。與續之等七人，時號「八關十六子」。

寶曆三年，逢吉出爲山南東道節度使，請又新爲副使，李續之爲行軍司馬。逢吉爲宰相時，用門下省主事田伾，伾犯贓亡命，逢吉保之于外。及罷相，裴度發其事，逢吉坐罰俸。又詔曰：「朕在億兆人之上，不令而人化，不言而人信者，法也。法行則君主重，法廢則朝廷輕。田伾常挂亡命之章，偷請養賢之祿，迹在搜捕，公行人間，而更冒選吏曹，顯擬郡佐。及黃樞覆驗，烏府追擒，證逮皆明，姦狀盡得。三移憲牒，一無申陳。衆狀滿前，羣議溢耳，終則步健不至，琅璫空來。蔑視紀綱，頗同侮謔，顧茲參畫，負我上台。閱視連名，伊爾二子，又新可汀州刺史，李續之可涪州刺史。」及逢吉致仕，李訓用事，復召二子爲尚書郎。訓敗，復貶而卒。

希復子讀，登進士第，有俊才。累官至中書舍人、禮部侍郎，典貢舉，時稱得士。位終尚書左丞。

蔣乂字德源，常州義興人也。祖瓌，太子洗馬，開元中弘文館學士。父將明，累遷至左司郎中、國子司業、集賢殿學士、副知院事，代爲名儒。而乂史官吳兢之外孫，以外舍富墳史，幼便記覽不倦。七歲時，誦庾信哀江南賦，數徧而成誦在口，以聰悟強力聞於親黨間。弱冠博通羣籍，而史才尤長。其父在集賢時，以兵亂之後，圖籍溷雜，乃白執政，請攜乂入院，令整比之。宰相張鎰見而奇之，乃署爲集賢小職。乂編次踰年，於亂中勒成部帙，得二萬餘卷，再遷王屋尉，充太常禮院修撰。貞元九年，轉右拾遺，充史館修撰。

十三年，以故河中節度使張茂昭弟光祿少卿同正茂宗尚義章公主，茂宗方居母喪，有詔起復雲麾將軍成禮。詔下，乂上疏諫曰：「墨縗之禮，本緣金革。從古已來，未有駙馬起復尙主者。旣乖典禮，且違人情，切恐不可。」上令中使宣諭云：「茂宗母臨亡有請，重違其心。」乂又拜疏，辭逾激切。德宗於延英特召入對，上曰：「卿所言古禮也。朕聞如今人家，往往有借吉爲婚嫁者，卿何苦固執？」對曰：「臣聞里俗有不甚知禮法者，或女居父母服內，家旣貧匱，旁無至親，卽有借吉以就禮者。男子借吉而娶，臣未嘗聞之。況陛下臨御已來，每事憲章典禮。建中年郡縣主出降，皆詔有司依禮，不用俗儀，天下慶戴。忽今駙馬起復成禮，實恐驚駭物聽。臣或聞公主年甚幼小，卽更俟一年出降，時旣未失，且合禮經，實天下幸甚。」上曰：「卿言甚善，更俟商量。」俄而韋彤、裴堪諫疏繼入，上不悅，促令奉行前詔，然上心頗重乂。

上嘗登淩煙閣，見左壁頹剝，文字殘缺，每行僅有三五字，命錄之以問宰臣。宰臣遽受宣，無以對，卽令召乂至，對曰：「此聖曆中侍臣圖贊，臣皆記憶。」卽於御前口誦，以補其缺，不失一字。上歎曰：「虞世南暗寫列女傳，無以加也。」十八年，遷起居舍人，轉司勳員外郎，皆兼史職。時集賢學士甚衆，會詔問神策軍建置之由。相府討求，不知所出，諸學士悉不能對，乃訪於乂。乂徵引根源，事甚詳悉，宰臣高郢、鄭珣瑜相對曰：「集賢有人矣。」翌日，詔兼判集賢院事。父子代爲學士，儒者榮之。時順宗祔廟，將行祧遷之禮，詔公卿議。咸云：「中宗中興之主，不當遷。」乂建議云：「中宗旣正位柩前，乃受母后篡奪，五王翼戴，方復大業。此乃由我失之，因人得之，止可同於反正，不得號爲中興。」羣議紛然，竟依乂所執。

元和二年，遷兵部郎中。與許孟容、韋貫之等受詔刪定制敕，成三十卷，奏行用。改祕書少監，復兼史館修撰。尋奉詔與獨孤郁、韋處厚同修德宗實錄。五年，書成奏御，以功拜右諫議大夫。明年監修國史裴垍罷相，李吉甫再入，以乂垍之修撰，改授太常少卿。久之，遷祕書監。

乂性朴直，不能事人，或遇權臣專政，輒數歲不遷官。在朝垂三十年，前後每有大政事、大議論，宰執不能裁決者，必召以咨訪。乂徵引典故，以參時事，多合其宜，然亦以此自滯。而好學不倦，老而彌篤，雖甚寒暑，手不釋卷。旁通百家，尤精歷代沿革。家藏書一萬五千卷。本名武，因憲宗召對，奏曰：「陛下已誅羣寇，偃武修文，臣名於義未允，請改名乂。」上忻然從之。時帝方用兵兩河，乂亦因此諷諭耳。乂居史任二十年，所著大唐宰輔錄七十卷、淩煙閣功臣、秦府十八學士、史臣等傳四十卷。長慶元年卒，年七十五，贈禮部尚書，謚曰懿。子係、伸、偕、仙、佶。

係，大和初授昭應尉，直史館。二年，拜右拾遺、史館修撰，典實有父風，與同職沈傳師、鄭澣、陳夷行、李漢等受詔撰憲宗實錄。四年，書成奏御，轉尚書工部員外，遷本司郎中，仍兼史職。宰相宋申錫爲北軍羅織，罪在不測，係與諫官崔玄亮泣諫於玉階之下，申錫亦減死，時論稱之。開成中，轉諫議大夫。武宗朝，李德裕用事，惡李漢，以係與漢僚壻，出爲桂管都防禦觀察使。宣宗卽位，徵拜給事中、集賢殿學士、判院事。轉吏部侍郎，改左丞。出爲興元節度使，入爲刑部尙書。俄檢校戶部尙書、鳳翔尹，充鳳翔隴節度使，入爲兵部尙書。以弟伸爲丞相，懇辭朝秩，檢校尙書左僕射、襄州刺史、山南東道節度使，封淮陽縣開國公，食邑五百戶。

伸，登進士第，歷佐使府。大中初入朝，右補闕、史館修撰，轉中書舍人，召入翰林爲學士。自員外郎中至戶部侍郎、學士承旨，轉兵部侍郎。大中末，中書侍郎、平章事。

仙、佶皆至刺史。

偕有史才，以父任歷官左拾遺、史館修撰，轉補闕。咸通中，與同職盧耽、牛叢等受詔修文宗實錄。

蔣氏世以儒史稱，不以文藻爲事，唯伸及係子兆有文才，登進士第，然不爲文士所譽。與柳氏、沈氏父子相繼修國史實錄，時推良史，京師云蔣氏日曆，士族靡不家藏焉。

柳登字成伯，河東人。父芳，肅宗朝史官，與同職韋述受詔添修吳兢所撰國史，殺青未竟而述亡，芳緒述凡例，勒成國史一百三十卷。上自高祖，下止乾元，而敍天寶後事，絕無倫類，取捨非工，不爲史氏所稱。然芳勤於記註，含毫罔倦。屬安、史亂離，國史散落，編綴所聞，率多闕漏。上元中坐事徙黔中，遇內官高力士亦貶巫州，遇諸途。芳以所疑禁中事，咨於力士。力士說開元、天寶中時政事，芳隨口志之。又以國史已成，經於奏御，不可復改，乃別撰唐曆四十卷，以力士所傳，載於年曆之下。芳自永寧尉、直史館，轉拾遺、補闕、員外郎，皆居史任，位終右司郎中、集賢學士。

登少嗜學，與弟冕咸以該博著稱。登年六十餘，方從宦遊，累遷至膳部郎中。元和初，爲大理少卿，與刑部侍郎許孟容等七人，奉詔删定開元已後敕格。再遷右庶子，以衰病改祕書監，不拜，授右散騎常侍致仕。長慶二年卒，時九十餘，輟朝一日，贈工部尚書。弟冕。

冕，文史兼該，長於吏職。貞元初，爲太常博士。二年，昭德王皇后之喪，論皇太子服紀。左補闕穆質請依禮周期而除，冕與同職張薦等奏議曰：

準開元禮，子爲母齊衰三年，此王公已下服紀。皇太子爲皇后喪服，國禮無聞。

昔晉武帝元皇后崩，其時亦疑太子所服。杜元凱奏議曰：「古者天子三年之喪，既葬除服。魏氏革命，亦以既葬爲節。故天子諸侯之禮，嘗已具矣，惡其害己而削去其籍。今其存者唯士喪禮一篇，戴聖之記錯雜其內，亦難以取正。皇太子配至尊，與國爲體，固宜卒哭而除服。」於是山濤、魏舒並同其議，晉朝從之。歷代遵行，垂之不朽。

臣謹按實錄，文德皇后以貞觀十年九月崩，十一月葬，至十一年正月，除晉王治爲并州都督。晉王卽高宗在藩所封，文德皇后幼子，據其命官，當已除之義也。今請皇太子依魏、晉故事，爲大行皇后喪服，葬而虞，虞而卒哭，卒哭而除，心喪終制，庶存厭降之禮。

事下中書，宰臣召問禮官曰：「語云，『子食於有喪者之側，未嘗飽也。』今豈可令皇太子衰服侍膳，至於既葬乎？」準令，羣臣齊衰，給假三十日卽公除。約於此制，更審議之。」張薦曰：「請依宋、齊間皇后爲父母服三十日公除例，爲皇太子喪服之節。」薦以既公除，詣於正內，則服墨慘，歸至本院，衰麻如故。穆質曰：「杜元凱既葬除服之論，不足爲法。臣愚以爲遵三年之制則太重，從三十日之變太輕，唯行古之道，以周年爲定。」詔宰臣與禮官定可否。宰臣以穆質所奏問博士，冕對曰：「準禮，三年喪，無貴賤一也。豈有以父母貴賤而差降喪服之節乎？且禮有公門脫齊衰，開元禮皇后爲父母服十三月，其稟朝旨，十三日而除；皇太子爲外祖父母服五月，其從朝旨，則五日而除。所以然者，恐喪服侍奉，有傷至尊之意也。故從權制，昭著國章，公門脫衰，義亦在此，豈皆爲金革乎？皇太子今若抑哀公除，墨慘朝覲，歸至本院，依舊衰麻，酌於變通，庶可傳繼。」宰臣然其議，遂命太常卿鄭叔則草奏，以冕議爲是。而穆質堅執前義，請依古禮，不妨太子墨衰於內也。宰臣齊映、劉滋參酌羣議，請依叔則之議，制從之。及董晉爲太常卿，德宗謂之曰：「皇太子所行周服，非朕本意，有諫官橫論之。今熟計之，卽禮官請依魏、晉故事，斯甚折衷。」明年冬，上以太子久在喪，合至正月晦受吉服，欲以其年十一月釋衰麻，以及新正稱慶。有司皆論不可，乃止。

六年十一月，上親行郊享。上重愼祀典，每事依禮。時冕爲吏部郎中，攝太常博士，與司封郎中徐岱、倉部郎中陸質、工部郎中張薦，皆攝禮官，同修郊祀儀注，以備顧問。初，詔以皇太子亞獻，親王終獻，上令問柳冕當受誓戒否〔八〕，冕對曰：「準開元禮有之，然誓詞云『不供其職，國有常刑』，今太子受誓，請改云『各揚其職，肅奉常儀』。」上又問升郊廟去劍履及象劍尺寸之度，祝文輕重之宜，冕據禮經沿革聞奏，上甚嘉之。

冕言事頗切，執政不便之，出爲婺州刺史。十三年，兼御史中丞、福州刺史，充福建都團練觀察使。冕在福州奏置萬安監牧於泉州界，置羣牧五，悉索部內馬五千七百匹、驢騾牛八百頭、羊三千口，以爲監牧之資。人情大擾，期年無所滋息，詔罷之。以政無狀，詔以閻濟美代歸而卒。子璟，登進士第，亦以著述知名。

璟，寶曆初登進士第，三遷監察御史。時郊廟告祭，差攝三公行事，多以雜品，璟時監察，奏曰：「準開元二十三年敕，宗廟大祠，宜差左右丞相、嗣王、特進、少保、少傅、尚書、賓客、御史大夫。又二十五年敕，太廟五享，差丞相、師傅、尚書、嗣郡王通攝，餘司不在差限。又元和四年敕，太廟告祭攝官，太尉以宰相充，其攝司空、司徒，以僕射、尚書、師傅充，餘司不在差限。比來吏部因循，不守前後敕文，用人稍輕。請自今年冬季，勒吏部準開元、元和敕例差官。」從之。再遷度支員外郎，轉吏部。開成初，換庫部員外郎、知制誥，尋以本官充翰林學士。

初，璟祖芳精於譜學，永泰中按宗正譜牒，自武德已來宗枝昭穆相承，撰皇室譜二十卷，號曰永泰新譜，自後無人修續。璟因召對，言及圖譜事，文宗曰：「卿祖嘗爲皇家圖譜，朕昨觀之，甚爲詳悉。卿檢永泰後試修續之。」璟依芳舊式，續德宗後事，成十卷，以附前譜，仍詔戶部供紙筆廚料。五年，拜中書舍人充職。武宗朝，轉禮部侍郎，再司貢籍，時號得人。子韜亦以進士擢第。

沈傳師字子言，吳人。父既濟，博通羣籍，史筆尤工，吏部侍郎楊炎見而稱之。建中初，炎爲宰相，薦既濟才堪史任，召拜左拾遺、史館修撰。既濟以吳兢撰國史，以則天事立本紀，奏議非之曰：

史氏之作，本乎懲勸，以正君臣，以維家邦。前端千古，後法萬代，使其生不敢差，死不忘懼〔九〕。緯人倫而經世道，爲百王準的，不止屬辭比事，以日繫月而已。故善惡之道，在乎勸誡，勸誡之柄，存乎褒貶。是以春秋之義，尊卑輕重升降，幾微髣髴，雖一字二字，必有微旨存焉。況鴻名大統，其可以貸乎？

伏以則天皇后，初以聰明睿哲，內輔時政，厥功茂矣。及弘道之際，孝和以長君嗣位，而太后以專制臨朝，俄又廢帝，或幽或徙。既而握圖稱籙，移運革名，牝司燕啄之蹤，難乎備述。其後五王建策，皇運復興，議名之際，得無降損。必將義以親隱，禮從國諱，苟不及損，當如其常，安可橫絕彝典，超居帝籍？昔仲尼有言，必也正名，故夏、殷二代爲帝者三十世矣，而周人通名之曰王，吳、楚、越之君爲王者百餘年，而春秋書之爲子。蓋高下自乎彼，而是非稽乎我。過者抑之，不及者援之，不爲弱減，不爲僭奪。握中持平，不振不傾，使其求不可得，而蓋不可掩，斯古君子所以愼其名也。

夫則天體自坤順，位居乾極，以柔乘剛，天紀倒張，進以強有，退非德讓。今史臣追書，當稱之太后，不宜曰「上」。孝和雖迫母后之命，降居藩邸，而體元繼代，本吾君也，史臣追書，宜稱曰「皇帝」，不宜曰「廬陵王」。睿宗在景龍已前，天命未集，徒稟后制，假臨大寶，於倫非次，於義無名，史臣書之，宜曰「相王」，未宜曰「帝」。若以得失既往，遂而不舉，則是非褒貶，安所辨正，載筆執簡，謂之何哉？則天廢國家曆數，用周正朔，廢國家太廟，立周七廟。鼎命革矣，徽號易矣，旂裳服色，既已殊矣，今安得以周氏年曆而列爲唐書帝紀？徵諸禮經，是謂亂名。且孝和繼天踐祚，在太后之前，而敍年製紀，居太后之下，方之躋僖，是謂不智，詳今考古，並未爲可。

或曰：班、馬良史也，編述漢事，立高后以續帝載，豈有非之者乎？答曰：昔高后稱制，因其曠嗣，獨有分王諸呂，負於漢約，無遷鼎革命之甚。況其時孝惠已歿，孝文在下，宮中二子，非劉氏種，不紀呂后，將紀誰焉？雖云其然，議者猶爲不可，況遷鼎革命者乎？

或曰：若天后不紀，帝緒缺矣，則二十二年行事，何所繫乎？曰：孝和以始年登大位，以季年復舊業，雖尊名中奪，而天命未改，足以首事，足以表年，何所拘閡，裂爲二紀？昔魯昭之出也，春秋歲書其居，曰「公在乾侯」。且君在雖失位，不敢廢也。今請併天后紀合孝和紀，每於歲首，必書孝和所在以統之，書曰某年春正月，皇帝在房陵，太后行某事，改某制云云。則紀稱孝和，而事述太后，俾名不失正，而禮不違常，名禮兩得，人無間矣。其姓氏名諱，入宮之由，歷位之資，才藝智略，年辰崩葬，別纂錄入皇后傳，列於廢后王庶人之下，題其篇曰「則天順聖武后」云。

事雖不行，而史氏稱之。

德宗初卽位，銳於求理。建中二年夏，敕中書、門下兩省，分置待詔官三十員，以見官前任及同正試攝九品已上，擇文學理道、韜鈐法度之深者爲之，各準品秩給俸錢，廩餼、幹力、什器、館宇之設，以公錢爲之本，收息以贍用。物論以爲兩省皆名侍臣，足備顧問，無勞別置冗員。旣濟上疏論之曰：

臣伏以陛下今日之理，患在官煩，不患員少；患在不問，不患無人。且中書、門下兩省常侍、諫議、補闕、拾遺，總四十員，及常參待制之官，日有兩人，皆備顧問，亦不少矣。中有二十一員，尙闕人未充，他司缺職，累倍其數。陛下若謂見官非才，不足與議，則當選求能者，以代其人。若欲務廣聰明，畢收淹滯，則當擇其可者，先補缺員。則朝無曠官，俸不徒費。且夫置錢息利，是有司權宜，非陛下經理之法。今官三十員，皆給俸錢，幹力及廚廩什器、建造廳宇，約計一月不減百萬，以他司息例準之，當以錢二千萬爲之本，方獲百萬之利。若均本配人，當復除二百戶，或許其入流。反覆計之，所損滋甚。當今關輔大病，皆爲百司息錢，傷人破產，積於府縣。實思改革，以正本源。又臣嘗計天下財賦耗斁之大者，唯二事焉，最多者兵資，次多者官俸。其餘雜費，十不當二事之一。所以黎人重困，杼軸猶空。方期緝熙〔一〇〕，必藉裁減。今四方形勢，兵罷未得，資費之廣，蓋非獲已。陛下躬行儉約，節用愛人，豈俾閑官，復爲冗食？籍舊而置，猶可省也，若之何加焉？陛下必以制出不可改，請重難愼擇，遷延寢罷。其事竟不得行。既而楊炎譴逐，既濟坐貶處州司戶。後復入朝，位終禮部員外郎。

傳師，擢進士，登制科乙第，授太子校書郎、鄠縣尉，直史館，轉左拾遺、左補闕，並兼史職。遷司門員外郎、知制誥，召充翰林學士。歷司勳、兵部郎中，遷中書舍人。性恬退無競，時翰林未有承旨，次當傳師爲之，固稱疾，宣召不起，乞以本官兼史職。俄兼御史中丞，出爲潭州刺史、湖南觀察使。入爲尙書右丞。出爲洪州刺史、江南西道觀察使，轉宣州刺史、宣歙池觀察使。入爲吏部侍郎。大和元年卒，年五十九，贈吏部尙書。

初傳師父既濟撰建中實錄十卷，爲時所稱。傳師在史館，預修憲宗實錄未成，廉察湖南，特詔齎一分史稿，成於理所。有子樞、詢，皆登進士第。

詢歷清顯，中書舍人、翰林學士、禮部侍郎。咸通中，檢校戶部尙書、潞州長史、昭義節度使。爲政簡易，性本恬和。奴歸秦者通詢侍者，詢將戮之未果，奴結牙將爲亂，夜攻府第，詢舉家遇害。

史臣曰：前代以史爲學者，率不偶於時，多罹放逐，其故何哉？誠以褒貶是非在於手，賢愚輕重繫乎言，君子道微，俗多忌諱，一言切己，嫉之如讎。所以峘、薦坎壈於仕塗，沈、柳不登於顯貫，後之載筆執簡者，可以爲之痛心。道在必伸，物不終否，子孫藉其餘祜，多至公卿者，蓋有天道存焉。

贊曰：褒貶以言，孔道是莫。誅亂以筆，亦有董狐。邦家大典，班、馬何辜？懲惡勸善，史不可無。

校勘記

〔一〕李藩　新書卷一〇四于志寧傳作「李潘」。

〔二〕乾符中　冊府卷三二二、新書卷一〇四于琮傳繫此事於咸通八年。

〔三〕皆備五數　聞本作「皆備五穀」，餘各本作「五穀皆備」，此據冊府卷五九〇改。

〔四〕師氏掌以美詔王　「美」字各本原作「義」。唐會要卷六六、册府卷六〇四作「美」，周禮原文作「媺」。「媺」卽「美」之古寫，故據改。

〔五〕周禮儀禮毛詩爲中經　「儀禮」二字各本原無，據唐會要卷六六、册府卷六〇四補。

〔六〕鶩味道　「鶩」字閩、殿、廣本作「騫」，局本作「蹇」，此據新書卷一六一張薦傳改。

〔七〕大曆中　各本原作「天寶中」，據册府卷五五四、新書卷一六一張薦傳改。

〔八〕親王終獻上令問柳冕當受誓戒否　「親王」及「上令問柳冕」七字各本原無，據御覽卷五三〇補。册府卷五九〇亦有七字，但「上」字作「帝」，「柳冕」作「冕等」。

〔九〕死不忘懼　「忘」字各本原作「妄」，據唐會要卷六三、册府卷五五九改。

〔10〕方期緝熙　「期緝」二字各本原作「斯輯」，據全唐文卷四七六改。

舊唐書卷一百五十

列傳第一百

德宗順宗諸子

舒王誼　通王諶　虔王諒　肅王詳　文敬太子謜　資王謙
代王諲　昭王誡　欽王諤　珍王諴　郯王經　均王緯　溆王縱
莒王紓　密王綢　郇王綜　邵王約　宋王結　集王緗　冀王絿
和王綺　衡王絢　欽王績　會王纁　福王綰　珍王繕　撫王紘
岳王緄　袁王紳　桂王綸　翼王綽　蘄王緝

德宗皇帝十一子：昭德皇后王氏生順宗皇帝；舒王誼，昭靖太子之子；文敬太子，順宗之子；諸妃生通王已下八王，本錄不載母氏。

舒王誼本名謨，代宗第三子昭靖太子邈之子也。以其最幼，德宗憐之，命之爲子。大曆十四年六月，封舒王，拜開府儀同三司，與通王、虔王同日封。仍詔所司，其開府俸料，逐月進內，尋以軍興罷支。建中元年，領四鎮北庭行軍、涇原節度大使，以涇州刺史孟皞爲節度留後。以誼愛弟之子，諸王之長，軍國大事，欲其更踐，必委試之。

明年，尙父郭子儀病篤，上御紫宸，命誼持制書省之。誼冠遠遊冠，絳紗袍，乘象輅，駕駟馬，飛龍騎士三百人隨之。國府之官，皆袴褶騎而導前，鹵簿備，引而不樂，在遏密故也。及門，郭氏子弟迎拜於外，王不荅拜。子儀臥不能興，以手叩頭謝恩而已。王解冠珮，以常服傳詔勞問之。

三年〔二〕，蔡帥李希烈叛，詔哥舒曜討之。八月，希烈自帥衆三萬，圍哥舒曜于襄城，又詔河南都統李勉援之。勉捨襄城，令大將唐漢臣等選勁兵，徑襲許州以解圍。漢臣未至許，上遣中使追之，責以違詔，亟旋師，爲賊所乘，漢臣之衆大敗。勉恐東都危急，乃分兵數千赴洛，又爲賊所隔。賊衆急攻汴、滑，勉走宋州，朝廷大聳，乃詔誼爲揚州大都督，持節荆襄、江西、沔鄂等道節度，兼諸軍行營兵馬元帥，改名誼。又以哥舒翰聲近，士卒竊議，改封普王，令統攝諸軍，進攻希烈。仍以兵部侍郎蕭復爲戶部尙書、兼御史大夫、元帥府統軍長史。舊例有行軍長史，以復父名衡，特更之。又以新除潭州觀察使孔巢父爲右庶子、兼御史大夫，充行軍左司馬〔三〕；以山南東道節度行軍司馬、檢校兵部郎中、兼御史中丞樊澤爲諫議大夫、兼御史中丞、行軍右司馬。刑部員外郎劉從一爲吏部郎中、兼中丞；侍御史韋儹爲工部郎中、兼中丞，並充元帥府判官。兵部員外郎高參爲本司郎中，充元帥府掌書記。以右金吾大將軍渾瑊檢校工部尚書、兼御史大夫，爲中軍虞候。江西節度使嗣曹王皐爲前軍兵馬使，鄂岳團練使李兼爲之副。山南東道節度使賈耽爲中軍兵馬使。荆南節度使張伯儀充後軍兵馬使。以左神武軍使王价檢校太子賓客，左衞將軍高承謙檢校太子詹事，前司農少卿郭曙檢校左庶子，前祕書省著作郎常愿爲秘書少監，並充元帥府押衙。制下未行，涇原兵亂而止。

德宗初聞兵士出怨言，不得賞設，乃令誼與翰林學士姜公輔傳詔安撫，許以厚賞。行及內門，兵已陣於闕前，誼狼狽而還，遂奉德宗出幸奉天。賊之攻城，誼晝夜傳詔，慰勞諸軍，僅不解帶者月餘。從車駕還宮，復封舒王、開府儀同三司，揚州大都督如故。永貞元年十月薨，廢朝三日。

通王諶，德宗第三子也。大曆十四年封，制授開府儀同三司。貞元九年十月，領宣武軍節度大使、汴宋等州觀察支度營田等使，以宣武都知兵馬使李萬榮爲留後，王不出閤。十一年，河東帥李自良卒，以諶爲河東節度大使，以行軍司馬李說知府事，充留後，亦不出閤。

虔王諒，德宗第四子。大曆十四年封，授開府儀同三司。貞元二年，領蔡州節度大使、申光蔡觀察等使，以太將吳少誠爲留後。十年，領朔方靈鹽節度大使、靈州大都督，以朔方行軍司馬李欒爲靈府左司馬，知府事，朔方留後。十一年九月，横海大將程懷信逐其帥懷直。十月，以諒領横海節度大使、滄景觀察等使，以都知兵馬使程懷信爲留後，王不出閤。十六年，徐帥張建封卒，徐軍亂，又以諒領徐州節度大使、徐泗濠觀察處置等使，以建封子愔爲留後。

肅王詳，德宗第五子。大曆十四年六月封。建中三年十月薨，時年四歲，廢朝三日，贈揚州大都督。性聰惠，上尤憐之，追念無已，不令起墳墓，詔如西域法，議層甎造塔。禮儀使判官、司門郎中李岩上言曰：「墳墓之義，經典有常，自古至今，無聞異制。層甎起塔，始於天竺，名曰『浮圖』，行之中華，竊恐非禮。況肅王天屬，名位尊崇，喪葬之儀，存乎簡册，舉而不法，垂訓非輕。伏請準令造墳，庶遵典禮。」詔從之。

文敬太子謜，順宗之子。德宗愛之，命爲子。貞元四年，封邕王，授開府儀同三司。七年，定州張孝忠卒，以謜領義武軍節度大使、易定觀察等使，以定州刺史張茂昭爲留後。十年六月，潞帥李抱眞卒，又以謜領昭義節度大使、澤潞邢洺磁觀察等使，以潞將王虔休爲潞府司馬、知留後。十五年十月薨，時年十八，廢朝三日，贈文敬太子，所司備禮册命。其年十二月，葬於昭應，有陵無號。發引之日，百官送於通化門外，列位哭送。是日風雪寒甚，近歲未有。詔置陵署令丞。

資王謙，德宗第七子。大曆十四年封。

代王諲，德宗第八子。本封縉雲郡王，早薨。建中二年，追封代王。

昭王誠，德宗第九子。貞元二十一年封。

欽王諤，德宗第十子。順宗卽位，詔曰：「王者之制，子弟畢封，所以固藩輔而重社稷，古今之通義也。第十弟諤等，寬簡忠厚，生知孝敬，行皆由禮，志不違仁。樂善本於性情，好賢宗於師傅。纘修六藝，達人倫風化之源；博習羣言，知惠和睦友之道。温恭朝夕，允茂厥猷，克有嘉聞，宜封土宇。諤可封欽王。第十一弟可封珍王。」

珍王誠，德宗第十一子，與欽王同制封。

德宗仁孝，動循法度，雖子弟姑妹之親，無所假借。建中初，詔親王子弟帶開府朝秩者，出就本班。又以公主、郡縣主出降，與舅姑抗禮，詔曰：「冠婚之義，人倫大經。昔唐堯降嬪，帝乙歸妹。迨於漢氏，同姓主之。爰自近古，禮教陵夷，公郡法度，僭差殊制。姻族闕齒序之義，舅姑有拜下之禮，自家刑國，多愧古人。今縣主有行，將俟嘉命，俾親執棗栗以見舅姑，敬遵宗婦之儀，降就家人之禮。事資變革，以抑浮華。其令禮儀使與禮官博士，約古今舊儀及開元禮，詳定公主、郡縣主出降、覿見之文儀以聞。」

初，開元中置禮會院于崇仁里。自兵興已來，廢而不修，故公、郡、縣主不時降嫁，殆三十年，至有華髮而猶丱者，雖居內館，而不獲覲見十六年矣。凡皇族子弟，皆散棄無位，或流落他縣，湮沉不齒錄，無異匹庶。及德宗即位，敍用枝屬，以時婚嫁，公族老幼，莫不悲感。初即位，將謁太廟，始與公、郡、縣主相見於大次中，尊者展其敬，幼者申其愛，歔欷哭泣之聲聞於朝，公卿陪列者爲之悽然。每將有大禮，必與諸父昆弟同其齋次。及岳陽、信寧、宜芳、永順、朗陵、陽安、襄城、德淸、南華、元城、新鄉等十一縣主同月出降，敕所司大小之物，必周其用。至於櫛、纚、笄、總，皆經於心，各給錢三百萬，使中官主之，以買田業，不得侈用。其衣服之飾，使內司計造，不在此數。是時所司度人用一籠花，計錢七十萬。帝曰：「籠花首飾，婦禮不可闕，然用費太廣，卽無謂也。宜損之又損之。」及三萬而止。帝謂主等曰：「吾非有所愛，但不欲無益之費耳。」各以餘錢六十萬賜之，以備他用。

舊例，皇姬下嫁，舅姑返拜而婦不答。及是，制下禮官定制曰：「旣成婚於禮會院，明晨，舅坐於堂東階西向，姑南向，婦執笄，盛以棗栗，升自西階，再拜，跪奠於舅席前。退降受笄，盛以腶修。升，北面再拜，跪奠於姑席前。降，東面拜壻之伯叔兄弟姊妹。已而謝恩於光順門，壻之親族亦隨之，然後會讌於十六宅。」是日，縣主皆如其制。初，贈司徒沈易良之妻崔氏，卽太后之季父母也，帝每見之，方屣而韡，召王、韋二美人出拜。敕崔氏坐受勿答。故戚屬之間，罔不憚其敬，不肅而遵禮法焉。

順宗二十三子：莊憲皇后王氏生憲宗皇帝，王昭儀生郯王經〔三〕；趙昭儀生宋王結；王昭儀生郇王綜；王昭訓生衡王絢；餘十八王，本錄不載母氏。

郯王經，本名渙，順宗次子。始封建康郡王，貞元二十一年進封。大和八年薨。

均王緯，本名沔，順宗第三子。始封洋川郡王，貞元二十一年進封。

漵王縱，本名洵，順宗第四子。初授殿中監，封臨淮郡王，貞元二十一年進封。

莒王紓，本名浼，順宗第五子。初授秘書監，封弘農郡王。貞元二十一年進封。大和八年薨。

密王綢，本名泳，順宗第六子。始封漢東郡王，貞元二十一年進封。元和二年九月薨。

郇王綜，本名湜，順宗第七子。初授少府監，封晉陵郡王，貞元二十一年進封。元和三年四月薨。

邵王約，本名激，順宗第八子。初授國子祭酒，封高平郡王，貞元二十一年進封。

宋王結，本名滋，順宗第九子。始封雲安郡王，貞元二十一年進封。長慶二年薨。

集王緗，貞元二十一年封。長慶二年薨。

冀王絿，本名淮，順宗第十子。初授太常卿，封宣城郡王，貞元二十一年進封。大和九年薨。

和王綺，本名滑，順宗第十一子。始封德陽郡王，貞元二十一年進封。大和七年薨。

衡王絢，順宗第十二子。貞元二十一年封。寶曆二年薨。

欽王績，順宗第十三子。貞元二十一年封。

會王纁，順宗第十四子。貞元二十一年封。元和五年十一月薨。

福王綰，本名滔，順宗第十五子。母莊憲王皇后，憲宗同出。初授光祿卿，封河東郡王，貞元二十一年進封。咸通元年，特册拜司空。明年薨。

珍王繕，本名況，順宗第十六子。初授衞尉卿，封洛交郡王，貞元二十一年進封。

撫王紘，順宗第十七子。貞元二十一年封。咸通四年，特册拜司空。五年，册司徒。乾符三年，册太尉。其年薨。

岳王緄，順宗第十八子。貞元二十一年封。大和二年薨。

袁王紳，順宗第十九子。貞元二十一年封。大和十四年薨。

桂王綸，順宗第二十子。貞元二十一年封。大和九年薨。

翼王綽，順宗第二十一子。貞元二十一年封。咸通二年薨。

蘄王緝，順宗第二十二子。咸通八年薨〔四〕。

史臣曰：夫聖人君臨宇縣，肇啓邦基，莫不受命上玄，膺名帝籙。自太昊已降，五運相推，迄于殷湯，曆數綿永。但設均平之化，未聞封建之名。洎乎周、漢，始以子弟建侯樹屏，以作維城。及王室浸微，遂有莽、卓之亂。唐室自艱難已後，兩河兵革屢興，諸王雖封，竟不出閤。夫帝王居寰宇之尊，撫億兆之衆，但能平一理道，夙夜嚴恭，任賢使能，設官分職，自然四海樂推。天命所祐，縱無封建，亦鴻基永固，安俟嬰孺鎮重哉？

贊曰：孝文秉禮，道弘藩邸。睦族展親，儀刑戚里。自閤臨藩，所謂周爰。無如惡鳥，終懷籠樊。

校勘記

〔一〕三年　本書卷一二德宗紀、冊府卷二六九作「四年」。

〔二〕充行軍左司馬　「左」字各本原無，據冊府卷二六九、通鑑卷二二八補。

〔三〕王昭儀　本書卷一四憲宗紀、新書卷八二十一宗諸子傳作「張昭訓」。

〔四〕咸通八年薨　「薨」字各本原作「封」，據新書卷九懿宗紀、卷八二十一宗諸子傳、通鑑卷二五〇改。

舊唐書卷一百五十一

列傳第一百一

高崇文 子承簡 伊慎 朱忠亮 劉昌裔 范希朝 王鍔 子稷
閻巨源 孟元陽 趙昌

高崇文，其先渤海人。崇文生幽州，朴厚寡言，少從平盧軍。貞元中，隨韓全義鎮長武城，治軍有聲。五年夏，吐蕃三萬寇寧州，崇文率甲士三千救之，戰于佛堂原，大破之，死者過半。韓全義入覲，崇文掌行營節度留務，遷兼御史中丞。十四年，爲長武城使，積粟練兵，軍聲大振。

永貞元年冬，劉闢阻兵，朝議討伐，宰臣杜黃裳以爲獨任崇文，可以成功。元和元年春，拜檢校工部尚書、兼御史大夫，充左神策行營節度使，兼統左右神策、奉天麟游諸鎮兵以討闢。時宿將專征者甚衆，人人自謂當選，及詔出大驚。崇文在長武城，練卒五千，常若寇至。及是，中使至長武，卯時宣命，而辰時出師五千，器用無闕者。軍至興元，軍中有折逆旅之匕箸，斬之以徇。西從閬中入，遂却劍門之師，解梓潼之圍，賊將邢泚遁歸。屯軍梓州，因拜崇文爲東川節度使。先是，劉闢攻陷東川，擒節度使李康，及崇文克梓州，乃歸康求雪己罪，崇文以康敗軍失守，遂斬之。

成都北一百五十里有鹿頭山，扼兩川之要，闢築城以守，又連八栅，張掎角之勢以拒王師。是日，破賊二萬于鹿頭城下，大雨如注，不克登乃止。明日，又破于萬勝堆。堆在鹿頭之東，使驍將高霞寓親鼓，士攀緣而上，矢石如雨，又命敢死士連登，奪其堆，燒其栅，栅中之賊殲焉。遂據堆下瞰鹿頭城，城中人物可數。凡八大戰皆大捷，賊搖心矣。

八月，阿跌光顏與崇文約，到行營愆一日，懼誅，乃深入以自贖，故軍於鹿頭西大河之口，以斷賊糧道，賊大駭。是日，賊綿江栅將李文悅以三千人歸順，尋而鹿頭將仇良輔舉城降者衆二萬。闢之男方叔、子壻蘇強先監良輔軍，是日械繫送京師，降卒投戈面縛者彌十數里，遂長驅而直指成都。德陽等縣城皆鎮以重兵，莫不望旗率服，師無留行。闢大懼，以親兵及逆黨盧文若齎重寶西走吐蕃。吐蕃素受其賂，且將啓之。崇文遣高霞寓、酈定進倍道追之，至羊灌田及焉。闢自投岷江，擒於湧湍之中。西蜀平，乃檻闢送京師伏法。文若赴水死。王師入成都，介士屯于大逵，軍令嚴肅，珍寶山積，市井不移，無秋毫之犯。

先是，賊將邢泚以兵二萬爲鹿頭之援，旣降又貳，斬之以徇。衣冠陷逆者，皆匍匐衙門請命，崇文條奏全活之。制授崇文檢校司空，兼成都尹，充劍南西川節度、管內度支營田觀察處置、統押近界諸蠻西山八國雲南安撫等使。改封南平郡王，食實封三百戶，詔刻石紀功于鹿頭山下。

崇文不通文字，厭大府案牘諮稟之繁，且以優富之地，無所陳力，乞居塞上以扞邊戍，懇疏累上。二年冬，制加同中書門下平章事、邠州刺史、邠寧慶三州節度觀察等使，仍充京西都統。恃其功而侈心大作，帑藏之富，百工之巧，舉而自隨，蜀都一罄。以不習朝儀，憚於入覲，優詔令便道之鎭。居三年，大修戎備。元和四年卒，年六十四，廢朝三日，贈司徒，謚曰威武，配享憲宗廟庭。

子承簡，少爲忠武軍部將，後入神策軍。以父征劉闢，拜嘉王傅。裴度征淮、蔡，奏承簡以本官兼御史中丞，爲其軍都押衙。淮西平，詔以郾城、上蔡、遂平三縣爲溵州，治郾城，用承簡爲刺史。尋轉邢州刺史，值觀察使責時賦急，承簡代數百戶出其租。

遷宋州刺史，屬汴州逐其帥，以部將李齐行帥事。齐遣其將責宋官私財物，承簡執而囚之。自是汴使來者，輒縶之，一日幷出斬于軍門之外，威震郡中。及齐兵大至，宋州凡三城，已陷南一城，承簡保北兩城以拒，凡十餘戰。會徐州救兵至，介爲汴將李質執之，傳送京師，兵圍宋者卽遁去。授承簡檢校左散騎常侍、兗海沂密等州節度觀察處置等使〔一〕。俄遷檢校工部尚書、義成軍節度、鄭滑潁等州觀察處置等使。就加檢校尚書右僕射。入拜右金吾衞大將軍，充右街使。復出爲邠寧慶等州節度觀察處置等使。先是，羌虜多以秋月犯西邊，承簡請軍寧州以備之。因疾上言乞入覲，卽隨表詣闕。大和元年八月，行至永壽縣傳舍卒，贈司空。

崇文孫駢，歷位崇顯，終淮南節度使，自有傳。

伊愼，兗州人。善騎射，始爲果毅。喪母，將營合祔，不識其父之墓。晝夜號哭，未浹日，夢寐有指導焉。遂發壠，果得舊記驗。

大曆八年，江西節度使路嗣恭討嶺南哥舒晃之亂，以愼爲先鋒，直逼賊壘，疾戰破之，斬首三千級，由是復始興之地。未幾，與諸將追斬晃於泔溪，函首獻于闕下。嗣恭表愼功，授連州長史，知當州團練副使，三遷江州別駕。

討梁崇義之歲，愼以江西牙將從李希烈〔二〕，摧鋒陷敵，功又居多。江漢旣平，希烈愛愼之材，數遺善馬，意欲縻之，愼以計遁，歸命本道。明年，希烈果反。嗣曹王皐始至鍾陵，大集將吏，得愼而壯之。大集兵將，繕理舟師。希烈懼愼爲曹王所任，遺愼七屬之甲，詐爲愼書行間焉。上遣中使卽軍以詰之，曹王乃抗疏論雪。上章未報，會賊兵浙江來寇，曹王乃召愼勉之令戰，大破三千餘衆，朝廷始信其不貳。累破蔡山栅，取蘄州，降其將李良。又攻黃梅縣，殺賊將韓霜露，斬首千餘級。優詔褒異，授試太子詹事，封南兗郡王，又兼御史中丞、蘄州刺史，充節度都知兵馬使。

建中末，車駕在梁、洋，鹽鐵使包佶以金幣泝江將進獻，次于蘄口。時賊已屠汴州，遣驍將杜少誠將步騎萬餘來寇黃梅，以絕江道。愼兵七千，遇於永安戍。愼列樹三栅，相去數里，偃旗臥鼓。於中栅聲鼓，三栅悉兵以擊，賊軍大亂，少誠脫身以免，斬級不可勝數，江路遂通。又破荀莽栅，進兵圍安州。賊阻溳水，攻之不能下。希烈遣其甥劉戒虛將騎八千來援，愼分兵迎擊，戰于應山，擒戒虛，縛示城下，遂開門請罪。以功拜安州刺史、兼御史大夫，仍賜實封一百戶。希烈又遣將援隋州，愼擊之於厲鄉，走康叔夜，斬首五千級。希烈死，李惠登爲賊守隋州，愼飛書招諭，惠登遂以城降。因密奏惠登可用，詔授隋州刺史。

貞元十五年，以愼爲安黃等州節度、管內支度營田觀察等使。十六年，吳少誠阻命，詔以本道步騎五千，兼統荊南湖南江西三道兵，當其一面。於申州城南前後破賊數千，以例加檢校刑部尚書。二十一年，於安黃置奉義軍額，以爲奉義軍節度使、檢校右僕射。憲宗卽位，入覲拜右僕射。元和二年，轉檢校左僕射，兼右金吾衞大將軍。以賂第五從直求鎮河中，爲從直所奏，貶右衞將軍。數月，復爲檢校尚書右僕射，兼右衞上將軍。元和六年卒，年六十八，贈太子太保。

朱忠亮本名士明，汴州浚儀人。初事薛嵩爲將。大曆中，詔鎮普潤縣，掌屯田。朱泚之亂，以麾下四十騎奔奉天。德宗嘉之，封東陽郡王，爲「奉天定難功臣」。及大駕南幸，爲虜騎所獲，繫於長安。賊平，李晟釋之，薦於渾瑊，署定平鎮都虞候。鎮使李朝寀卒，遂代之。憲宗卽位，加御史大夫。築臨涇城有勞，特加檢校工部尚書、涇原四鎮節度使，仍賜名。涇土舊俗多賣子，忠亮以俸錢贖而還其親者約二百人。元和八年卒，贈右僕射。

劉昌裔，太原陽曲人。少遊三蜀，楊琳之亂，昌裔說其歸順。及琳授洺州刺史，以昌裔爲從事，琳死乃去。

曲環將幽隴兵收濮州也，辟爲判官。詔授監察御史，累加至檢校兵部尙書，賜紫，兼中丞，充營田副使。貞元十五年，環鎭許州，卒，詔上官涚知節度留後。吳少誠攻許州，涚領事，欲棄城走。昌裔追止之曰：「留後旣受詔，宜以死守城。況城中士馬足以破賊，但堅壁不戰，不過五七日，賊勢必衰，我以全制之可也。」涚然之。賊日夕攻急，堞壞不得修，昌裔令造戰棚木柵以待，募壯士破營，得突將千人，鑿城分出，大破之，因立戰棚木柵於城上，城以故不陷。兵馬使安國寧與涚不善，謀反以城降賊，事洩，昌裔密計斬之。卽召其麾下千餘人食之，賞縑二匹，伏兵諸要巷，令持縑者悉斬之，無一人得脫。十六年，以全陳許功，以涚爲節度使，昌裔爲陳州刺史。

韓全義之敗溵水也，與諸道兵皆走保陳州，求舍，昌裔登城謂曰：「天子命公討蔡州，今來陳州，義不敢納，請舍城外。」而從千騎入全義營，持牛酒勞軍。全義不自意，驚喜歎服。十八年，改充陳許行軍司馬。明年，涚卒，詔昌裔爲許州刺史，充陳許節度使，再加檢校右僕射。

元和八年五月，許州大水，壞廬舍，漂溺居人。六月，徵昌裔加檢校左僕射，兼左龍武統軍。初，昌裔以老疾而軍府無政，因其水敗軍府，上乃促令韓皋代之。昌裔赴召，至長樂驛，聞有是命，乃上言風眩，請歸私第，許之。其年卒，贈潞州大都督。

范希朝字致君，河中虞鄉人。建中年，爲邠寧虞候，戎政修舉，事節度使韓遊瓌。及德宗幸奉天，希朝戰守有功，累加兼中丞，爲寧州刺史。遊瓌入覲，自奉天歸邠州，以希朝素整肅有聲，畏其逼己，求其過將殺之。希朝懼，奔鳳翔。德宗聞之，趣召至京師，置於左神策軍中。遊瓌歿，邠州諸將列名上請希朝爲節度，德宗許之，希朝讓於張獻甫，曰：「臣始逼而來，終代其任，非所以防覬覦安反側也。」詔嘉之，以獻甫統邠寧。數日，除希朝振武節度使，就加檢校禮部尚書。

振武有党項、室韋，交居川阜，凌犯爲盜，日入慝作，謂之「刮城門」。居人懼駭，鮮有寧日。希朝周知要害，置堡柵，斥候嚴密，人遂獲安。異蕃雖鼠竊狗盜，必殺無赦，戎虜甚憚之，曰：「有張光晟苦我久矣，今聞是乃更姓名而來。」其見畏如此。蕃落之俗，有長帥至，必效奇駝名馬，雖廉者猶曰當從俗，以致其歡，希朝一無所受。積十四年，皆保塞而不爲橫。單于城中舊少樹，希朝於他處市柳子，命軍人種之，俄遂成林，居人賴之。貞元末，累表請修朝覲。時節將不以他故自述職者，惟希朝一人，德宗大悅。既至，拜檢校右僕射，兼右金吾大將軍。

順宗時，王叔文黨用事，將授韓泰以兵柄，利希朝老疾易制，乃命爲左神策、京西諸城鎭行營節度使，鎭奉天，而以泰爲副，欲因代之，叔文敗而罷。憲宗卽位，復以檢校僕射爲右金吾，出拜檢校司空，充朔方靈鹽節度使。

突厥別部有沙陀者，北方推其勇勁，希朝誘致之，自甘州舉族來歸，衆且萬人。其後以之討賊，所至有功，遷河東節度使。率師討鎭州，無功。旣耄且疾，事不理，除左龍武統軍，以太子太保致仕。元和九年卒，贈太子太師。

希朝近代號爲名將，人多比之趙充國。及張茂昭擊王承宗，幾覆，希朝玩寇不前，物議罪之。

王鍔字昆吾，自言太原人。本湖南團練營將。初，楊炎貶道州司馬，鍔候炎於路，炎與言異之。後嗣曹王皐爲團練使，擢任鍔，頗便之。使招邵州武岡叛將王國良有功，表爲邵州刺史。及皐改江西節度使，李希烈南侵，皐請鍔以勁兵三千鎭尋陽。後皐自以全軍臨九江，旣襲得蘄州，盡以衆渡，乃表鍔爲江州刺史、兼中丞，充都虞候，因以鍔從。小心習事，善探得軍府情狀，至於言語動靜，巨細畢以白皐。皐亦推心委之，雖家宴妻女之會，鍔或在焉。鍔感皐之知，事無所避。

後皐攻安州，使伊愼盛兵圍之，賊懼，請皐使至城中以約降〔三〕，皐使鍔懸而入。既成約，殺不從者以出。明日城開，皐以其衆入。伊愼以賊恟懼，由其圍也，不下鍔，鍔稱疾避之。及皐爲荊南節度使，表鍔爲江陵少尹、兼中丞，欲列於賓倅。馬彝、裴泰鄙鍔請去，乃復以爲都虞候。

明年，從皐至京師，皐稱鍔於德宗曰：「鍔雖文用小不足，他皆可以試驗。」遂拜鴻臚少卿。尋除容管經略使，凡八年，谿洞安之。遷廣州刺史、御史大夫、嶺南節度使。廣人與夷人雜處，地征薄而叢求於川市。鍔能計居人之業而榷其利，所得與兩稅相埒。鍔以兩稅錢上供時進及供奉外，餘皆自入。西南大海中諸國舶至，則盡沒其利，由是鍔家財富於公藏。日發十餘艇，重以犀象珠貝，稱商貨而出諸境。周以歲時，循環不絕，凡八年，京師權門多富鍔之財。拜刑部尚書。時淮南節度使杜佑屢請代，乃以鍔檢校兵部尚書，充淮南副節度使。鍔始見佑，以趨拜悅佑，退坐司馬廳事。數日，詔杜佑以鍔代之。

鍔明習簿領，善小數以持下，吏或有姦，鍔畢究之。嘗聽理，有遺匿名書於前者，左右取以授鍔，鍔內之鞾中，鞾中先有他書以雜之。及吏退，鍔探取他書焚之，人信其以所匿名者焚也。既歸省所告者，異日乃以他微事連其所告者，固窮按驗之以譎衆，下吏以爲神明。

鍔長於部領，程作有法，軍州所用竹木，其餘碎屑無所棄，皆復爲用。掾曹簾壞，吏以新簾易之，鍔察知，以故者付舡坊以替篙，其他率如此。每有饗宴，輒錄其餘以備後用，或云賣之，收利皆自歸，故鍔錢流衍天下。在鎭四年，累至司空。

元和二年來朝，眞拜左僕射，未幾除檢校司徒、河中節度。居三年，兼太子太傅，移鎭太原。時方討鎭州，鍔緝綏訓練，軍府稱理。鍔受符節居方面凡二十餘年。九年，加同平章事。十年卒，年七十六，贈太尉。鍔將卒，約束後事甚明，如知其死日。

鍔附太原王翃爲從子，以婚閥自炫，翃子弟多附鍔以致名宦。又嘗讀春秋左氏傳，自稱儒者，人皆笑之。

子稷，歷官鴻臚少卿。鍔在藩鎭，稷嘗留京師，以家財奉權要，視官高下以進賂，不待白其父而行之。廣治第宅，嘗奏請藉坊以益之，作複垣洞穴，實金錢於其中。貴官淸品，溺其賞宴而遊，不憚淸議。及父卒，爲奴所告稷換鍔遺表，隱沒所進錢物。上令鞫其奴於內仗，又發中使就東都驗責其家財。宰臣裴度苦諫，於是罷其使而殺奴。稷長慶二年爲德州刺史，廣齎金寶僕妾以行。節度使李全略利其貨而圖之，故致本州軍亂，殺稷，其室女爲全略所虜，以妓媵處之。

稷子叔泰。開成四年，滄州節度使劉約上言：「王稷爲李全略所殺，家無遺類。稷男叔泰，時年五歲，郡人宋忠獻匿之獲免，乃收養之，今已成長。臣獎其義，忠獻已補職，叔泰津送以聞。」文宗詔曰：「王鍔累朝宣力，王稷一旦捐軀，須錄孤遺，徽申憫念。王叔泰委吏部與九品官，令奉祭。」

閻巨源，貞元十九年以勝州刺史攝振武行軍司馬。屬希朝入覲，遂代爲節度。以材力進，無他智能。初不知書而好文其言，輒乖謬，時人多摭其談說以爲戲，然以寬厚爲將卒所懷。後爲邠寧節度使、檢校左僕射。元和九年卒。

孟元陽，起於陳許軍中，理戎整肅，勤事，善部署。曲環之爲節度，元陽已爲大將，環使董作西華屯。元陽盛夏芒屩立稻田中，須役者退而後就舍，故其田歲無不稔，軍中足食。環卒，吳少誠寇許州，元陽城守，外無救兵，攻圍甚急，而終不能傅其城，賊乃罷兵。韓全義五樓之敗，諸軍多私歸，元陽及神策都將蘇元策、宣州都將王幹各率部留軍溵水，破賊二千餘人。兵罷，加御史大夫。元和初，拜河陽節度、檢校尙書。五年，拜右僕射、昭義節度，入爲右羽林統軍，封趙國公。俄拜左金吾大將軍，復除統軍。元和九年卒，贈揚州大都督。

趙昌字洪祚，天水人。祖不器，父居貞，皆有名於時。李承昭爲昭義節度，辟昌在幕府。貞元七年，爲虔州刺史。屬安南都護爲夷獠所逐，拜安南都護，夷人率化。十年，因屋壞傷脛，懇疏乞還，以檢校兵部郎中裴泰代之，入拜國子祭酒。及泰爲首領所逐，德宗詔昌問狀。昌時年七十二，而精健如少年者，德宗奇之，復命爲都護，南人相賀。憲宗卽位，加檢校工部尙書，尋轉戶部尙書，充嶺南節度。元和三年，遷鎭荆南，徵爲太子賓客。及得見，拜工部尙書、兼大理卿。歲餘，讓卿守本官。六年，除華州刺史，辭於麟德殿。時年八十餘，趨拜輕捷，召對詳明，上退而歎異，宣宰臣密訪其頤養之道以奏焉。在郡三年，入爲太子少保。九年卒，年八十五，贈揚州大都督，謚曰成。

史臣曰：高崇文以律貞師，勤於軍政，戎麾指蜀，遽立奇功，可謂近朝之良將也。伊愼、朱忠亮、劉昌裔、范希朝、閻巨源、孟元陽、趙昌等，各立功立事，亦一時之名臣。王鍔明可照姦，忠能奉主，此乃垂名於後也。至若竹頭木屑，曾無棄遺，作事有程，儉而足用，則又士君子之爲也。如賤收貴出，務積珠金，唯利是求，多財爲累，則與夫淸白遺子孫者遠矣。凡百在位，得不鑑之。

贊曰：崇文之功，顯於西蜀。伊愼之忠，見乎南服。朱、劉、范、閻，各有其目。元陽、趙昌，不無遺躅。惟彼太原，戰勳可錄。累在多財，子孫不祿。

校勘記

〔一〕兗海沂密等州節度　「兗」字各本原作「充」，據新書卷一七〇高崇文傳、通鑑卷二四二改。

〔二〕愼以江西牙將從李希烈　「從」字各本原作「統」，據册府卷三五九、七二四改。

〔三〕請臯使至城中以約降　「請」字各本原無，據册府卷四五一補。

舊唐書卷一百五十二

列傳第一百二

馬璘　郝廷玉　王栖曜子茂元　劉昌子士涇　李景略
張萬福　高固　郝玼　段佐　史敬奉野詩良輔附

馬璘，扶風人也。祖正會，右威衞將軍。父晟，右司禦率府兵曹參軍。璘少孤，落拓不事生業。年二十餘，讀馬援傳至「大丈夫當死於邊野，以馬革裹尸而歸」，慨然歎曰：「豈使吾祖勳業墜于地乎！」開元末，杖劍從戎，自効於安西。以前後奇功，累遷至左金吾衞將軍同正。

至德初，王室多難，璘統甲士三千，自二庭赴于鳳翔。肅宗奇之，委以東討。殄寇陜郊，破賊河陽，皆立殊効。嘗從李光弼攻賊洛陽，史朝義自領精卒，拒王師于北邙，營壘如山，旌甲耀日，諸將愕眙不敢動。璘獨率所部橫戈而出，入賊陣者數四，賊因披靡潰去。副元帥李光弼壯之，曰：「吾用兵三十年，未見以少擊衆，有雄捷如馬將軍者。」遷試太常卿。明年，蕃賊寇邊，詔璘赴援河西。廣德初，僕固懷恩不順，誘吐蕃入寇，代宗避狄陝州。璘即日自河右轉鬭戎虜間，至于鳳翔。時蕃軍雲合，鳳翔節度使孫志直方閉城自守，璘乃持滿外向，突入懸門，不解甲，背城出戰，吐蕃奔潰。璘以勁騎追擊，俘斬數千計，血流于野，由是雄名益振。代宗還宮，召見慰勞之，授兼御史中丞。

永泰初，拜四鎮行營節度，兼南道和蕃使，委之禁旅，俾清殘寇。俄遷四鎮、北庭行營節度及邠寧節度使、兼御史大夫，旋加檢校工部尚書。以犬戎浸驕，歲犯郊境，涇州最鄰戎虜，乃詔璘移鎮涇州，兼權知鳳翔隴右節度副使、涇原節度、涇州刺史，四鎮、北庭行營節度使如故，復以鄭、滑二州隸之。璘詞氣慷慨，以破虜爲己任。既至涇州，分建營堡，繕完戰守之具，頻破吐蕃，以其生口俘馘來獻，前後破吐蕃約三萬餘衆。在涇州令寬而肅，人皆樂爲之用。鎮守凡八年，雖無拓境之功，而城堡獲全，虜不敢犯，加檢校右僕射。上甚重之，遷檢校左僕射知省事，詔宰臣百僚於尙書省送上，進封扶風郡王。

璘雖生於士族，少無學術，忠而能勇，武幹絕倫，艱難之中，頗立忠節，中興之猛將也。年五十六，大曆十二年卒，德宗悼之〔一〕，廢朝，贈司徒。

璘久將邊軍，屬西蕃寇擾，國家倚爲屏翰。前後賜與無算，積聚家財，不知紀極。在京師治第舍，尤爲宏侈。天寶中，貴戚勳家，已務奢靡，而垣屋猶存制度。然衞公李靖家廟，已爲嬖臣楊氏馬廐矣。及安、史大亂之後，法度隳弛，內臣戎帥，競務奢豪，亭館第舍，力窮乃止，時謂「木妖」。璘之第，經始中堂，費錢二十萬貫，他室降等無幾。及璘卒於軍，子弟護喪歸京師，士庶觀其中堂，或假稱故吏，爭往赴弔者數十百人。德宗在東宮，宿聞其事，及踐祚，條舉格令，第舍不得踰制，仍詔毀璘中堂及內官劉忠翼之第，璘之家園，進屬官司。自後公卿賜宴，多於璘之山池。子弟無行，家財尋盡。

郝廷玉者，驍勇善格鬭，事太尉李光弼，爲帳中愛將。乾元中，史思明再陷洛陽，光弼拔東都之師保河陽。時三城壁壘不完，芻粮不支旬日，賊將安太淸等率兵數萬，四面急攻。光弼懼賊勢西犯河、潼，極力保孟津以掎其後，晝夜嬰城，血戰不解，將士夷傷。光弼召諸將訊之曰：「賊黨何面難抗？」或對曰：「西北隅最爲勍敵。」乃亟召廷玉謂之曰：「兇渠攻西北者難奈，爾爲我決勝而還。」辭曰：「廷玉所領，步卒也，願得騎軍五百。」光弼以精騎三百授之。光弼法令嚴峻，是日戰不利而還者，不解甲斬之。廷玉奮命先登，流矢雨集，馬傷不能軍而退。光弼登堞見之，駭然曰：「廷玉奔還，吾事敗矣！」促令左右取廷玉首來。廷玉見使者曰：「馬中毒箭，非敗也。」光弼命易馬而復，徑騎衝賊陣，馳突數四，俄而賊黨大敗於河壖，廷玉擒賊將徐璜而還。由是賊解中潬之圍，信宿退去。前後以戰功累授開府儀同三司，試太常卿，封安邊郡王。從光弼鎮徐州。光弼薨，代宗用爲神策將軍。

永泰初，僕固懷恩誘吐蕃、迴紇入犯京畿，分命諸將屯於要害，廷玉與馬璘率五千人屯於渭橋西窯底。觀軍容使魚朝恩以廷玉善陣，欲觀其教閱。廷玉乃於營內列部伍，鳴鼓角而出，分而爲陣，箕張翼舒，乍離乍合，坐作進退，其衆如一。朝恩歎曰：「吾在兵間十餘年，始見郝將軍之訓練耳。治戎若此，豈有前敵耶？」廷玉悽然謝曰：「此非末校所長，臨淮王之遺法也。太尉善御軍，賞罰當功過。每校旗之日，軍士小不如令，必斬之以徇，由是人皆自効，而赴蹈馳突，有心破膽裂者。太尉薨變已來，無復校旗之事，此不足軍容見賞。」

王縉爲河南副元帥，詔以廷玉爲其都知兵馬使，累授秦州刺史。大曆八年卒，追錄舊勳，贈工部尚書。

王栖曜，濮州濮陽人也。初遊鄉學。天寶末，安祿山叛，尙衡起義兵討之，以栖曜爲牙將。下兗、鄆諸縣，軍威稍振。進爲衙前總管。初，逆將邢超然據曹州，栖曜攻之。超然乘城號令，栖曜曰：「彼可取也！」一箭殪之，城中氣懾，遂拔曹州。及衡居節制，授右威衞將軍、先鋒遊奕使。隨衡入朝，授試金吾衞將軍。

上元元年，王璵爲浙東節度使，奏爲馬軍兵馬使。廣德中，草賊袁晁起亂台州，連結郡縣，積衆二十萬，盡有浙江之地。御史中丞袁傪東討，奏栖曜與李長爲偏將，聯日十餘戰，生擒袁晁，收復郡邑十六，授常州別駕、浙西都知兵馬使。

時江左兵荒，詔內常侍馬日新領汴滑軍五千鎭之。日新貪暴，賊蕭庭蘭乘人怨訴，逐之而劫其衆。時栖曜遊奕近郊，爲賊所脅，進圍蘇州。栖曜因其懈怠，挺身登城，率城中兵復出擊賊，其衆大潰。遷試金吾大將軍。

李靈曜叛于汴州，浙西觀察使李涵俾栖曜將兵四千爲河南掎角。以功加銀青光祿大夫，累加至御史中丞。李希烈既陷汴州，乘勝東侵，連陷陳留、雍邱，頓軍寧陵，期襲宋州。浙西節度使韓滉命栖曜將強弩數千，夜入寧陵。希烈不之知，晨朝，弩矢及希烈坐幄，希烈驚曰：「此江、淮弩士入矣！」遂不敢東去。

貞元初，拜左龍武大將軍，旋授鄜坊丹延節度觀察使、檢校禮部尙書、兼御史大夫。貞元十九年卒於位。子茂元。

茂元幼有勇略，從父征伐知名。元和中爲右神策將軍。大和中檢校工部尚書、廣州刺史、嶺南節度使。在安南招懷蠻落，頗立政能。南中多異貨，茂元積聚家財鉅萬計。李訓之敗，中官利其財，掎摭其事，言茂元因王涯、鄭注見用。茂元懼，罄家財以賂兩軍，以是授忠武軍節度、陳許觀察使。會昌中，爲河陽節度使。是時河北諸軍討劉稹，茂元亦以本軍屯天井，賊未平而卒。

劉昌字公明，汴州開封人也。出自行間，少學騎射。及安祿山反，昌始從河南節度張介然，授易州遂城府左果毅。及史朝義遣將圍宋州，昌在圍中，連月不解，城中食盡，賊垂將陷之。刺史李岑計蹙，昌爲之謀曰：「今河陽有李光弼制勝，且江、淮足兵，此廩中有數千斤麴，可以屑食。計援兵不二十日當至。東南隅之敵，衆以爲危，昌請守之。」昌遂被鎧持盾登城，陳逆順以告諭賊，賊衆畏服。後十五日，副元帥李光弼救軍至，賊乃宵潰。光弼聞其謀，召置軍中，超授試左金吾衞郎將。光弼卒，宰臣王縉令歸宋州爲牙門將。轉太僕卿，兼許州別駕。

李靈曜據汴州叛，刺史李僧惠將受靈曜牽制，昌密遣曾神表潛說僧惠。僧惠召昌問計，昌泣陳其逆順，僧惠感之，乃使神表齎表詣闕，請討靈曜，遂翦靈曜左翼。汴州平，李忠臣嫉僧惠功，遂欲殺昌，昌潛遁。及劉玄佐爲刺史，乃復其職。又轉太常卿，兼華州別駕。

玄佐尋爲宋亳潁宣武軍節度使，昌自下軍爲左廂兵馬使。

李納反，以師收考城，充行營諸軍馬步都虞候，加檢校太子詹事、兼御史中丞。明年，玄佐圍濮州，昌攝濮州刺史。李希烈既陷汴州，玄佐遣將高翼以精兵五千保援襄邑，城陷，翼赴水死。自宋及江、淮，人心震恐。時昌以三千人守寧陵，希烈率五萬衆陣于城下，昌深塹以遏地道，凡四十五日，不解甲冑，躬勵士卒，大破希烈。希烈解圍攻陳州，刺史李公廉計窮，昌從劉玄佐以浙西兵合三萬人救之。至陳州西五十里與賊遇，昌晨壓其陣，及未成列，大破之，生擒其將翟曜。希烈退保蔡州，自此不復侵軼。詔加檢校左散騎常侍。隨玄佐收汴州，加檢校工部尚書，增實封通前二百戶。丁母憂，起復加金吾衞大將軍，贈其母梁國夫人。

貞元三年，玄佐朝京師，上因以宣武士衆八千委昌北出五原。軍中有前却沮事，昌繼斬三百人，遂行。尋以本官授京西北行營節度使。歲餘，授涇州刺史，充四鎭、北庭行營，兼涇原節度支度營田等使。昌躬率士衆，力耕三年，軍食豐羨，名聞闕下。復築連雲堡，受詔城平涼，以扼彈箏峽口。昌命徒庀事，旬餘而畢。又於平涼西別築胡谷堡，名曰彰信。

平涼當四會之衝，居北地之要，分兵援戍，遏其要衝，遂以保寧邊鄙，加檢校右僕射。

昌初至平涼劫盟之所，收聚亡歿將士骸骨坎瘞之，因感夢於昌，有愧謝之意。昌上聞，德宗下詔深自克責，遣祕書少監孔述睿及中使以御饌、內造衣服數百襲，令昌收其骸骨，分爲大將三十人，將士百人，各具棺櫬衣服，葬於淺水原。建二塚，大將曰「旌義塚」，將士曰「懷忠塚」。詔翰林學士撰銘志祭文。昌盛陳兵設幕次，具牢饌祭之。昌及大將皆素服臨之，焚其衣服紙錢，別立二石堆，題以塚名。諸道師徒，莫不感泣。

昌在西邊僅十五年，強本節用，軍儲豐羨。及嬰疾，約以是日赴京求醫，未發而卒，年六十四，廢朝一日，贈司空。子士涇。

士涇，德宗朝尚主，官至少列十餘年，家富於財。結託中貴，交通權倖。憲宗朝，遷太府卿。制下，給事中韋弘景等封還制書，言士涇不合居九卿，辭語激切。憲宗謂弘景曰：「士涇父有功於國，又是戚屬，制書宜下。」弘景奉詔。士涇善胡琴，多遊權倖之門，以此爲之助，時論鄙之。

李景略，幽州良鄉人也。大父楷固。父承悅，檀州刺史、密雲軍使。景略以門蔭補幽州功曹。大曆末，寓居河中，闔門讀書。李懷光爲朔方節度，招在幕府。五原有偏將張光者，挾私殺妻，前後不能斷。光富於財貨，獄吏不能劾。景略訊其實，光竟伏法。既而亭午有女厲被髮血身，膝行前謝而去。左右有識光妻者，曰：「光之妻也。」因授大理司直，遷監察御史。及懷光屯軍咸陽，反狀始萌。景略時說懷光請復宮闕，迎大駕，懷光不從。景略出軍門慟哭曰：「誰知此軍一日陷於不義。」軍士相顧甚義之，因退歸私家。

尋爲靈武節度杜希全辟在幕府，轉殿中侍御史，兼豐州刺史、西受降城使。豐州北扼迴紇，迴紇使來中國，豐乃其通道。前爲刺史者多懦弱，虜使至則敵禮抗坐。時迴紇遣梅錄將軍隨中官薛盈珍入朝，景略欲以氣制之。郊迎，傳言欲先見中使，梅錄初未喻。景略旣見盈珍，乃使謂梅錄曰：「知可汗初沒，欲申弔禮。」乃登高壠位以待之。梅錄俯僂前哭，景略因撫之曰：「可汗棄代，助爾號慕。」虜之驕容威氣，索然盡矣，遂以父行呼景略。自此迴紇使至景略，皆拜之于庭，由是有威名。杜希全忌之，上表誣奏，貶袁州司馬。希全死，徵爲左羽林將軍，對于延英殿，奏對衎衎，有大臣風彩。

時河東李說有疾，詔以景略爲太原少尹、節度行軍司馬。時方鎭節度使少徵入換代者，皆死亡乃命焉，行軍司馬盡簡自上意。受命之日，人心以屬。景略居疑帥之地，勢已難處。迴紇使梅錄將軍入朝，說置宴會，梅錄爭上下坐，說不能遏，景略叱之。梅錄，前過豐州者也，識景略語音，疾趨前拜曰：「非豐州李端公耶？不拜麾下久矣，何其瘠也。」又拜，遂命之居次坐。將吏賓客顧景略，悉加嚴憚。說心不平，厚賂中尉竇文場，將去景略，使爲內應。

歲餘，風言迴紇將南下陰山，豐州宜得其人。上素知景略在邊時事。上方軫慮，文場在旁，言景略堪爲邊任，乃以景略爲豐州刺史、兼御史大夫、天德軍西受降城都防禦使。迫塞苦寒，土地鹵瘠，俗貧難處。景略節用約己，與士同甘苦，將卒安之。鑿咸應、永清二渠，溉田數百頃，公私利焉。廩儲備，器械具，政令肅，智略明。二歲後，軍聲雄冠北邊，迴紇畏之，天下皆惜其理未盡景略之能。貞元二十年，卒於鎮，年五十五，贈工部尚書。

張萬福，魏州元城人。自曾祖至其父皆明經，止縣令州佐。萬福以父祖業儒皆不達，不喜爲書生，學騎射。年十七八，從軍遼東有功，爲將而還，累攝舒廬壽三州刺史、舒廬壽三州都團練使。州送租賦詣京師，至潁州界爲盜所奪，萬福領輕兵馳入潁州界討之。賊不意萬福至，忙迫不得戰，萬福悉聚而誅之，盡得其所亡物，幷得前後所掠人妻子、財物、牛馬等萬計，悉還其家；不能自致者，萬福給船乘以遣之。

尋眞拜壽州刺史、淮南節度副使。爲節度使崔圓所忌，失刺史，改鴻臚卿，以節度副使將千人鎮壽州，萬福不以爲恨。

許杲以平盧行軍司馬將卒三千人駐濠州不去，有窺淮南意。圓令萬福攝濠州刺史。杲聞即提卒去，止當塗。陳莊賊陷舒州，圓又以萬福爲舒州刺史，督淮南岸盜賊，連破其黨。

大曆三年，召赴京師，代宗謂曰：「聞卿名久，欲一識卿面，且將累卿以許杲。」萬福拜謝，因前奏曰：「陛下以一許杲召臣，如河北諸將叛，欲以屬何人？」代宗笑謂曰：「且與吾了許杲事，方當大用卿。」以爲和州刺史、行營防禦使，督淮南岸盜賊。至州，杲懼，移軍上元。杲至楚州大掠，節度使韋元甫命萬福追討之。未至淮陰，杲爲其將康自勸所逐。自勸擁兵繼掠，循淮而東，萬福倍道追而殺之，免者十二三，盡得其虜掠金帛婦人等，皆送致其家。元甫將厚賞將士，萬福曰：「官健常虛費衣糧，無所事，今乃一小賴之，不足過賞，請用三之一。」代宗發詔以勞之，賜衣一襲、宮錦十雙。

久之，詔以本鎮之兵千五百人防秋西京。萬福詣揚州交所領兵，會元甫死，諸將皆願得萬福爲帥，監軍使米重耀亦請萬福知節度事。萬福曰：「某非幸人，勿以此相待。」遂去之。帶利州刺史鎮咸陽，因留宿衞。

李正己反，將斷江、淮路，令兵守埇橋、渦口。江、淮進奏舡千餘隻，泊渦下不敢過。德宗以萬福爲濠州刺史，召見謂曰：「先帝改卿名『正』者，所以褒卿也。朕以爲江、淮草木亦知卿威名，若從先帝所改，恐賊不知是卿也。」復賜名萬福。馳至渦口，立馬岸上，發進奉舡，淄青兵馬倚岸睥睨不敢動，諸道舡繼進。改泗州刺史。魏州飢，父子相賣，餓死者接道。萬福曰：「魏州吾鄉里，安可不救？」令其兄子將米百車往饟之。又使人於汴口，魏人自賣者，給車牛贖而遣之。

爲杜亞所忌，徵拜右金吾將軍。召見，德宗驚曰：「杜亞言卿昏耄，卿乃如是健耶！」詔圖形於淩煙閣，數賜酒饌衣服，并敕度支籍口畜給其費。及陽城等於延英門外請對論事，伏閤不去。德宗大怒，不可測。萬福揚言曰：「國有直臣，天下太平矣。」萬福年已八十，見此盛事。」閤前徧揖城等，天下益重其名。

貞元二十一年，以左散騎常侍致仕。其年五月卒，年九十。萬福自始從軍至卒，祿食七十餘年，未嘗病一日，典九郡皆有惠愛。在泗州時，遇德宗幸奉天，李希烈反，陳少遊悉令管內刺史送妻子在揚州以爲質。萬福獨不送，謂使者曰：「爲某白相公，萬福妻老且醜，不足煩相公寄意。」終不之遣，由是爲人所稱。

高固，高祖侃永徽中爲北庭安撫使，有生擒車鼻可汗之功，官至安東都護，事具前錄。固生微賤，爲叔父所賣，展轉爲渾瑊家奴，號曰黃芩。性敏惠，有膂力，善騎射，好讀左氏春秋。瑊大愛之，養如己子，以乳母之女妻之，遂以固名，取左氏傳高固之名也。

少隨瑊從戎於朔方，德宗幸奉天，固猶在瑊麾下。是時，賊兵已突入東雍門，固引甲士亂揮長刀，連斫數賊，拽車塞闔，一以當百，賊乃退去。衆咸壯之。以功封渤海郡王。李懷光旣反，德宗再幸梁漢。懷光發跡邠寧，至是，使留後張昕取將士萬餘人以資援河中。固時在軍中，乃伺便突入張昕帳中，斬首以徇。拜檢校右散騎常侍、前軍兵馬使。貞元十七年，節度使楊朝晟卒，軍中請固爲帥，德宗念固功，因授檢校工部尙書。順宗卽位，就加檢校禮部尙書。憲宗朝，進檢校右僕射。數年受代，入爲統軍，轉檢校左僕射，兼右羽林統軍。元和四年七月卒，贈陝州大都督。

郝玼者，涇原之戍將也。貞元中，爲臨涇鎭將，勇敢無敵，聲振虜庭。玼以臨涇地居險要，當虜要衝，白其帥曰：「臨涇草木豐茂，宜畜牧，西蕃入寇，每屯其地，請完壘益軍以折虜之入寇。」前帥不從。及段佐節制涇原，深然其策。元和三年，佐請築臨涇城，朝廷從之，仍以爲行涼州〔三〕，詔玭爲刺史以戍之。自此西蕃入寇，不過臨涇。

玭出自行間，前無堅敵。在邊三十年，每戰得蕃俘，必刳剔而歸其屍，蕃人畏之如神。贊普下令國人曰：「有生得郝玭者，賞之以等身金。」蕃中兒啼者，呼玭名以怖之。十三年，檢校左散騎常侍、渭州刺史、御史大夫，充涇原行營節度、平涼鎮遏都知兵馬使，封保定郡王。吐蕃畏其威，綱紀欲圖之，朝廷慮失驍將，移授慶州刺史，竟終牖下。

段佐者，亦以勇敢知名。少事汾陽王子儀爲牙將，從征邊朔，績効居多。貞元末，爲涇原節度使，練卒保邊，亦爲西蕃畏憚。累至檢校工部尙書、右神策大將軍。元和五年卒。

史敬奉，靈武人，少事本軍爲牙將。元和十四年，敬奉大破吐蕃於鹽州城下，賜實封五十戶。先是西戎頻歲犯邊，敬奉白節度杜叔良請兵三千，備一月粮，深入蕃界，叔良以二千五百人授之。敬奉既行十餘日，人莫知其所向，皆謂吐蕃盡殺之矣。乃由他道深入，突出蕃衆之後。戎人驚潰，敬奉率衆大破之，殺戮不可勝紀，驅其餘衆於蘆河，獲羊馬駝牛萬數。

敬奉形甚短小，若不能勝衣。至於野外馳逐，能擒奔馬，自執鞍勒，隨鞍躍上，然後羇帶，矛矢在手，前無強敵。甥姪及僮使僅二百人，每以自隨，臨入敵，輒分其隊爲四五，隨逐水草，每數日各不相知，及相遇，已皆有獲虜矣。

與鳳翔將野詩良輔、涇原將郝玼各以名雄邊上。吐蕃嘗謂漢使曰：「唐國旣與吐蕃和好，何妄語也！」問曰：「何謂？」曰：「若不妄語，何因遣野詩良輔作隴州刺史？」其畏憚如此。

史臣曰：自盜起中原，河、隴陷虜，犬戎作梗，屢犯郊畿。謀臣運策以竭精，武士荷戈而不暇。如璘、昌之材力，扼腕奮命，欲吞虜于胸中；郝、史驍雄，斬將搴旗，將申威于塞外。而竟不能北踰白道，西出蕭關，俾十九郡生民，竟淪左衽，僅能自保，功何取焉！雖運使時然，亦將略有所未至。栖曜、萬福之節概，景略之負氣，壯哉！

贊曰：馬、劉、史、郝，氣雄邊朔。力扞獯虜，終慙衞、霍。萬福義勇，景略氣豪。爲人所忌，慷慨徒勞。

校勘記

〔一〕德宗　大曆爲代宗年號，「德宗」疑爲「代宗」之誤。合鈔卷二〇三馬璘傳作「代宗」。

〔三〕行涼州　寰宇記卷三三、新書卷一七〇郝玼傳、卷三七地理志，通鑑卷二三七均作「行原州」。

舊唐書卷一百五十三

列傳第一百三

姚南仲　劉迺子伯芻　孫寬夫　端夫　曾孫允章附　袁高　段平仲

薛存誠子廷老　廷老子保遜　保遜子昭緯　盧坦

姚南仲，華州下邽人。乾元初，制科登第，授太子校書，歷高陵、昭應、萬年三縣尉。遷右拾遺，轉右補闕。大曆十三年，貞懿皇后獨孤氏崩〔一〕，代宗悼惜不已，令於近城爲陵墓，冀朝夕臨望於目前。南仲上疏諫曰：

伏聞貞懿皇后今於城東章敬寺北以起陵廟，臣不知有司之請乎，陛下之意乎，陰陽家流希旨乎？臣愚以爲非所宜也。謹具疏陳論，伏願暫留天聽而省察焉。

臣聞人臣宅於家，君上宅於國。長安城是陛下皇居也，其可穿鑿興動，建陵墓於其側乎？此非宜一也。夫葬者藏也，欲人之不得見也。是以古帝前王葬后妃，莫不憑丘原，遠郊郭。今則西臨宮闕，南迫康莊，若使近而可見，死而復生，雖在西宮待之可也。如骨肉歸土，魂無不之，章敬之北，竟何所益？視之兆庶，則彰溺愛；垂之萬代，則累明德，此非所宜二也。夫帝王者，居高明，燭幽滯。先皇所以因龍首建望春，蓋爲此也。今若起陵目前，動傷宸慮，天心一傷，數日不平。且匹夫向隅，滿堂爲之不樂；萬乘不樂，人其可歡心乎？又暇日起歌，動鐘于內，此地皆聞，此非宜三也。伏以貞懿皇后坤德合天，母慈逮下，陛下以切軫旒扆，久俟蓍龜。始謚之以貞懿，終待之以褻近，臣竊惑焉，非所以稱述后德，光被下泉也。今國人皆曰：「貞懿皇后之陵邇於城下者，主上將日省而時望焉。」斯有損於聖德，無益於貞懿。將欲寵之，而反辱之，此非宜四也。

凡此數事，實玷大猷，天下咸知，伏惟陛下熟計而取其長也。陛下方將偃武靖人，一誤於此，其傷實多。臣恐君子是非，史官褒貶，大明忽虧於掩蝕，至德翻後於堯、舜，不其惜哉！今指日尙遙，改卜何害？抑皇情之殊眷，成貞懿之美號。

疏奏，帝甚嘉之，賜緋魚袋，特加五品階，宜付史館。

與宰相常袞善，袞貶官，南仲坐出爲海鹽縣令。浙江東、西道觀察使韓滉辟爲推官，奏授殿中侍御史、內供奉，充支使。尋徵還，歷左司兵部員外，轉郎中，遷御史中丞、給事中、同州刺史、陝虢觀察使。

貞元十五年，代李復爲鄭滑節度使。監軍薛盈珍恃勢奪軍政，南仲數爲盈珍讒毁，德宗頗疑之。十六年，盈珍遣小使程務盈馳驛奉表，誣奏南仲陰事。南仲裨將曹文洽亦入奏事京師，伺知盈珍表中語。文洽私懷憤怒，遂晨夜兼道追務盈，至長樂驛及之，與同舍宿，中夜殺務盈，沉盈珍表於廁中，乃自殺。日旰，驛吏闢門，見血流塗地，旁得文洽二緘，一告于南仲，一表理南仲之冤，且陳首殺務盈。上聞其事，頗駭異之。南仲慮釁深，遂乞入朝。德宗曰：「盈珍擾軍政耶？」南仲對曰：「盈珍不擾軍政，臣自隳陛下法耳。如盈珍輩所在有之，雖羊、杜復生，撫百姓，御三軍，必不能成愷悌父母之政，師律善陣之制矣。」上默然久之。授尚書右僕射。貞元十九年七月，終于位，年七十四，贈太子太保，謚曰貞。

劉迺字永夷，洺州廣平人。高祖武幹，武德初拜侍中，即中書侍郎林甫從祖兄子也。父如璠，昫山丞，以迺貴贈民部郎中。迺少聰穎志學，暗記六經，日數千言。及長，文章清雅，爲當時推重。天寶中，舉進士，尋丁父艱，居喪以孝聞。既終制，從調選曹。迺常以文部選才未爲盡善，遂致書於知銓舍人宋昱曰：

虞書稱：「知人則哲，能官人則惠。」巍巍唐、虞，舉以爲難。今夫文部，既始之以掄材，終之以授位，是則知人官人，斯爲重任。昔在禹、稷、皐陶之衆聖，猶曰載采有九德，考績以九載。近代主司，獨委一二小冢宰，察言於一幅之判，觀行於一揖之內，古今遲速，何不侔之甚哉！夫判者，以狹詞短韻，語有定規爲體，亦猶以一小冶而鼓衆金，雖欲爲鼎爲鏞，不可得也。故曰判之在文，至局促者。夫銓者，必以崇衣冠，自媒耀爲賢，斯又士之醜行，君子所病。若引文公、尼父登之於銓廷，則雖圖書易象之大訓，以判體挫之，曾不及徐、庾。雖有至德，以喋喋取之，曾不若嗇夫。嗚呼！彼干霄蔽日，誠巨樹也，當求尺寸之材，必後於榱杙。龍吟武嘯，誠希聲也，若尙頰舌之感，必下於蛙黽。觀察之際，猶不悲夫！執事慮過龜策，文合雅誥，豈拘以瑣瑣故事，曲折因循哉？誠能先資以政事，次徵以文學，退觀其理家，進察其臨節，則厖鴻深沉之事，亦可以窺其門戶矣。

其載，補剡縣尉。改會稽尉。宣州觀察使殷日用奏爲判官，宣慰使李季卿又以表薦，連授大理評事、兼監察御史。轉運使劉晏奏令巡覆江西，多所蠲免。改殿中侍御史、檢校倉部員外、民部郎中，並充浙西留後。佐晏徵賦，頗有裨益，晏甚任之。

大曆十二年，元載既誅，以迺久在職，召拜司門員外郎。十四年，崔祐甫秉政，素與迺友善。會加郭子儀尚父，以册禮久廢，至是復行之。祐甫令兩省官撰册文，未稱旨；召迺至閣草之，立就。詞義典裁，祐甫歎賞久之。數日，擢爲給事中，尋遷權知兵部侍郎。及楊炎、盧杞爲相，意多醜正，以故五歲不遷。建中四年夏，但眞拜而已。

其冬，涇師作亂，駕幸奉天，迺臥疾在私第，賊泚遣使以甘言誘之，迺稱疾篤。又令其僞宰相蔣鎭自來招誘，迺託瘖疾，灸灼徧身。鎭再至，知不可劫脅，乃歎息曰：「鎭亦嘗忝列曹郎，苟不能死，以至於斯，寧以自辱羶腥，復欲汙穢賢哲乎？」歔欷而退。及聞輿駕再幸梁州，迺自投於牀，搏膺呼天，因是危惙，絕食數日而卒，時年六十。德宗還京，聞迺之忠烈，追贈禮部尚書。子伯芻。

伯芻字素芝，登進士第，志行修謹。淮南杜佑辟爲從事，府罷，屛居吳中。久之，徵拜右補闕，遷主客員外郎。以過從友人飲噱，爲韋執誼密奏，貶虔州掾曹，復爲考功員外郎。裴垍善其應對機捷，遷考功郎中、集賢院學士，轉給事中。裴垍罷相，爲太子賓客，未幾而卒。李吉甫復入相，與垍宿嫌，不加贈官，伯芻上疏論之，贈垍太子少傅。伯芻妻，垍從姨也。或譏於吉甫，以此論奏。伯芻懼，亟請散地，因出爲虢州刺史。吉甫卒，裴度擢爲刑部侍郎，俄知吏部選事。元和十年，以左常侍致仕，卒，年六十一，贈工部尚書。伯芻風姿古雅，涉學，善談笑，而動與時適，論者稍薄之。

子寬夫，登進士第，歷諸府從事。寶曆中，入爲監察御史。嘗上言曰：「近日攝祭多差王府官僚，位望既輕，有乖嚴敬。伏請今後攝太尉，差尚書省三品已上及保傅賓詹等官；如人少，卽令丞郎通攝之。」俄轉左補闕。少列陳岵進注維摩經，得濠州刺史。寬夫與同列，因對論之，言岵因供奉僧進經以圖郡牧。敬宗怒謂宰相曰：「陳岵不因僧得郡，諫官安得此言，須推排頭首來。」寬夫奏曰：「昨論陳岵之時，不記發言前後，唯握筆草狀，卽是微臣。今論事不當，臣合當罪。若尋究推排，恐傷事體。」帝嘉其引過，欣然釋之。

寬夫弟端夫，爲太常博士，駁章綬諡議知名。寬夫子允章、煥章。

允章登進士第，累官至翰林學士承旨、禮部侍郎。咸通九年，知貢舉，出爲鄂州觀察使、檢校工部尚書，後遷東都留守。黃巢犯洛陽，允章不能拒，賊不之害，坐是廢于家。以疾卒。

袁高字公頤，恕己之孫。少慷慨，慕名節。登進士第，累辟使府，有贊佐裨益之譽。代宗登極，徵入朝，累官至給事中、御史中丞。建中二年，擢爲京畿觀察使。以論事失旨，貶韶州長史，復拜爲給事中。

貞元元年，德宗復用吉州長史盧杞爲饒州刺史，令高草詔書。高執詞頭以謁宰相盧翰、劉從一曰：「盧杞作相三年，矯詐陰賊，退斥忠良。朋附者咳唾立至青雲，睚眦者顧盼已擠溝壑。傲很明德，反易天常，播越鑾輿，瘡痍天下，皆杞之爲也。爰免族戮，雖示貶黜，尋已稍遷近地，若更授大郡，恐失天下之望。惟相公執奏之，事尚可救。」翰、從一不悅，改命舍人草之。詔出，執之不下，仍上奏曰：「盧杞爲政，窮極兇惡。三軍將校，願食其肉；百辟卿士，嫉之若讎。」遺補陳京、趙需、裴佶、宇文炫、盧景亮、張薦等上疏論奏。次日，又上疏。高又於正殿奏云：「陛下用盧杞獨秉鈞軸，前後三年，棄斥忠良，附下罔上，使陛下越在草莽，皆杞之過。且漢時三光失序，雨旱不時，皆宰相請罪，小者免官，大者刑戮。杞罪合至死，陛下好生惡殺，赦杞萬死，唯貶新州司馬，旋復遷移。今除刺史，是失天下之望。伏惟聖意裁擇。」上謂曰：「盧杞有不逮，是朕之過。」復奏曰：「盧杞姦臣，常懷詭詐，非是不逮。」上曰：「朕已有赦。」高曰：「赦乃赦其罪，不宜授刺史。且赦文至優黎民，今饒州大郡，若命姦臣作牧，是一州蒼生，獨受其弊。望引常參官顧問，并擇謹厚中官，令採聽於衆。若億兆之人異臣之言，臣當萬死。」於是，諫官爭論於上前，上良久謂曰：「若與盧杞刺史太優，與上佐可乎？」曰：「可矣！」遂追饒州制。翌日，遣使宣慰高云：「朕思卿言深理切，當依卿所奏。」太子少保韋倫、太府卿張獻恭等奏：「袁高所奏至當，高是陛下一良臣，望加優異。」

貞元二年，上以關輔祿山之後，百姓貧乏，田疇荒穢，詔諸道進耕牛，待諸道觀察使各選揀牛進貢，委京兆府勸課民戶，勘責有地無牛百姓，量其地著，以牛均給之。其田五十畝已下人，不在給限。高上疏論之：「聖慈所憂，切在貧下。有田不滿五十畝者尤是貧人，請量三兩家共給牛一頭，以濟農事。」疏奏，從之。尋卒於官，年六十，中外歎惜。憲宗朝，宰臣李吉甫嘗言高之忠鯁，詔贈禮部尚書。

段平仲字秉庸，武威人。隋人部尚書段達六代孫也。登進士第，杜佑、李復相繼鎮淮南，皆表平仲為掌書記。復移鎮華州、滑州，仍為從事。入朝為監察御史。平仲磊落尚氣節，嗜酒傲言。時德宗春秋高，多自聽斷。由是庶務壅隔，事或不理，中外畏上嚴察，無敢言者。平仲嘗謂人曰：「主上聰明神武，臣下畏懼不言，自循默耳。如平仲一得召見，必當大有開悟。」貞元十四年，京師旱，詔擇御史、郎官各一人，發廩賑恤。平仲與考功員外陳歸當奉使，因辭得對，乃入近御座，粗陳本事。上察平仲意有所蓄，以歸在側不言。及奏事畢退，平仲獨不退，欲有奏啓，上因兼留歸問之，聲色甚厲，雜以他語。平仲錯愕，都不得言，因誤稱其名。上怒，叱出之。平仲蒼黃，又誤趨御障後，歸下階連呼，乃得出。由是坐廢七年，然亦因此名顯。

後除屯田膳部二員外郎、東都留守判官，累拜右司郎中。元和初，遷諫議大夫。內官吐突承璀爲招討使，征鎮州，無功而還，平仲與呂元膺抗疏論列，請加黜責。轉給事中。自在要近，朝廷有得失，未嘗不論奏，時人推其狷直。轉尚書左丞，以疾改太子左庶子卒。

薛存誠字資明，河東人。父勝能文，嘗作拔河賦，詞致瀏亮，爲時所稱。存誠進士擢第，累辟使府，入朝爲監察御史，知館驛。元和初，王師討劉闢，郵傳多事，上特令中官爲館驛使。存誠密表論奏，以爲有傷公體。會諫官亦論奏，上乃罷之。轉殿中侍御史，遷度支員外郎。裴垍作相，用爲起居郎，轉司勳員外、刑部郎中、兼侍御史知雜事，改兵部郎中、給事中。瓊林庫使奏占工徒太廣，存誠以爲此皆姦人竄名以避征役，不可許。咸陽縣尉袁儋與軍鎮相競，軍人無理，遂肆侵誣，儋反受罰。二敕繼至，存誠皆執之。上聞甚悅，命中使嘉慰之，由是擢拜御史中丞。

僧鑒虛者，自貞元中交結權倖，招懷賂遺，倚中人爲城社，吏不敢繩。會于頔、杜黃裳家私事發，連逮鑒虛下獄。存誠案鞫得姦贓數十萬，獄成，當大辟。中外權要，更於上前保救，上宣令釋放，存誠不奉詔。明日，又令中使詣臺宣旨曰：「朕要此僧面詰之，非赦之也。」存誠附中使奏曰：「鑒虛罪款已具，陛下若召而赦之，請先殺臣，然後可取。不然，臣期不奉詔。」上嘉其有守，從之，鑒虛竟笞死。洪州監軍高重昌誣奏信州刺史李位謀大逆，追赴京師。上令付仗內鞫問。存誠一日三表，請付位於御史臺。及推案無狀，位竟得雪。

未幾，再授給事中。數月，中丞闕，上思存誠前効，謂宰相持憲無以易存誠，遂復爲御史中丞。未視事，暴卒。憲宗深惜之，贈刑部侍郎。存誠性和易，於人無所不容，及當官御事，卽確乎不拔，士友以是稱重之。子廷老。

廷老謹正有父風，而性通銳。寶曆中爲右拾遺。敬宗荒恣，宮中造淸思院新殿，用銅鏡三千片、黄白金薄十萬番。廷老與同僚入閤奏事曰：「臣伏見近日除拜，往往不由中書進擬，或是宣出。伏恐綱紀漸壞，姦邪恣行。」敬宗厲聲曰：「更諫何事？」舒元褒對曰：「近日宮中修造太多。」上色變曰：「何處修造？」元褒不能對。廷老進曰：「臣等職是諫官，凡有所聞，卽合論奏。莫知修造之所，但見運瓦木絕多，卽知有用。乞陛下勿罪臣言。」帝曰：「所奏已知。」尋加史館修撰。

時李逢吉秉權，惡廷老言太切直。鄭權因鄭注得廣州節度，權至鎮，盡以公家珍寶赴京師以酬恩地。廷老上疏請按權罪，中人由是切齒。又論逢吉黨人張權輿、程昔範不宜居諫列，逢吉大怒。廷老告滿十旬，逢吉乃出廷老爲臨晉縣令。

文宗卽位，入爲殿中侍御史。大和四年，以本官充翰林學士，與同職李讓夷相善，廷老之入內署，讓夷薦挈之。廷老性放逸嗜酒，不持檢操，終日酣醉，文宗知之不悅。五年，罷職，守本官，讓夷亦坐廷老罷職，守職方員外郎。廷老尋拜刑部員外郎，轉郎中，遷給事中。開成三年卒。廷老當官舉職，不求虛譽，侃侃於公卿之間，甚有正人風望。贈刑部侍郎。

子保遜，登進士第，位亦至給事中。

保遜子昭緯，乾寧中爲禮部侍郎，貢舉得人，文章秀麗。爲崔胤所惡，出爲磎州刺史，卒。

盧坦字保衡，河南洛陽人，其先自范陽徙焉。父巒，贈鄭州刺史。坦嘗爲義成軍判官，節度使李復疾篤，監軍使薛盈珍慮變，遽封府庫，入其麾下五百人於使牙，軍中恟恟，坦密言於盈珍促收之。及復卒，坦護喪歸東都。

後爲壽安令。時河南尹徵賦限窮，而縣人訴以機織未就，坦請延十日，府不許。坦令戶人但織而輸，勿顧限也，違之不過罰令俸耳。既成而輸，坦亦坐罰，由是知名。累遷至庫部員外郎、兼侍御史知雜事。會李錡反，有司請毀錡祖父廟墓。坦常爲錡從事，乃上言曰：「淮安王神通有功於草昧。且古之父子兄弟，罪不相及，況以錡故累五代祖乎？」乃不毀。因賜神通墓五戶，以備灑掃。及武元衡爲宰相，以坦爲中丞，李元素爲大夫，命坦分司東都，未幾歸臺。裴均爲僕射，在班踰位，坦請退之，均不受。坦曰：「姚南仲爲僕射，例如此。」均曰：「南仲何人？」坦曰：「南仲是守正而不交權倖者也。」尋罷爲右庶子，時人歸咎於均。旬月，出爲宣歙池觀察使。三年，入爲刑部侍郎、鹽鐵轉運使，改戶部侍郎、判度支。

元和八年，西受降城爲河徙浸毀，宰相李吉甫請移兵於天德故城。坦與李絳叶議，以爲：「西城張仁愿所築，制匈奴上策。城當磧口，居虜要衝，美水豐草，邊防所利。今河流之決，不過退就二三里，奈何捨萬代永安之策，徇一時省費之謀？況天德故城僻處确瘠，其北枕山，與河絕遠，烽候警備，不相統接。虜之唐突，勢無由知，是無故而蹙國二百里，非所利也。」及城使周懷義奏利害，與坦議同。事竟不行〔二〕。未幾，出爲劍南東川節度使。在鎮累年，後請收閏月軍吏糧料，以助軍行營，人多非之。元和十二年九月卒〔三〕，年六十九，贈禮部尙書。

史臣曰：古之諍臣，有死於言者。其次，引裾折檻，不改其操，亦難矣哉。袁高之執盧杞，存誠之戮鑒虛，有古人之遺風焉。平仲觸鱗之氣，糾其謬歟？文洽奪章，以攄府憤；永夷絕食，不飲盜泉，節義之士也。南仲非葬之言，盧坦西城之議，量之深也。如數子，道爲時無君子，乃是厚誣。

贊曰：靈草指佞，諫臣匡失。惟袁與薛，人中屈軼。寬夫雀躍，廷老鴻軒。姚、盧啓奏，君子之言。

校勘記

〔一〕大曆十三年貞懿皇后獨孤氏崩　據本書卷一一代宗紀、新書卷一六二姚南仲傳、通鑑卷二二五，貞懿死于大曆十年；唐會要卷二一：「大曆十三年七月，將葬貞懿皇后。」則大曆十三年應爲貞懿葬年，此云「崩」，當誤。

〔二〕事竟不行　「竟」字各本原作「既」，據唐會要卷七三改。

〔三〕元和　各本原作「貞元」，新書卷一五九盧坦傳作「元和」。校勘記卷五二引張宗泰說：「貞元在元和前，上文歷敍坦元和年間之事，斷無貞元時已卒之理。」據改。